Pendo

edition | **GUIDO KNOPP**

GUIDO KNOPP

STAUFFENBERG
Die wahre Geschichte

in Zusammenarbeit mit
Anja Greulich und Mario Sporn

Pendo

Ein Projekt der Montasser Medienagentur

1. Auflage 2008

Copyright © Piper Verlag GmbH, München 2008
Umschlaggestaltung: Hauptmann & Kompanie
Werbeagentur, München – Zürich
Gesetzt aus der Adobe Garamond
Layout und Satz: BuchHaus Robert Gigler, München
Druck und Bindung: Clausen & Bosse, Leck
Printed in Germany
ISBN 978-3-86612-188-1

INHALT

1 Der mutige Verschwörer *6*
2 Kindheit und Jugend –
Vom Königshof zum Dichterkreis *11*
3 In der Reichswehr – Reiter für das Vaterland *36*
4 In der Wehrmacht – Ein Kind seiner Zeit? *56*
5 Im Angriffskrieg – Eine Frage des Aushaltens *94*
6 Zweifel und Wandel – »Es gibt nur eine Lösung« *110*
7 Die Verschwörung – Etwas Neues muss kommen *134*
8 »Hitler muss weg« – Vergebliche Versuche *154*
9 Das Attentat *181*
10 Der Staatsstreich *196*
11 Epilog *227*

Zeittafel *236*
Quellen und Literatur *239*

1 DER MUTIGE VERSCHWÖRER

War Stauffenberg ein Held? Er war es, ja. Er war ein mutiger und einsamer Verschwörer gegen Hitler, nicht getragen von der Volksstimmung, nur von der Stimme seines rastlosen Gewissens. Vorbestimmt war ihm sein Einsatz nicht. Als Hitler die ihm übergebene Macht ergriff, begrüßte Stauffenberg, der Offizier, die Aufrüstung – verhieß sie doch ihm und seinen Kameraden eine strahlende Zukunft. Später war er fasziniert von Hitlers Erfolgen, doch sein Gefolgsmann wurde er nicht. Der Graf war deutsch-national, nie Nazi. Als Hitler 1939 die sogenannte Rest-Tschechei zerschlägt, prophezeit der junge Offizier: »Der Narr macht Krieg!« Schon jetzt denkt Stauffenberg an »Umsturz«. Der sei wohl nur »gewaltsam« möglich, warnt er. Zugleich gilt Stauffenberg als Vorbild für die Truppe, Nachwuchshoffnung für den deutschen Generalstab. Den Hochbegabten rühmen Kameraden wie Ulrich de Maizière, später Generalinspekteur der Bundeswehr, noch Jahrzehnte später als »Mann von großer Ausstrahlungskraft«. Der romantisch veranlagte Graf war kein Kommisskopf, sondern vielseitig interessiert: an Kunst, Musik und Literatur. Einen »Wunderknab« hieß ihn der Kreis um den Dichter Stefan George, dessen Anhänger er war.

Erst der Vernichtungskrieg in der Sowjetunion treibt Stauffenberg zum Äußersten: das Wissen um die vielen Morde hinter der Front – und nach der Niederlage in der Schlacht vor Moskau auch das Wissen um die hohen Verluste der

Wehrmacht. 1942 spricht er zum ersten Mal davon, dass es nur einen Weg gebe, um Hitler Einhalt zu gebieten: ihn zu töten.

Er selbst ist dazu, rein physisch betrachtet, der falsche Mann: Nach einem britischen Fliegerangriff 1943 in Tunesien verlor er sein linkes Auge, seine rechte Hand sowie zwei Finger seiner Linken.

Ein Krüppel sollte Hitler töten? Für Stauffenberg kein Hindernis:»Es wird Zeit, dass ich das Deutsche Reich rette«, meint der Genesende im Lazarett zu seiner Frau Nina, die erwidert:»Dazu bist du in deinem Zustand der Richtige!«

Eigentlich hätte es ein anderer tun sollen. Doch den übrigen Verschwörern, die im »Führerhauptquartier« zu Hitler Zugang hatten – wie die Generäle Erich Fellgiebel und Hellmuth Stieff –, fehlte im entscheidenden Augenblick der Mut. Er aber wagte es, weil sich kein anderer bereitfand. Allein das macht ihn zu einem Helden. Freilich fragte er noch nach der Invasion der Alliierten in der Normandie im Juni 1944 seinen Mentor Henning von Tresckow, den Kopf der Verschwörung, ob das geplante Attentat denn angesichts der Kriegslage überhaupt noch sinnvoll sei. Solle man den blutigen Tyrannen nicht einfach ins Verderben rennen lassen? Die historische Antwort:»Das Attentat muss erfolgen … Denn es kommt nicht mehr auf den praktischen Zweck an, sondern darauf, dass die deutsche Widerstandsbewegung vor der Welt und vor der Geschichte den entscheidenden Wurf gewagt hat. Alles andere ist daneben gleichgültig.«

Ein Mord, um Millionen Morde zu verhindern. Das Land vom Tyrannen befreien – dem Erzfeind der Deutschen, dem Erzfeind der Menschheit. Die Diktatur beseitigen. Den Krieg beenden. Und dann? Stauffenberg war kein lupenreiner Demokrat. Doch was er wollte für die neue Ordnung nach der Tyrannei, war ein Land des Rechts und der Gerechtigkeit. Ein Land, das wieder auf der Tradition von Goethe, Schiller, Bach aufbaute – nicht auf braunem Ungeist:»Derjenige, der etwas zu tun wagt, muss sich bewusst sein, dass er wohl als Verräter in die deutsche Geschichte eingehen wird. Unterlässt er jedoch die Tat, dann wäre er ein Verräter vor dem eigenen Gewissen.« Dafür war Stauffenberg bereit, notfalls das eigene Leben einzusetzen. Er wusste um das Risiko für seine Familie. Doch: »Es geht nicht um meine Kinder oder meine Frau, sondern um das ganze deutsche Volk.« Solches Denken mutet manchen heute fremd an, doch für die Verschwörer war es die treibende Kraft: Ehre, Treue, Gewissen, Moral. Sie wollten nicht nur ihre eigene Ehre retten, sondern auch die Ehre eines Volkes von Mitläufern. Die meisten hatten dem Regime am Anfang voller Begeisterung gedient, und manche waren in die Untaten verstrickt gewesen. Doch nun wollten sie der Welt beweisen, dass nicht alle Deutschen hinter solchem Wahnsinn standen. Und manche hofften, dass ein gelungenes Attentat das Land am Ende doch noch vor dem Untergang bewahren könne.

Was Stauffenberg vor allen anderen Verschwörern auszeichnet, war nicht allein der unbedingte Mut, das Attentat selbst auszuführen, sondern auch die Tatkraft, um den Umsturz in Berlin selbst auszuführen.

Diese Doppelrolle als Attentäter und Anführer des Umsturzes hätte jeden anderen überfordert – nicht aber Stauffenberg. Die Mitverschwörer in der Bendlerstraße verloren wichtige Stunden, weil alle auf den Attentäter warteten. Erst als er kam, begann das Räderwerk der »Operation Walküre« zu laufen, jenes eigentlich zur Abwehr innerer Unruhen gedachten Plans, der von Stauffenberg so genial umgearbeitet worden war, dass im Falle des Gelingens selbst die Gegner des Putsches im Sinne der Verschwörer gehandelt hätten.

»Es war faszinierend zu sehen, wie alles immer auf ihn zukam, ihn fragte, wie der Mann in einer unerhörten Erregung war, aber vollkommen ruhig und beherrscht, von äußerster Höflichkeit«, erinnert sich der Augenzeuge Ewald von Kleist: »Aber man merkte seine Erregung an seinem Atem. Es war beeindruckend, ihn zu sehen an diesem Tage.« Es war sein letzter Tag im Leben. Der Tag, an dem er in die Geschichte einging. Der Tag, an dem er etwas von der Schande tilgte, in die sein Land geraten war.

Die Rache des Regimes war grausam: Hinrichtung der führenden Verschwörer, »Sippenhaft« für die Familien. Und dann die Drohung des SS-Chefs Heinrich Himmler: »Die Familie Graf Stauffenberg wird ausgelöscht werden bis ins letzte Glied.«

Doch Nina Schenk Gräfin von Stauffenberg, die Witwe des Attentäters, handelte klug: »Falls das Attentat misslingen würde, hat er mir verboten, loyal zu ihm zu stehen. Das Wichtigste sei, dass einer von uns den Kindern erhalten bleibe. Danach habe ich gehandelt. Ich habe mich der Gestapo als dumme kleine Hausfrau mit Kindern und Windeln und schmutziger Wäsche dargestellt.« Dennoch werden die schwangere Nina und ihre Schwiegermutter ins KZ Ravensbrück gebracht.

Ihre vier Kinder wurden, wie die der anderen Verschwörer, in das NS-Kinderheim Bad Sachsa verschleppt. Dort nahm man ihnen alles weg, was an die Eltern erinnerte: Fotos, Briefe, selbst die Nachnamen. Aus den Kleidern wurden systematisch alle Namensschilder herausgetrennt. Den Kindern sollte ihre Identität genommen werden. Später, so die Planung des Regimes, sollten sie in Hitler-treuen Familien unter anderem Namen aufwachsen. Doch am 12. April 1945 endete der Albtraum: Die Kinder wurden von US-Soldaten befreit. Stauffenbergs Vermächtnis hatte sich erfüllt: Die Familie war gerettet.

Was wäre geschehen, wenn sein Attentat geglückt wäre? Wenn die Bombe unterm Kartentisch ihr Zielobjekt zerrissen hätte? Die Forderung der Alliierten nach bedingungsloser Kapitulation stand unumstößlich fest, genauso wie die Aufspaltung des Reiches in Besatzungszonen, die brutale Amputierung Ostdeutschlands und die Vertreibung seiner Menschen. Eine provisorische Regierung der Verschwörer hätte den Krieg beenden müssen, so oder so. Dann hätten Millionen von Soldaten an den Fronten in Europa nicht mehr sterben müssen. Allein auf deutscher Seite sind von August 1944 bis Mai 1945 mehr Menschen umgekommen als im ganzen langen Krieg zuvor. Dann wären Hunderttausende von Juden nicht mehr in die Gaskammern getrieben worden – der Holocaust hielt noch an. Und viele schöne Städte wären heil geblieben: Würzburg, Dresden und noch über hundert andere. Ja, ein gelungener Tyrannenmord an Hitler hätte seinen Sinn gehabt. Doch gut ist, dass es wenigstens versucht wurde und dass die Welt erfuhr: Nicht alle Deutschen liefen hinter Hitler her. So bleibt die Tat des Grafen Stauffenberg ein Grund für stillen Stolz. Wir atmen etwas freier, weil es ihn gegeben hat.

2 KINDHEIT UND JUGEND – VOM KÖNIGSHOF ZUM DICHTERKREIS

Mitte November 1907 kündigte sich Caroline Schenk Gräfin von Stauffenberg bei ihrer Schwiegermutter zum Besuch an. Zwar war die zweiunddreißig Jahre alte Gräfin im achten Monat schwanger, glaubte aber dennoch, die Strapazen einer Reise von der württembergischen Residenz Stuttgart nach Jettingen im bayerischen Schwaben auf sich nehmen zu können. Am Ziel der Reise angekommen, setzten jedoch überraschend die Wehen ein. Am 15. November 1907 wurden in Jettingen die Zwillinge Claus Philipp und Konrad Maria geboren. Doch schon einen Tag nach der Geburt starb Konrad; Claus blieb lange Zeit ein zartes Kind, das bis in die Schulzeit hinein häufig krank war. Zum Erstaunen der Ärzte und Schwestern ertrug er jedoch die damit verbundenen Schmerzen klaglos und tat sich später trotz seiner schwachen Konstitution im Spiel mit Gleichaltrigen oftmals durch verwegene Streiche und eine waghalsige Tollkühnheit hervor.

Bei ihm zeigte sich schon früh ein Wesenszug, der auch für den erwachsenen Claus von Stauffenberg bestimmend sein sollte: Was ihm die Natur an physischen Einschränkungen und Defiziten mit auf den Weg gegeben hatte, versuchte er durch eiserne Disziplin und außerordentlichen Eifer wettzumachen. Schon als Viereinhalbjähriger kletterte er auf einen steilen Felsen der Schwäbischen Alb und erklärte, er wolle ein Held sein. Und nach einer tapfer ertragenen Halsoperation im Sommer 1914 verkündete er:»Nun war ich doch sehr hel-

Von gegensätzlicher Natur: Die Hochzeit von Alfred Schenk Graf von Stauffenberg und Caroline von Üxküll-Gyllenband 1904 auf Schloss Greifenstein

disch, und nun kann ich, wenn ich groß bin, als Soldat in den Krieg ziehen.« Stauffenberg sollte recht behalten: Er würde tatsächlich als Held in die Geschichte eingehen – wenn auch auf ganz andere Weise, als er es sich damals als Kind erträumt hatte.

Die Familie, in die der junge Graf hineingeboren wurde, zählt zum schwäbischen Uradel. Der Stammsitz des Geschlechts war die Burg Stauffenberg bei Hechingen, die heute nur noch Ruine ist. Der ungewöhnliche Beinamen rührt nach einer Überlieferung in der Familie daher, dass die Schenken von Stauffenberg als Erbschenken der sagenumwobenen Stauferkaiser gewirkt hätten. Doch das ist nicht mehr als eine schöne Legende. Tatsächlich gibt es keine Verbindung der Familie zu den Staufern. Die Stauffenbergs traten im 13. Jahrhundert als Ministeriale im Ritterstand in den Dienst der Grafen von Zol-

Ein enges Verhältnis zwischen Mutter und jüngstem Sohn – Caroline von Stauffenberg und Claus; das Gemälde von Ada von Pagenhardt entstand um 1912

lern, den Vorfahren des Fürstengeschlechts der Hohenzollern, und versahen dort das Schenkenamt, das jedoch zu dieser Zeit keine konkrete Bedeutung mehr hatte, sondern ein reines Ehrenamt war.

In den folgenden Jahrhunderten verbreitete sich die Familie in mehreren Zweigen in ganz Süddeutschland. 1698 wurden die in Amerdingen bei Nördlingen ansässigen direkten Vorfahren von Claus von Stauffenberg in den Freiherrenstand erhoben. Mehrere Angehörige dieser Linie wirkten als Domherren von Bamberg, Würzburg und Augsburg, Marquard Sebastian Schenk von Stauffenberg brachte es Ende des 17. Jahrhunderts sogar zum Fürstbischof von Bamberg. In dieser Zeit erwarb die Familie weitere Landgüter, unter anderem Lautlingen am Rand der Schwäbischen Alb, Greifenstein in der Fränkischen Schweiz oder Jettingen bei Günzburg. 1874 wurde Franz Ludwig Schenk von Stauffenberg – Claus von Stauffenbergs Urgroßvater – vom bayerischen »Märchenkönig« Ludwig II. in den erblichen Grafenstand erhoben. Franz Ludwigs 1860 geborener Enkel Alfred, Besitzer von Lautlingen, stellte sein Leben in den Dienst der württembergischen Krone. Ab 1899 wirkte der überzeugte Katholik als Kammerherr und Stallmeister des protestantischen württembergischen Königs Wilhelm II. Seit 1908 war er als Oberhofmarschall Verwaltungschef des königlichen Hofes. Zu seinen Obliegenheiten gehörten die Organisation der Empfänge des Königs und der Königin, ihrer Reisen und Staatsbesuche und die Aufsicht über den königlichen Haushalt. Theodor Pfizer, ein Freund der Familie, charakterisierte den Grafen als »einen konservativen Edelmann in Gebärde und Denken, in gleicher Weise begabt für die echte Form der Repräsentation, das Zeremoniell des Hofes, die Ordnung von Festen wie für alle damit im Zusammenhang stehenden praktischen Dinge des Lebens, fern von gefühlvollen Betrachtungen, die er doch mit fast wohlwollendem Spott geißelte«. Er sei ein universell begabter Bastler und Handwerker gewesen, der selbst tapezieren, elektrische Leitungen verlegen und Möbel reparieren konnte. Im Garten des Lautlinger Landsitzes habe er eigenhändig Unkraut gejätet, Rosen gezüchtet und dem rauen Klima der Schwäbischen Alb sogar Artischocken abgetrotzt.

Im Jahr 1904 hatte Stauffenberg die Gräfin Caroline von Üxküll-Gyllenband geheiratet. Die 1875 in Wien geborene Tochter eines k.u.k. österreichischen Oberstleutnants war mütterlicherseits eine Urenkelin des preußischen Generalfeldmarschalls und Heeresreformers August Neidhardt von Gneisenau. Im Gegensatz zu ihrem zupackenden Gatten wurde die evangelisch getaufte Gräfin als eher träumerisch und wenig praktisch veranlagt beschrieben. Sie war den schönen Künsten und der Philosophie zugetan und flüchtete, wie Pfizer berichtete, »aus dem Zwang des Hoflebens immer wieder in ihre eigene Welt zu Goethe und Shakespeare, zu den Dichtern der

14

Das Landschloss Lautlingen – es war eines der Güter, die die Familie Stauffenberg im 17. Jahrhundert erwarb

Zeit«. Obwohl sie als Hofdame der Königin mit den täglichen Pflichten der Konvention vertraut gewesen sei, habe sie »nach ihrem eigenen Geständnis nie eine letzte Platzscheu überwunden« und sich »bei aller souveränen Beherrschung auch schwieriger Situationen nicht ganz frei von Hemmungen« gefühlt.

Dabei ging es damals am württembergischen Hof eher vertraut familiär zu. Die Volkstümlichkeit des Königs war schon fast sprichwörtlich: Zum fünfundzwanzigjährigen Thronjubiläum des Regenten mussten 1916 selbst die eigentlich monarchiekritischen Sozialdemokraten im »Ländle« ein ungetrübtes Verhältnis zu Wilhelm II. konstatieren. Der König ging fast jeden Tag mit seinen Hunden in Stuttgart spazieren, wobei er, wie sich Pfizer erinnerte, jedermanns Gruß erwiderte. Im Gegensatz zu seinem Namensvetter auf dem deutschen Kaiser-

Körperliche Schwächen machte er mit eiserner Disziplin wett – Claus Philipp Maria Schenk Graf von Stauffenberg im Alter von etwa sechs Jahren; er wuchs am Hof des württembergischen Königs in Stuttgart auf

thron pflegte er einen Regierungsstil, der von Bescheidenheit geprägt war und ein gewisses Geltungsbedürfnis allenfalls auf kulturellem Gebiet erkennen ließ.

Die Familie von Alfred Schenk Graf von Stauffenberg wuchs am 15. März 1905, als in Stuttgart die Zwillingsbrüder Berthold und Alexander geboren wurden; zweieinhalb Jahre später folgte Claus. Nach der Berufung des Vaters zum Oberhofmarschall lebten die Stauffenbergs in einer geräumigen Dienstwohnung im Alten Schloss in Stuttgart. Trotz ihrer durchaus standesbewussten Erziehung trieben die Brüder Späße und Streiche wie andere Kinder auch. Vom sechsjährigen Claus wird beispielsweise berichtet, dass er einmal dem unbeweglich vor der väterlichen Wohnung postierten Lakaien die Frackschöße abgeschnitten habe. Das Interesse an Kunst und Kultur hatten alle drei Kinder von ihrer Mutter geerbt. Claus spielte Cello und musizierte regelmäßig mit seinen Brü-

Die Brüder Stauffenberg musizierten regelmäßig zusammen – Alexander spielte Violine, sein Zwillingsbruder Berthold Klavier und Claus Cello

dern. Eine Zeit lang trug er sich sogar mit dem Gedanken, Musiker zu werden. Später kam eine veritable Leidenschaft für das Theater hinzu. Die Brüder beteiligten sich an verschiedenen Schüleraufführungen und besuchten häufig das Stuttgarter Theater. Seine schulische Ausbildung begann Claus wie seine Brüder mit privatem Elementarunterricht. Ab 1916 besuchte der jüngste der Stauffenberg-Brüder eine Vorklasse des traditionsreichen Eberhard-Ludwigs-Gymnasiums in Stuttgart. Nach den Erinnerungen seiner Mutter fiel ihm das Lernen leicht; dass er letzten Endes »nur« gute und nicht sehr gute Schulnoten mit nach Hause brachte, lag an den vielen Fehlstunden aufgrund seiner häufigen Krankheiten.

Heuernte in Lautlingen mit Königin Charlotte von Württemberg, Berthold, Gräfin Caroline und Alexander (von links), 1917

Die ideale Ergänzung zum städtisch-feudalen Rahmen des Lebens in der württembergischen Residenzstadt bildete der Landsitz der Familie in Lautlingen, wo die Brüder nahezu ausnahmslos ihre Schulferien verbrachten. Die Familie Stauffenberg nahm im Dorf die Patriarchenrolle ein und war allgemein geachtet. Das inmitten des Dorfes liegende Schloss war im 19. Jahrhundert anstelle einer aus dem 16. Jahrhundert stammenden bewehrten Burg errichtet worden. Der relativ schmucklose Neubau im Stil der Biedermeierzeit war eigentlich nicht mehr als ein – wenn auch stattliches – Landhaus. Nur die umgebende Mauer mit ihren vier trutzigen Ecktürmen erinnerte noch an die alte Burg. In einem der Türme richtete sich Claus von Stauffenberg als Jugendlicher eine »Klause« mit Feldbett, Tisch, Stuhl und Büchern ein, in die er sich von Zeit zu Zeit zurückzog. In Lautlingen fanden die Kinder zahlreiche Spielkameraden, die sie mit den Sorgen und

Sorgloses Landleben: Die Brüder Stauffenberg mit ihrem geliebten Esel im Lautlinger Schloss, um 1910

Nöten, aber auch den Freuden des Landlebens vertraut machten. Wenn es sein musste, halfen die Stauffenberg-Brüder den Bauern bei der Ernte. Claus war besonders stolz darauf, mit einer Sense nicht nur auf ebenem Boden Gras mähen zu können, sondern auch die schwierige Technik des Mähens am Hang zu beherrschen.

Von Lautlingen aus unternahmen die Brüder zahlreiche Wanderungen in das umliegende Land der Schwäbischen Alb. Das »Felsentor«, ein von Buchenwäldern gesäumter Felsen, war der Lieblingsplatz Claus von Stauffenbergs. Von dort aus hatte man einen beeindruckenden Blick auf die waldreichen Täler der Umgebung. Wie sich seine Ehefrau Nina erinnerte, hat er seine starke Heimatverbundenheit nie geleugnet. Obwohl er ein gepflegtes Hochdeutsch sprach, sei er, sobald er die schwäbischen Grenzen überschritten habe, sofort wieder in die heimatliche Mundart verfallen. Über die Eigenart der Schwaben, sich in den entlegensten Winkeln der Welt in treuer Heimatliebe zusammenzufinden, sagte er später einmal: »Die einzige Loge, die Hitler nicht auflösen konnte, waren die Schwaben.«

Eine erste Erschütterung dieser nahezu unbeschwerten Kindheit stellte der Beginn des Ersten Weltkriegs im August 1914 dar. Ihrer Herkunft und Erziehung gemäß reagierten die Stauffenberg-Kinder auf die Nachricht des Kriegsausbruchs enthusiastisch. Als Claus eines Morgens schluchzend erklärte, seine Brüder hätten ihm gesagt, in zehn Jahren dürften sie in den Krieg ziehen und er nicht, musste seine Mutter ihn lange beruhigen. Auch Nachrichten vom »Heldentod« einiger naher Verwandter vermochten ihn nicht von seinem kindlichen Hurra-Patriotismus abzubringen. Noch im Juli 1918 schwärmte er in einem Brief von der Begegnung mit einem arg lädierten »jungen Helden« namens von Plüskow: »Er ist sehr stark am Fuß verwundet und trägt ihn in der Schiene. Man musste ihn vom Wagen aus zu dritt in den Garten tragen. Der schneidige Kerl will aber trotz seiner 5 Verwundungen wieder ins Feld«, notierte der gut zehn Jahre alte Stauffenberg-Spross voller Begeisterung.

Wenige Wochen später war das deutsche Heer am Ende. Als Anfang Oktober 1918 das deutsche Waffenstillstandsgesuch bekannt wurde, waren die Mitglieder der Familie Stauffenberg wie vor den Kopf gestoßen. Nach all den Heldentaten und all dem Blutvergießen stehe man vor dem schimpflichsten und demütigendsten Frieden, der jemals einem Volk angeboten worden sei, notierte Gräfin Stauffenberg in ihr »Kriegstagebuch«. Claus brach bei der Nachricht von den Verhandlungen mit den Westmächten in Tränen aus und erklärte trotzig: »Mein Deutschland kann nicht untergehen, und wenn es jetzt auch sinkt: es muss sich wieder stark und groß erheben! Es gibt ja noch einen Gott.« Wenige Wochen später dankte in Berlin Kaiser Wilhelm ab und ging ins holländische Exil. Jetzt war es nur noch eine Frage der Zeit, bis auch die deutschen Landesfürsten auf ihre Throne verzichten mussten.

Am 9. November tobte auch auf den Straßen Stuttgarts die Revolution – und die Familie des Oberhofmarschalls erlebte

Auf den Ersten Weltkrieg reagierten die Stauffenberg-Kinder enthusiastisch – Alexander, Berthold und Claus im Lautlinger Garten, um 1917

den »ganzen wüsten Tumult« hautnah mit. In der Innenstadt hatte sich rund um das Schloss eine unübersehbare Menschenmenge versammelt. Rote Fahnen wurden gehisst und rebellische Reden gehalten. Gegen elf Uhr drang die Menge ins Wilhelmspalais ein, die königliche Standarte wurde eingeholt und die rote Fahne aufgezogen. Noch wollte der König nicht abdanken, doch die Aufständischen zwangen ihn, Stuttgart am Abend in Richtung seines Jagdschlosses Bebenhausen zu verlassen. Den kleinen Claus traf dieser schmähliche Abgang hart. Ganz besonders enttäuscht war er darüber, dass der König kampflos das Feld geräumt hatte. Seinen elften Geburtstag sechs Tage darauf wollte er auf gar keinen Fall feiern. Den ganzen Tag über war er still, kämpfte mit den Tränen und klagte: »Einen so traurigen Geburtstag habe ich noch nie gehabt.« Sein Vater verhandelte derweil als Bevollmächtigter

Als »Neupfadfinder« beschäftigen sich die Stauffenberg-Brüder mit der Idee eines neuen, elitären Staatsgebildes – Claus, Berthold und Alexander mit ihren Eltern auf der Treppe vor dem Lautlinger Schloss, um 1924

von Wilhelm II. mit der neuen Regierung des »Volksstaats Württemberg« über den verbleibenden Besitz des Königs. Nachdem die Apanage des scheidenden Monarchen geklärt worden war, legte Wilhelm am 30. November 1918 als einer der letzten deutschen Landesfürsten die Krone nieder.

Nicht nur für den König, auch für die Stauffenbergs ging damit eine Jahrhunderte währende Tradition zu Ende. Seit dem späten Mittelalter hatten die Schenken von Stauffenberg als Dienstadlige mächtigen Herrschern gedient und waren selbst Herren über die Untertanen ihrer Landgüter gewesen. Nun lebten sie in einer Republik, und die tiefe Verunsicherung über die neue Zeit führte bei ihnen zu einer inneren Distanz gegenüber der neuen Ordnung. Im Falle Alfred von Stauffenbergs schlug sie in offene Ablehnung um. So bezeichnete er die neue Regierung als »Lumpenpack«, dem kein vernünftiger Mensch dienen könne. Er selbst blieb im Dienst Wilhelms, der fortan als Herzog von Württemberg firmierte. Als Präsident der herzoglichen Rentkammer verwaltete Stauffenberg nun das Privatvermögen des ehemaligen Monarchen. Für seine Familie bedeutete das, dass sie vom Alten Schloss in eine kleinere Dienstwohnung in Stuttgart umziehen musste. Die Kinder fanden sich schneller mit dem Umbruch ab als der Vater, der auf seinen althergebrachten Anschauungen beharrte. So setzte er als Zeichen des Protests keinen Fuß mehr in das ehemalige Königliche Hoftheater, das nun Landestheater hieß. Freilich zwang er seine Söhne nicht, seinem Beispiel zu folgen.

Claus Schenk Graf von Stauffenberg um 1924 in Lautlingen – in dieser Zeit hatte er sich dem Kreis um den Dichter Stefan George angeschlossen und schrieb selbst Gedichte

Doch in anderen Fragen kam es immer wieder zu Differenzen zwischen den Generationen. Die Stauffenberg-Brüder hatten sich Anfang der Zwanzigerjahre einem der zahlreichen Jugendbünde, den »Neupfadfindern«, angeschlossen. Wie sich Theodor Pfizer erinnerte, wanderten sie mit ihren Kameraden durch die schwäbische Heimat, sangen abends am Lagerfeuer Landsknechtslieder und lasen Texte von Hölderlin und Stefan George. Für die schwärmerische Hochstimmung, die derartige Gruppenerlebnisse bei den Brüdern hervorriefen, hatte Alfred von Stauffenberg allenfalls Spott übrig. Doch die »Neupfadfinder« waren keine reine Neuauflage der weitestgehend unpolitischen »Wandervogel«-Bewegung aus der Zeit vor 1914. Gerade die »Neupfadfinder« zeichnete eine merkwürdige Mischung aus traditioneller Lagerfeuerromantik und kruder völkischer Blut- und Bodenmystik aus. Während die Jugendbewegung der Vorkriegszeit den fahrenden Scholaren zum Vorbild hatte, war es für die zahlreichen jetzt aus dem Boden schießenden »Bünde« der Soldat. »Wir Neupfadfinder streben nach Erneuerung unseres inneren und äußeren Lebens im Glauben an eine kommende deutsche Kultur. Sie bedarf eines neuen Menschen und sie führt in ein neues Reich«, hieß es in der programmatischen Schrift des Bundes, die maßgeblich vom protestantischen Berliner Pfarrer Martin Voelkel beeinflusst wurde. Der Bund sollte eine elitäre Vorform eines kommenden neuen Staatsgebildes sein; die demokratische Ordnung der Weimarer Republik dagegen wurde von der Mehrheit abgelehnt. »Wenn nur der Bund tapfer bleibt, das Ziel weiß und durchhält, dann wendet sich die Not in Gnade, und die Sonne führt auf seinen Ruf und durch die Kraft seines Winkes einen neuen Tag herauf«, beschwor Voelkel die Seinen. In seiner Substanz stellte das Programm der »Neupfadfinder« freilich nicht mehr als eine Verflachung und Entstellung von aristokratisch-elitären Strömungen des damaligen deutschen Geisteslebens dar, wie sie sich vor allem im Werk des Dichters Stefan George manifestierten. Zudem war das Leben in den Bünden »fast immer reicher, voller und lohnender, als es die Gedanken, Reden und Schriften ihrer Führer waren«, konstatierte der Historiker Walter Laqueur in seiner Studie zur Geschichte der deutschen Jugendbewegung. Für die Stauffenbergs kam noch hinzu, dass es in Stuttgart gar keine Ortsgruppe der »Neupfadfinder« gab. Vielmehr fanden sie sich an ihrem Gymnasium über die Klassenstufen und Bundeszugehörigkeiten mit anderen Jugendlichen zusammen, mit denen sie gemeinsam wanderten, sangen und diskutierten.

Obwohl die Brüder durch ihre Zugehörigkeit zur bürgerlich dominierten Jugendbewegung eine für ihren Stand ungewöhnliche Offenheit und Aufgeschlossenheit demonstrierten, führte andererseits vor allem die Beschäftigung mit den Texten Stefan Georges zu einer Schärfung ihres Elitebewusstseins. Im Mai 1923 hatten die Zwillinge Alexander und Berthold ein Jurastudium in Heidelberg begonnen. Aus dieser Zeit datiert auch die Bekanntschaft der Stauffenberg-Brüder mit George. Durch den befreundeten Philologen Albrecht von Blumenthal wurde dem Dichter zunächst Berthold vorgestellt; Alexander und Claus folgten wenig später. Seit dieser Begegnung, so der Stauffenberg-Biograf Peter Hoffmann, »stand zwischen den Stauffenbergs und der übrigen Welt eine unsichtbare Wand«. Bald kannten die Brüder nur noch ein Ziel – so oft und so lange wie möglich mit dem »Meister«, wie George sich von einem Zirkel ihm treu ergebener »Jünger« titulieren ließ, zusammen zu sein.

An Stefan George scheiden sich bis heute die Geister. Der Literaturwissenschaftler Georg Lukács schmähte Georges Dichtung als »imperialistische Parklyrik«. Thomas Mann bekannte:»Das Herrische und Knechtende, das zu dem von George gebotenen Lebensschauspiel gehört, war mir immer fremd.« Walter Benjamin und Stefan Zweig zählten dagegen zu seinen Bewunderern.

Der 1868 geborene George war nach dem Abitur durch Europa gereist und hatte in Paris die Bekanntschaft der sogenannten Symbolisten um Stéphane Mallarmé und Paul Verlaine gemacht – eine Begegnung, die sein Leben prägen sollte. Der Kreis pflegte in nachdrücklicher Abgrenzung zu dem in jener Zeit gängigen Realismus und Naturalismus die elitäre Kunstauffassung, dass sich Dichtung jeglicher Zweckgebundenheit und Profanisierung entziehen sollte. Ein Anstoß, den George nach seiner Rückkehr nach Deutschland begeistert in die Tat umsetzte. Als seinen Anspruch formulierte er, »in einer Sprache sich auszudrücken, deren die unheilige Menge sich nie bedienen würde, oder die Worte so zu stellen, dass nur der Eingeweihte ihre hehre Bestimmung erkenne«. Eigenheiten wie die beharrliche Kleinschreibung fast aller Wörter oder die Verwendung einer speziellen Schrifttype im Druck steigerten die geheimnisvolle Aura um Georges kryptische Gedichte nur noch. Er selbst stilisierte sich zum Dichterfürsten, reiste als Dandy von Ort zu Ort und sammelte mit kultartig inszenierten Lesungen nach und nach eine Schar von Geistesverwandten um sich. Doch dieser Kreis wandelte sich aufgrund des absoluten Führungsanspruchs Georges bald in eine Ansammlung von »Trabanten«, die um die »Sonne« George kreisten. Gleichzeitig gefiel sich der Dichter mehr und mehr in der Pose des düsteren »Sehers« und »Propheten«, statt nur mehr »l'art pour l'art« zu produzieren, machte er der Öffentlichkeit seinen Anspruch deutlich, Ankläger der Gegenwart und Künder der Zukunft zu sein. Mit großer Geste verwarf er die verflachte moderne Zivilisation.

George war auf der einen Seite revolutionär: Er hasste die bürgerliche Welt mit ihren Konventionen und ihren althergebrachten Formen der Religionsausübung. Auch verachtete er das Preußentum mitsamt seinen typischen Erscheinungsformen als »Feind alles Kulturellen«. Als der Erste Weltkrieg ausbrach, verfiel er nicht wie viele andere Deutsche in den nationalen Taumel, der auch einige seiner Anhänger erfasste. Doch zugleich fürchtete er den »Sieg der angloamerikanischen Normalameise« und verachtete später die Massendemokratie der Weimarer Republik. Sie war für ihn ein Negativum, das es zu überwinden galt. George war jedoch kein Nihilist, er hatte durchaus eine Utopie, die allerdings rückwärtsgewandt war. Seine Welt war nicht von gestern, sondern von vorgestern – es war die Zeit der Hellenen und des deutschen Mittelalters, der Ottonen, Salier und Staufer. Ihm schwebte eine hierarchisch gegliederte, elitäre Ordnung vor, als deren Wegbereiter er sich sah. »Die Frage blieb freilich unbeantwortet, ja sie wurde überhaupt nicht gestellt, ob ausgerechnet eine solche staatliche und gesellschaftliche Ordnung besser als die moderne, beständig und in immer größerem Ausmaß bürokratisierte und administrierte Demokratie zur Lösung der immensen, im Zeitalter der Technik sich stellenden Probleme geeignet wäre«, so Stauffenberg-Biograf Christian Müller. Insofern seien Georges Vorstellungen nicht mehr als eine Flucht aus der Moderne in eine »einfach« und »rein« anmutende Vergangenheit gewesen.

Anlass zu öffentlichen Spekulationen gab freilich damals insbesondere die Tatsache, dass sich George vor allem mit Knaben und jungen Männern umgab. Laut Thomas Karlauf, dem Verfasser einer umfangreichen George-Biografie, gibt es heute keinen Zweifel mehr daran, dass der Dichter tatsächlich homosexuell war. Mehr als einmal sei er selbst durch das Berliner Schwulenmilieu am Nollendorfplatz gestreift. Seine Jünger gefielen sich darin, hübsche Knaben »aufzuspüren« und zu »stellen«. »Dennoch führt es in die Irre, in der Homosexualität das entscheidende Kriterium für die Zusammensetzung des George'schen Staates zu vermuten«, so Karlauf. Der Begriff lege »aufgrund sowohl seiner medizinischen als auch seiner strafrechtlichen Implikationen eine fortwährende Präsenz und Fixierung auf das Geschlechtliche nahe, die George fremd war«. Zudem war ein Großteil auch seiner engsten Anhänger nicht schwul, und auch George selbst definierte sich nicht so. Lieber sprach der Dichter von der »weltschaffenden Kraft der übergeschlechtlichen Liebe«. Freilich gab es dabei bisweilen auch Kollateralschäden zu beklagen. Dem jungen Hugo von Hofmannsthal, dessen »braune, lustige, zutrauliche Mädchenaugen« George entzückten, ließ der »Meister« einmal ein großes Rosenbouquet senden. Als Hofmannsthal Georges Werben peinlich berührt zurückwies, wollte er sich mit dem Wiener Nachwuchspoeten duellieren. So weit kam es zwar nicht, doch die Beziehung war beendet.

Angesichts derartiger Vorkommnisse, um die sich weitere Gerüchte und Mutmaßungen rankten, war es nicht verwunderlich, dass die Mutter der Brüder Stauffenberg wenig begeistert war, als diese in den George-Kreis hineingezogen wurden. Schon wenige Wochen nach dem ersten Treffen zwischen George und ihren Söhnen im Mai 1923 fuhr sie zu dem Dichter, der zu dieser Zeit in Heidelberg residierte. Offenbar konnte George die Bedenken der Gräfin, die Sorge hatte, ihre Kinder würden ihr »entgleiten«, ausräumen. Fortan erhob sie keinen offenen Einspruch mehr gegen die Verbindung. Offenbar fühlte sie, die einige Jahre zuvor selbst in enger Korrespondenz mit dem Lyriker Rainer Maria Rilke gestanden hatte, sich durchaus geehrt, dass ihre Söhne Zugang zu einem der berühmtesten lebenden deutschen Dichter hatten. In einem Brief an Theodor Pfizer klagte sie freilich über ihren »stillen Verzicht« und darüber, wie schwer sie sich mit der »inneren und äußeren Einsamkeit« angesichts des »Verlusts« der Kinder abfinden könne.

Denn für die Stauffenberg-Brüder wurde nun der »Meister« zum Mittelpunkt ihres Lebens. »Die Bindung der Jünglinge an Stefan George war vorbehaltlos, tief und umfassend«,

Der Meister und seine Jünger – Claus und sein Bruder Berthold verbrachten so viel Zeit wie möglich bei Stefan George; hier im Pförtnerhäuschen einer Grunewald-Villa in Berlin, wo der Dichterfürst 1924 logierte

schreibt Peter Hoffmann. »Sie war Heiland-Nachfolge, Liebe und Gehorsam.« Schon bald entstanden erste Huldigungsgedichte der Brüder an George, die dessen Stil imitierten und auch die bei George übliche fast durchgängige Kleinschreibung übernahmen. Vom »Schöpfer neuer welt aus lieb' und glut« war bei Alexander die Rede; Berthold nannte den Dichter den Retter der Welt; und auch Claus besang ihn in glühenden Worten.

Ein Foto, das im Herbst 1924 in Berlin im Pförtnerhäuschen einer Grunewald-Villa entstand, wo George damals logierte, verdeutlicht die dem Dichter entgegengebrachte Verehrung: George sitzt mit entrücktem Blick auf einem Armlehnstuhl und genießt die stille Bewunderung von Claus und Berthold von Stauffenberg, die in seinem Rücken sitzen

Der Kreis von George-Verehrern – Max Kommerell, Claus, Johann Anton, Albrecht von Blumenthal (sitzend), der die Stauffenberg-Brüder mit dem Dichter bekannt machte, Alexander, Walter Anton und Berthold (von links), 1924

und ihn mit verzücktem Blick betrachten. Das Foto, das wie eine Zufallsaufnahme wirkt, ist tatsächlich bis ins Kleinste arrangiert, so Thomas Karlauf: »Auf der zart gemusterten Blumentapete, die den gesamten Bildhintergrund ausfüllt, hängt, direkt über den Köpfen der beiden Jünglinge, groß und schwarz gerahmt, der Meister noch einmal: als Foto. Der reale George wirkt vor diesem Foto fast wie ein Phantom, wie eine ›Vision vor dem inneren Auge‹ der beiden Jungen.«

Die über alles Maß hinausgehende Verehrung blieb jedoch keine einseitige Angelegenheit. Auch der Dichter selbst war wie elektrisiert, als die Brüder in sein Leben traten. Gerade hatten sich seine Visionen von einer neuen deutschen Jugend um die Figur des Stauferkaisers Friedrich II. zu kristallisieren begonnen. Dass die Familie der Brüder eine Beziehung zu den Staufern zu besitzen schien, dass sie aus Schwaben kamen, dem Stammland der Staufer, dass schon ihr Name Verheißung bedeutete – das alles beurteilte George als eine an ein Wunder grenzende Fügung. Der Historiker Ernst Kantorowicz, ein anderer Anhänger Georges, bemühte sich derweil, mit einer vom Dichter geförderten Biografie Friedrichs das historische Fundament für die Ideen Georges zu schaffen. »Friedrich II. sei zum ›End- und Erfüllungskaiser der deutschen Träume‹ geworden, weil er wie kein anderer den Genius der Deutschen repräsentiere«, analysiert Karlauf das Werk von Kantorowicz. »Unter seiner Herrschaft habe sich in der ersten Hälfte des 13. Jahrhunderts ein neuer Typus herausgebildet, in dem sich die besten Eigenschaften des germanischen Nordens mit mediterraner Leichtigkeit verbunden hätten: das Bild des deutschen Jünglings antiker Prägung. In kaiserloser Zeit gelte es – so die verschlüsselte Botschaft am Ende der Friedrich-Biografie –, den staufischen Traum eines europäischen Universalreiches noch einmal einzulösen.« Die Stauffenbergs gefielen sich in ihrer Rolle als Wiedergänger jener angebeteten mittelalterlichen Helden. Nirgends wird das so deutlich wie in einem Gedicht, das der sechzehnjährige Claus seinem Bruder Berthold widmete:

ich wühle gern in alter helden sagen
und fühle mich verwandt so hehrem tun
und ruhmgekröntem blute.
wo blieb macht dann weisheit herrlichkeit
ruhm und schönheit wenn nicht wir sie hätten
des Staufers und Ottonen blonde erben.

Ein halbes Jahr später pilgerten Berthold von Stauffenberg und Albrecht von Blumenthal zum Grab Friedrichs II. in Palermo und riefen den »Meister« zum neuen Messias aus: »Du bist als heiland dieser welt gesandt.« Fast gleichzeitig reisten auch andere George-Jünger wie Ernst Kantorowicz nach Sizilien, und als im Mai 1924 in Palermo die 700-Jahr-Feier der Universität Neapel – einer Gründung Friedrichs – begangen wurde, lag am Sarkophag des Staufers ein Kranz mit der Inschrift »Seinen Kaisern und Helden / Das geheime Deutschland«. Wer von Georges Freunden den Kranz niedergelegt hatte, ist bis heute ungeklärt. Doch dass er aus dem Kreis um den Dichter kam, darf als gesichert gelten. Die Metapher vom »Geheimen Deutschland« war seit den 1910er-Jahren im Umfeld Georges aufgekommen und diente seitdem immer wieder als Mittel der Selbststilisierung der »auserwählten Schar«. Die Kernvorstellung des George'schen »staats« sei die »einer kleinen, männlichen, jünglingshaft dominierten Elite« gewesen, so Thomas Karlauf, »die sich von den Niederungen des politischen Alltags vollkommen fernhält, die in der Dichtung lebt und im entscheidenden Moment in die Geschichte eingreift«.

Vor allem Berthold von Stauffenberg wurde zu einer zentralen Figur für den George-Kreis. Vom »Meister« erhielt er den Kosenamen »Adjib«, der Wunderbare, nach einer Figur der Märchensammlung aus *Tausendundeiner Nacht*. In Berthold zugeeigneten Gedichten pries George dessen »hoheit« und »anmut«. Bertholds Zwillingsbruder dagegen kam weniger gut weg. »Alexander erhielt den Zunamen Offa, nach einem Königssohn der Angeln, der, als Feinde das väterliche Reich wegnehmen wollten, aus der Untätigkeit sich zu wuchtigem Kampf erhob, dann wieder in Trägheit zurücksank«, erklärt Peter Hoffmann. Er musste es sich gefallen lassen, von George als »hölzern« abgestempelt zu werden. Dies verwundert umso mehr, als Alexander als einziger der Brüder wirkliche dichterische Begabung besaß.

Der dritte Stauffenberg-Bruder dagegen erhielt keinen Beinamen, er war für alle einfach nur »der Claus«. Dies mag zum einen daran gelegen haben, dass der »Meister« an ihm wenig auszusetzen hatte. »So jung der Claus zu dem Dichter gekommen war, an ›Erziehung‹ erfolgte nichts, brauchte

32

nichts zu erfolgen, auch kaum an Belehrung«, schwärmte Ludwig Thormaelen, ein George nahestehender Bildhauer vom jüngsten Stauffenberg-Spross. »Eine herrliche Einheitlichkeit des Wesens war ihm zuteilgeworden«, so Thormaelen weiter. »Die Vollkommenheit einer mutvollen, geweckten, lebendigen Männlichkeit, eines Reichtums ohne lastende oder unbewältigte Gaben. Man hatte ihn nicht nur gern – er erregte Enthusiasmus und Entzücken sofort und überall, wo er auftrat.« Claus von Stauffenberg habe dem Dichter stets »Aufheiterung und Freude« gebracht. »In seiner umweglosen frischen Art nahm er – gemäß seiner Alterstufe – an jedem Gespräch, auch höherer Lage, gleicherweise mit Zurückhaltung wie mit klugem Einsatz teil.« Claus gewidmete Gedichte Georges sind zwar keine überliefert, dafür umso mehr von Max Kommerell, einem anderen Mitglied des Kreises. Kommerell, fünf Jahre älter als Claus, rühmte Stauffenberg als »wunderknab« und stellte ihn einmal mehr in die Ahnenreihe der Stauferkaiser. Da die Anregungen für Texte der George-Jünger normalerweise vom »Meister« ausgingen oder doch zumindest im Kreis besprochen wurden, dürften die Worte Kommerells also durchaus mit der Meinung Georges übereingestimmt haben.

Ein weiterer Grund, warum Claus weit weniger als sein Bruder Berthold im Fokus des »Meisters« stand, war seine seltene Anwesenheit im Kreis. In den ersten Jahren seiner Bekanntschaft mit George war er bei Weitem der jüngste Verehrer des Dichters. Jeden Aufenthalt in der Nähe seines Idols musste er seinen Eltern abtrotzen. Später hatte er als Soldat mit einem festen Dienstplan weniger Gelegenheit als seine Brüder, dem Dichter nachzureisen. Berthold dagegen nutzte fast jede Gelegenheit, George zu sehen. Er verbrachte die Ferien gemeinsam mit George und unternahm mit ihm und anderen Freunden Ausflüge und Lesungen. Berthold bekam freilich auch eher die negativen Seiten der engen Bindung an den

»Meister« zu spüren. Als er eine junge Russin namens Maria (»Mika«) Classen kennenlernte und sie 1932 heiraten wollte, wurde ihm diese Ehe von George ausdrücklich verboten. Mit dem »Meister« war in solchen Dingen nicht zu spaßen. Sechs Jahre zuvor hatte er Friedrich Gundolf, der mehr als ein Vierteljahrhundert lang einer seiner engsten Vertrauten gewesen war, aus dem Kreis ausgestoßen – wegen einer von ihm missbilligten Heirat. Berthold dagegen ordnete sich dem Führungsanspruch Georges unter und verzichtete auf die geplante Eheschließung. Freilich blieb er mit Mika verlobt und heiratete sie dann einige Zeit nach dem Tod Georges doch.

Aber auch Claus von Stauffenberg bekam indirekt den Hass des »Meisters« auf abtrünnige Jünger zu spüren. Einer seiner engsten Freunde im Kreis war der bereits erwähnte fünf Jahre ältere Max Kommerell, mit dem er noch 1929 schwärmerische Briefe ausgetauscht hatte. Doch ein Jahr später kam es zu Spannungen, als Kommerell es ablehnte, in einer von George ins Leben gerufenen Stiftung mitzuarbeiten, die das literarische Erbe des Dichters verwalten sollte. Mehrere Jahre lang hatte Kommerell als eine Art persönlicher »Sekretär« Georges dessen unstetes Wanderleben organisiert. Nun aber wollte er seine eigene Karriere als Literaturhistoriker vorantreiben und sich nicht permanent von George abhängig machen. »Das ganze Umeinanderleben, wie es sich herausgebildet hatte, beruhte auf einer so vollständigen Aufgabe des persönlichen Selbstgefühls, wie ich sie höchstens für einen Jüngling, niemals für einen Mann angemessen und erträglich finden kann«, erklärte Kommerell später.

Über einen Mittelsmann hatte kurz zuvor Claus von Stauffenberg Kommerell den Wunsch übermitteln lassen, sich mit ihm zu treffen – doch nun schaltete sich der »Meister« ein. Kommerell dürfe nur zu Stauffenberg reisen, wenn er sich zuvor mit ihm – George – ausgesprochen habe. Als Kommerell ablehnte, war der Bruch unausweichlich. George nannte ihn fortan »die Kröte« und untersagte seinen Gefolgsleuten den Umgang mit dem Quasi-Aussteiger. Kommerell seinerseits bemühte sich zwar daraufhin, die Wogen wieder zu glätten, doch es war zu spät. Er versuchte, die Freundschaft mit Stauffenberg aufrechtzuerhalten, doch dieser antwortete nicht mehr auf die Briefe des einstigen Freundes. Das Wort des »Meisters« war für Stauffenberg Gesetz. Laut Claus' späterer Frau Nina verglich er Kommerell sogar mit einem abtrünnigen Vertrauten von Friedrich II. und erklärte, man werde oft von denen verlassen, denen man am meisten vertraut habe.

»Der Ausgang solcher Konflikte konnte für die Stauffenbergs nie in Zweifel stehen«, schreibt Peter Hoffmann. »Der Dichter war ihr Führer. Die Freundschaft zu Kommerell, die Liebe zu Mika waren echt, aber die Beziehung zum Dichter-Führer George hatte damals den höheren Rang. Die Stauffenberg-Brüder hatten sich einem Bund verschrieben, dessen Ziele ihnen höher standen als persönliche Beziehungen, der die Ergebenheit und Kraft des ganzen Menschen forderte und erhielt. Schließlich ging es um eine Idee. Der Freundeskreis um George hatte, zumal für die Jüngeren, den Charakter der Verschwörung zur Schaffung des geheimen Deutschland.« Noch Jahre später würde Claus von Stauffenberg sagen, er hätte »den größten Deutschen seiner Zeit zum Lehrmeister« gehabt.

3 IN DER REICHSWEHR – REITER FÜR DAS VATERLAND

Schon seit frühester Jugend hatte sich Claus von Stauffenberg immer wieder gefragt, welchen Beruf er als Erwachsener einmal ergreifen sollte. Ehemalige Mitschüler erinnerten sich, dass der musikbegeisterte und kunstbeflissene Graf lange Zeit mit dem Gedanken spielte, Musiker zu werden. Immerhin hatte er auf dem Cello bereits eine gewisse Virtuosität erreicht. Doch als er erkannte, dass er über ein bestimmtes künstlerisches Niveau nicht hinauskommen würde, ließ er diesen Plan fallen. Wie sich seine spätere Frau Nina erinnerte, war er der Meinung,»man solle nicht leichthin dilettieren, wenn jemand ein Instrument spielen wolle, dann müsse er es richtig tun oder ganz lassen«. Als sie ihn Ende der Zwanzigerjahre kennenlernte, hatte er das Musizieren – auch für den Hausgebrauch – bereits ganz aufgegeben.

Zu Beginn der Zwanzigerjahre scheint der junge Claus zunächst keine konkreteren Zukunftspläne gehabt zu haben. Dies ist wenig verwunderlich, hatte der Umbruch für den Adelsspross doch gewissermaßen naturgegebene Lebensperspektiven durcheinandergewirbelt. Umso bemerkenswerter war es, dass er in einem Schulaufsatz von 1922 als seine Lebensaufgabe verkündete, er wolle – in welchem Beruf auch immer – »dem Staatswohl nützen«. Schon damals zeigte sich, dass er bereit war, die veränderten gesellschaftlichen Rahmenbedingungen zu akzeptieren. Während sein Vater auf seinem Standesbewusstsein beharrte und auf Distanz zum neuen

Staat ging, entwickelte Claus von Stauffenberg eine neue, zeitgemäße Vorstellung von »Elite« und »Aristokratie«: die Verpflichtung, auch und gerade jetzt Verantwortung für das Allgemeinwohl zu übernehmen. Diese selbst gestellte Aufgabe klang auch in einem Aufsatz zum Thema »Was willst Du werden?« vom Januar 1923 an. »Für alle, die das Vaterland und das neue Reich erkannt haben, gibt es nur den Einen hehren Beruf, den uns die großen Griechen und Römer durch die Tat vorgelebt haben, und den uns die Ritter in höchster Form dargetan haben«, heißt es dort in – von heute aus betrachtet – etwas verquaster Sprache: »Des Vaterlandes und des Kampfes fürs Vaterland würdig zu werden und dann sich dem erhabenen Kampf für das Volk zu opfern; ein wirklichkeits- und kampfbewusstes Leben führen.« In jedem Beruf könne man dem Vaterland nützlich sein. Er selbst wolle das als Baumeister, also als Architekt tun. »Ich finde es schön und es zieht mich an, das Zusammenord(n)en von an sich ganz abstrakten Raumgebilden in eine schöne, in der Anordnung vernünftige und sinnreiche, selbstverständliche gebundene Form, das Übereinstimmen von Grundriss und Aufriss, von Innenausstattung und Äußerem, das Abwägen der Verhältnisse zueinander, die angepasste Linienführung, alles individuell und doch sich in allgemeingültige Werte einfügend.« Jeder Bau solle ein Tempel sein, »dem deutschen Volk und Vaterland geweiht«. Freilich wolle er auch andere Völker und deren Kultur kennenlernen und deshalb zusätzlich Geschichte studieren. Ob es so komme, so der damals Fünfzehnjährige abschließend, wisse er nicht, doch wolle er seinem Ziel »mannhaft entgegenstreben«.

Doch dabei machte ihm immer wieder seine schlechte körperliche Verfassung einen Strich durch die Rechnung. Er war immer noch häufig krank, litt unter starken Kopfschmerzen und konnte deshalb oft monatelang nicht zur Schule gehen. Die letzten beiden Schuljahre blieb er dem Stuttgarter Gymnasium sogar gänzlich fern und erhielt Privatunterricht in Lautlingen. Seit Ende 1924 bemühte sich Stauffenberg mehrmals um die vorzeitige Zulassung zum Abitur, doch seine Gesuche wurden abgelehnt. Erst im Februar 1926 wurde er schließlich als externer Teilnehmer zur Reifeprüfung zugelassen. Sein Abiturzeugnis vom 5. März 1926 lag dann zwar über dem Klassendurchschnitt, doch die schwierigen Begleitumstände hatten ihre Spuren im Notenbild hinterlassen. In Französisch, Geschichte, Erdkunde und Mathematik erreichte er ein »Gut«; im deutschen Aufsatz, in Geschichte der deutschen Literatur, Philosophie, Griechisch, Naturgeschichte »Befriedigend« und nur ein »Ausreichend« in Latein.

In der Anmeldeliste zur Reifeprüfung tauchte erstmals ein ganz neuer Berufswunsch auf: Stauffenberg hatte angegeben, dass er Offizier werden wollte. Für die Familie kam dieser Entschluss völlig überraschend. So erinnert sich Stauffenbergs Jugendfreund Theodor Pfizer an das Erstaunen der Brüder angesichts von Claus' Zukunftsplänen. Zwar hatte dieser seinen Geschwistern von Zeit zu Zeit von seinen Träumen »voll Schwerterklirren und Schlachtenklang« berichtet, und auch im George-Kreis war die Option eines Eintritts in die Reichswehr wohl thematisiert worden. Doch dass er tatsächlich Soldat werden wollte, erschien Familie und Freunden kaum vorstellbar. Dies hing vor allem mit seiner schwachen körperlichen Konstitution zusammen. Wie sollte jemand, der so auffallend häufig unter Krankheiten litt, den Strapazen des Soldatenberufs gewachsen sein? Schon seine etwas robusteren beiden Brüder Berthold und Alexander hatten in dieser Hinsicht einiges Lehrgeld zahlen müssen. Im Herbst 1923, während der kommunistischen Aufstandsversuche in Sachsen und Thüringen, hatten sie sich als Zeitfreiwillige bei der Reichswehr gemeldet. Doch Berthold erkrankte schon nach wenigen Wochen und musste wieder aus dem Dienst ausscheiden. Alexander stand zwar die dreimonatige Ausbildung durch, doch nach dem Ur-

Während der letzten beiden Schuljahre erhielt Claus Privatunterricht in Lautlingen – der Abiturient am »Türmchen«, 1926

Die Berufswahl des jüngsten Stauffenbergs schwankte zwischen Musiker und Architekt, bis er sich für die militärische Laufbahn entschied – Claus in Lautlingen, 1927

teil seines Schwadronskommandeurs beim Reiter-Regiment 18 in Ludwigsburg, Leo Freiherr Geyr von Schweppenburg, fehlte ihm jegliche militärische Ader. Natürlich wunderte sich der General dann drei Jahre später über die Berufswahl des jüngsten Stauffenberg-Bruders.

Trotzdem gab es in Stauffenbergs Familie auch eine gewisse militärische Tradition. Sein Vater hatte vor der Zeit als Oberhofmarschall in der württembergischen Armee gedient, dessen Bruder Berthold war im Ersten Weltkrieg Kommandeur eines bayerischen Reiter-Regiments und ein Onkel mütterlicherseits zur selben Zeit Mitglied im österreichischen Generalstab gewesen. Mit besonderem Stolz erfüllte Stauffenberg auch die Erinnerung an seinen berühmten Vorfahren Gneisenau. Wie sich später noch zeigen sollte, hatte er sich über dessen Leben und Wirken umfassende Kenntnisse angeeignet.

Nur schwer bestimmbar ist der Anteil Stefan Georges an Stauffenbergs Entscheidung für den Soldatenberuf. Trotz des mitunter strengen Regiments des »Meisters« ist nur schwer vorstellbar, dass dieser dem sechzehnjährigen Claus mehr oder minder befohlen haben könnte, die Offizierslaufbahn einzuschlagen. Nina von Stauffenberg sagte später rückblickend, vor allem Georges »erzieherisches Vorbild« habe ihren Mann dazu bewogen, einen Beruf zu wählen, der »exakte Planungsarbeit, Menschenerziehung, Verantwortung und Dienst an der Allgemeinheit« bedeutete. In der Tat war der Gedanke der Erziehung im George-Kreis lebendig. Der Dichter wollte – gewissermaßen als Leiter einer platonischen Akademie – Menschen formen, die einstmals seine Vision eines gewandelten und erneuerten Reiches umsetzen sollten. »Eine zentrale Vorstellung des George-Kreises war die Fortpflanzung«, erläutert Thomas Karlauf. »Man muss das, was der jüngere Freund vom älteren Freund gelernt hat, weitergeben. Man muss sich anders als die normalen Menschen, die durch ihre eigenen Kinder weiterleben, in der geistigen Welt Georges fortpflanzen, indem man Jünglinge sucht, die geeignet sind, in sie hinein den Geist der Dichtung zu senken.« Stauffenbergs ursprünglicher Berufswunsch Architekt erschien ihm in dieser Hinsicht vielleicht doch zu sehr an die tote Materie gebunden. Außerdem erklärte er noch Jahre später, ein gewisser Tatendrang habe ihn dazu bewogen, zur Reichswehr zu gehen. Dass er in seinem Leben »dem Staatswohl nützen« wollte, hatte er bereits 1922/1923 betont.

Seine musischen und künstlerischen Interessen standen für ihn dabei nicht im Gegensatz zum harten Soldatenleben – sie schienen ihm sogar ein Vorteil zu sein. Wenige Tage nach Dienstantritt schrieb er im April 1926 an seinen Vater: »Wenn dem vaterland durch die bereitstellung auch mehr geistiger (nicht rein sportlicher oder das militär aus begeisterung für stahlhelm und märsche suchender) menschen auch nur im geringsten der schatten eines vorteils erwachsen kann bin ich für das opfer einiger jahre meiner jugend entschädigt.« Freilich musste er im gleichen Atemzug zugeben, es sei »für unsereinen nicht leicht, längere zeit hindurch den gemeinen zu spielen und auf alles geistige so ziemlich ganz zu verzichten«. Letztlich war der Eintritt in die Reichswehr für Claus von Stauffenberg durchaus die logische Konsequenz aus seiner persönlichen Entwicklung. Zwangsläufig war sie dennoch nicht.

Nach der Niederlage im Ersten Weltkrieg war die deutsche Militärmacht – einst der ganze Stolz des Kaiserreichs – durch die Bestimmungen des Versailler Vertrags stark beschnitten worden. Das Heer war auf nur noch 100 000 Mann beschränkt, die Unterhaltung von Luftstreitkräften, Panzern und schwerer Artillerie verboten. Die neu geschaffene Reichswehr wurde zu einer reinen Berufsarmee. Soldaten und Unteroffiziere mussten sich für zwölf Jahre zum Dienst verpflichten, Offiziere für fünfundzwanzig Jahre. Von den 34 000 Offizieren, die am Ende des Krieges in der kaiserlichen Armee gedient hatten, durften nur 4000 übernommen werden. Trotzdem war der Adelsanteil im Offizierskorps noch sehr hoch – bei den Generälen betrug er 50 Prozent. Diese Männer waren in ihrem Weltbild immer noch der untergegangenen wilhelminischen Epoche verhaftet, der Republik von Weimar dagegen standen sie vor allem in der ersten Hälfte der Zwanzigerjahre meist distanziert bis ablehnend gegenüber. Sie dienten dem durch die wechselnden Regierungen ihres Erachtens nur unvollkommen repräsentierten »Vaterland«, übten für den Fall »innerer Unruhen« und hofften auf eine Restauration der gesellschaftlichen Verhältnisse. Das »System« von Weimar war für die meisten nur ein Zwischenspiel auf dem Weg zu einem neuen starken Reich. Personifiziert wurde diese Linie durch den Chef des Truppenamts, Generaloberst Hans von Seeckt. Er verkündete das Dogma von der »unpolitischen« Reichswehr, die sich nicht in die Tagespolitik der Weimarer Republik hineinziehen lassen wollte. So wurde den Angehörigen der Truppe unter anderem das Wahlrecht entzogen, politische Meinungsäußerungen waren nicht erwünscht. Die Folge von Seeckts Politik war freilich eine weitere Abkapselung der Armee von der Republik. Die Reichswehr wurde mehr und mehr zum »Staat im Staate«. Begünstigt wurden diese Tendenzen durch die Rekrutierungspolitik der Truppe: Die Auswahl und Einstellung von Offiziersbewerbern lag in den Händen der Regimentskommandeure vor Ort, die damit dafür Sorge tragen konnten, dass nur die von ihnen »erwünschten Kreise« in die Reichswehr aufgenommen wurden.

Doch es gab rechtsgerichtete Kreise im Bürgertum und vor allem im Adel, denen schon diese widerwillige Form von Beteiligung am republikanischen System zu weit ging. Dazu gehörte zunächst auch Stauffenbergs Vater, der sich, wie bereits erwähnt, mit recht drastischen Worten gegen eine Mitarbeit am neuen Staat aussprach. Vor allem waren es jedoch überzeugte Monarchisten wie Stauffenbergs bayerische Verwandte, die sich auf den Standpunkt stellten, ihr König sei nicht frei-

Alfred Schenk Graf von Stauffenberg, der letzte Oberhofmarschall des Königs von Württemberg mit seinen drei Söhnen – Berthold, Claus und Alexander (von links), um 1925

willig zurückgetreten und die republikanische Herrschaft damit nicht rechtmäßig. Für sie war es eine absolut unmögliche Vorstellung, als Offizier in die Reichswehr einzutreten und damit der verhassten Republik zu dienen. Claus von Stauffenberg wusste um diese Vorurteile – und auch um Tuscheleien, er habe sich nur deshalb zum Soldatenberuf entschlossen, weil seinem Vater die Finanzierung eines Studiums für den dritten

Sohn nicht mehr möglich gewesen sei. Claus beantwortete derlei Mutmaßungen auf seine Weise: Bei Verwandtschaftstreffen erschien er – der sonst oft auch Zivilkleidung trug – demonstrativ in Uniform und bekundete so seine Loyalität zur Republik.

Damit lag er durchaus im Trend der Zeit. Die Wahl des ehemaligen kaiserlichen Generalfeldmarschalls Paul von Hindenburg zum Reichspräsidenten im Jahr 1925 hatte weite konservative Bevölkerungskreise mit dem ungeliebten Staatsgebilde versöhnt und führte zu einer Art wohlwollender Tolerierung der Republik durch gemäßigte Rechtskräfte. Dies zeigte sich auch daran, dass der prozentuale Anteil von Adligen am Offiziersnachwuchs wieder anstieg. Auch Alfred von Stauffenberg gab damals seine ursprünglich ablehnende Haltung gegenüber einer militärischen Karriere seines jüngsten Sohnes auf.

Am 1. April 1926 trat Claus von Stauffenberg seinen Dienst im 17. (Bayerischen) Reiter-Regiment der Reichswehr in Bamberg an. Die Wahl der Waffengattung war für ihn noch die leichteste Entscheidung gewesen: Er war seit jeher ein begeisterter Reiter, und auch die militärischen Traditionen der Familie lagen bei der Kavallerie. Familiäre Beziehungen dürften wohl auch der Grund gewesen sein, warum er sich in Bayern und nicht, was nahegelegen hätte, beim 18. Reiter-Regiment im württembergischen Ludwigsburg bewarb. Womöglich fürchtete er dort aufgrund seiner mangelhaften Physis und den zwiespältigen Erinnerungen an die Dienstzeit seines Bruders Alexander eine Zurückweisung. In Bamberg dagegen hätte er im Zweifelsfall auf die Fürsprache seines Onkels Berthold bauen können, der als einstiger Kommandeur der bayerischen »Schweren Reiter« beste Beziehungen zu dem Bamberger Regiment hatte, das in der Tradition der »Schweren Reiter« stand. Die Hilfe des Onkels musste dann aber wohl nicht in Anspruch genommen werden.

44

Eine andere Frage war freilich, wie zeitgemäß die traditionelle Kavallerie noch sein konnte nach einem verlustreichen Grabenkrieg, in dem sich die Technik als dem Menschen überlegen herausgestellt hatte und in dem erstmals auch Panzer und Flugzeuge eingesetzt worden waren. Die Aufgaben und Möglichkeiten von berittenen Verbänden waren in diesen Jahren wie nie zuvor in Frage gestellt. Trotzdem hatte die Reichswehr einen unverhältnismäßig hohen Anteil an Kavalleriedivisionen aufzuweisen. Dies war aber weniger nostalgischen Gründen geschuldet als vielmehr der Tatsache, dass die Kavalleristen aufgrund des Verbots von schweren Waffen – wenn auch nur behelfsmäßig – Aufgaben übernehmen mussten, für die eigentlich gepanzerte und motorisierte Verbände besser geeignet gewesen wären. Insofern war Stauffenbergs Entscheidung für die Kavallerie kein Hinweis auf eine etwaige feudale Rückwärtsgewandtheit, sondern eher das genaue Gegenteil.

Die militärische Grundausbildung begann er bei seinem Regiment in Bamberg. Nach anderthalb Jahren wurde er, wie alle Offiziersanwärter der Reichswehr, an die Infanterie-Hochschule nach Dresden abkommandiert. In der sächsischen Landeshauptstadt standen die grundlegende strategische und taktische Schulung, aber auch Waffen- und Infanteriedienst sowie Sport auf dem Stundenplan. Als Kavallerist erhielt er außerdem weiterhin Reitunterricht. Wie ehemalige Kameraden bezeugten, war der begnadete Redner Stauffenberg rasch Mittelpunkt des Hörsaals. Wenn der Taktiklehrer und spätere General der Gebirgstruppen, Eduard Dietl, »Lagebeurteilung, Entschluss und Begründung« verlangte und Stauffenberg dann formuliert habe, sei Stille im Saal gewesen, und Dietl hätte nichts hinzuzufügen gehabt. Stauffenbergs schriftliche Arbeiten wurden freilich nicht immer gut bewertet. Trotzdem ragten seine Leistungen letztendlich über den Durchschnitt seines Jahrgangs hinaus.

Claus Schenk Graf von Stauffenbergs militärische Laufbahn begann beim 17. Reiterregiment der Reichswehr in Bamberg – er war ein begeisterter Reiter

Der junge Stauffenberg war kein typischer Offiziersanwärter. Er war zwar den meisten seiner Mitstudenten kameradschaftlich verbunden, doch wirkliche Freundschaften schloss er keine. Einer von denjenigen, die ihn näher kennenlernten, war Manfred von Brauchitsch, ein Jahrgangskamerad auf der Infanterieschule, der dann in den Dreißigerjahren als Autorennfahrer für Furore sorgte. »Stauffenberg lehnte den stumpfen und oft rüden Kasinogeist ab«, berichtete Brauchitsch nach dem Zweiten Weltkrieg. »Freundschaftlicher Geselligkeit durchaus nicht abgeneigt, verurteilte er jedoch Zechereien und Ausschweifungen der Kameraden und nahm dies auch bei seinen Freunden sehr übel. Seine Einstellung zu Frauen hatte ebenfalls etwas Eigenes, das durch Zurückhaltung und Ritterlichkeit gekennzeichnet war. Den oberflächlichen Abenteuern der Kameraden stand er mit Ablehnung, ja mit völligem Unverständnis gegenüber.« Seine außergewöhnliche Natur wurde jedoch von seinen Kameraden allgemein akzeptiert. Manfred von Brauchitsch bestätigte: »Stauffenberg war ein eigenartiger, ein besonderer Mensch, der sich deutlich von dem damaligen Offiziersdurchschnitt abhob.«

Am 1. August 1928 wurde Stauffenberg zum Fähnrich befördert. Im Herbst desselben Jahres setzte er seine militärische Ausbildung an der Kavallerieschule in Hannover fort. Nach dem Urteil von Friedrich-Wilhelm von Loeper, einem der Ausbilder, der einige Jahre später auch sein Divisionskommandeur wurde, war Stauffenberg rasch auch hier die »führende Persönlichkeit«. Er beendete die Ausbildung als Sechstbester des gesamten Kriegsschuljahrgangs und bester Kavallerist. Nachdem er im August 1929 die Offiziersprüfung

Claus Schenk Graf von Stauffenberg in Uniform mit seinem Bruder Berthold und der Mutter 1928 in Lautlingen – als Fähnrich setzte Claus seine militärische Ausbildung in der Kavallerieschule in Hannover fort

abgelegt hatte, erhielt er einen Ehrensäbel »für hervorragende Leistungen«. Im Sommer kehrte er zu seinem Regiment in Bamberg zurück.

Wie Manfred von Brauchitsch bekundete, stellten die geistigen Anforderungen der Ausbildung Stauffenberg vor keinerlei Probleme: Während seine Kameraden mit dem Unterrichtsstoff ihre liebe Mühe hatten, habe ihn der Graf mit seinem »geschliffenen Verstand« leicht bewältigt. Allerdings war Stauffenberg körperlich noch immer häufig angeschlagen. Nach einem Manöver im Sommer 1928, bei dem sein Regiment einen anstrengenden Elbübergang auszuführen hatte, setzte ihn eine Mandelentzündung und Stirnhöhlenvereiterung für vier Wochen außer Gefecht. Das Gleiche wiederholte sich im November 1928 und im Januar 1929. Doch ganz wie es seiner Natur entsprach, ließ er sich davon nicht entmutigen. An Max Kommerell schrieb er, er habe verlernt, sich »über die notwendigkeiten eines hartnäckigen schicksals zu beklagen«. Mit großer Energie und außerordentlicher Willensstärke versuchte er, seine körperlichen Defizite wettzumachen und motivierte sich zu erstaunlichen Höchstleistungen. Schließlich gelang es ihm sogar, im sportlichen Wettkampf Kameraden zu überbieten, die ihm körperlich eigentlich überlegen waren. Doch noch in einer dienstlichen Beurteilung aus dem Jahr 1933 hieß es, er sei »etwas anfällig gegenüber Halsentzündungen, wodurch seine körperliche Widerstandskraft manchmal beeinträchtigt wird«. Mit »Energie und zähem Willen« kämpfe er dagegen an.

Sein ausgeprägtes Pflichtbewusstsein hätte es niemals zugelassen, bei derartigen Schwierigkeiten einfach aufzugeben. Die einmal getroffene Entscheidung für den Soldatenberuf musste unter allen Umständen als richtig bewiesen werden. Zweifel merken zu lassen oder gar einzugestehen, schrieb er 1928 an Kommerell, der ihm in dieser Zeit näherstand als jeder andere, verbiete ihm der Stolz und die Klugheit – »es wäre eine niederlage von der man sich nicht erholen könnte«. Dennoch gab es solche Zweifel auch in Stauffenbergs Leben. Die Härte liege, wie er Kommerell bekannte, nicht in den Widrigkeiten seiner Laufbahn selbst, sondern »im gleichmäßigen vorwärtsschreiten trotz des eigenen zweifels, im unbedingten gehorsam sich selbst gegenüber, in der disziplin nur auf *eines* zu achten«.

Zum 1. Januar 1930 wurde Stauffenberg zum Leutnant befördert. Normalerweise hätte er als frisch ernannter Reiter-offizier erst einmal drei Jahre bei der Feld- oder Ausbildungs-schwadron Erfahrungen sammeln müssen. Doch Stauffenberg wurde schon nach einem Dreivierteljahr zur Führung eines Minenwerferzuges vorgeschlagen. Zu diesem Zweck absol-vierte der Dreiundzwanzigjährige von November 1930 bis Februar 1931 einen Lehrgang und übernahm dann das Kom-mando über die Minenwerfer der 1. Eskadron des 17. Reiter-Regiments in Bamberg. Bezeichnend für das Vertrauen, das dem jungen Offizier entgegengebracht wurde, war auch die Tatsache, dass er bald darauf in den »Ehrenrat« seines Regi-ments aufgenommen wurde. Bei seinen Männern, denen er mehr Eigenverantwortung zubilligte als allgemein üblich, war Stauffenberg äußerst beliebt. »Mit untergebenen, bauern und soldaten, ist ein schönes auskommen und eine gleichmäßige gegenseitigkeit der bitten und erfüllungen«, schrieb Stauffen-berg stolz an Kommerell. »Anders mit kameraden der gleichen bildungsstufe, stolz dummer hochmut und deren kamerad-schaft dürftiger egoismus ist.« Sein Regimentskamerad Bernd von Pezold bestätigte: »Für sein inneres Verhältnis zu einem anderen Menschen – es war bei äußerlich gleich scheinender Liebenswürdigkeit sehr differenziert – war nur dessen innerer Wert, nicht die äußeren Umstände bestimmend. So konnte sein Verhältnis zu manchem Soldaten oder Unteroffizier ver-traut und herzlich sein, während irgendeine ›Prominenz‹ trotz sichtlicher Bemühungen eine höfliche, aber nicht zu überse-hende Distanz nie überwinden konnte.«

Freilich war sich Stauffenberg seiner intellektuellen Überlegenheit über viele Menschen in seiner Umgebung bewusst
und »nicht frei von einem gewissen Geltungsbedürfnis«, wie
sein Biograf Joachim Kramarz schreibt. Stauffenbergs Eskadronchef Hans Walzer registrierte in einer Beurteilung: »Seines militärischen Könnens und seiner geistigen Überlegenheit
bewusst, neigt er gelegentlich gegenüber Kameraden zur
Überheblichkeit, die sich leicht spöttisch äußert, aber nie ver-
letzend wirkt. Etwas salopp in Haltung und Anzug, dürfte
sein Auftreten als junger Offizier etwas frischer und energi-
scher sein.« Heinz Greiner, wie Stauffenberg Offizier im 17.
Reiter-Regiment, bestätigte: »Ich habe Stauffenberg oft im
Kreise von Offizieren, vornehmlich jüngeren … seine Ansichten vortragen hören. Zumeist riss er sofort das Wort an sich
und dozierte gleichsam. Es gelang ihm dies wegen seiner au-
genfälligen geistigen Überlegenheit leicht. Bei seinem ausge-
prägt starken Selbstbewusstsein und zweifellos vorhandenem
Geltungsbedürfnis hörte er sich selbst gerne reden. Aber auch
sein Kameradenkreis hörte ihm gerne zu.«

Worum ging es in diesen Gesprächen? Waren es nur Fach-
simpeleien, bei denen Erkenntnisse aus der militärischen Ta-
gesarbeit besprochen wurden? Versuchte Stauffenberg, den
Kameraden seine geistige Welt nahezubringen? Oder wurde
auch über die politischen und gesellschaftlichen Zustände des
Landes gesprochen, dem die Offiziere ihren Eid geschworen
hatten? Wie Greiner berichtete, habe Stauffenberg dem Dogma vom unpolitischen Soldaten zum Trotz in seinen Unter-
haltungen »vornehmlich« soziale und politische Fragen ange-
schnitten. In welcher Weise sich Stauffenberg freilich zu den
drängenden Fragen der Zeit äußerte, blieb in den Erinnerungen der Zeitzeugen merkwürdig verschwommen. So wird zum
einen berichtet, dass er nicht wie die meisten der im Kaiser-
reich sozialisierten älteren Offiziere die Weimarer Republik
grundsätzlich ablehnte. Billige Verunglimpfungen wie etwa

die im Kasinogespräch verbreitete Verhöhnung der schwarz-rot-goldenen Flagge als »Schwarz-Rot-Senf« verbat er sich. Andererseits habe er wie viele seiner Offizierskollegen die Republik lediglich als eine Art »Durchgangsstadium« auf dem Weg zu einem neuen, starken Nationalstaat betrachtet. Auch soll er den Aufstieg der NSDAP durchaus zustimmend zur Kenntnis genommen haben. Manch einer wollte in ihm rückblickend sogar einen frühen Anhänger Hitlers erkannt haben.

Stauffenberg war zuallererst Soldat, und als solcher nahm er auch die politische Situation in Deutschland wahr. Er betrachtete die Reichswehr als einen konstruktiven Bestandteil des Staates, nicht allein als ein militärisches Instrument. Die Armee hatte in seinen Augen die Sicherheit und das Ansehen der Nation zu garantieren – und das in angemessener Weise. Demzufolge konnte er mit dem Status quo nicht zufrieden sein. Mehr als zehn Jahre nach dem Ende des Krieges stand das Deutsche Reich noch immer unter der Kuratel der Siegermächte. Die Reichswehr war demütigenden Beschränkungen durch den Versailler Vertrag unterworfen. In einem äußeren Krisenfall wäre sie mit ihren bescheidenen Mitteln angesichts einer vielfachen Übermacht der ehemaligen Kriegsgegner und ihrer Verbündeten überhaupt nicht einsatzfähig gewesen. Es war deshalb unzweifelhaft, dass eine Partei, die auf ihre Fahnen geschrieben hatte, die Wehrhoheit wiederherzustellen, bei einem Offizier auf offene Ohren zählen konnte. Vom Punkt 22 des NSDAP-Parteiprogramms, der »die Abschaffung der Söldnertruppe und die Bildung eines Volksheeres« forderte, war er wie viele andere Offiziere fasziniert. Vermutlich imponierte Stauffenberg wie vielen anderen Konservativen angesichts der zunehmenden Erstarrung des parlamentarischen Systems der Republik auch der revolutionäre Schwung der Nationalsozialisten, die sich nicht als Partei, sondern als dynamische »Bewegung« präsentierten.

Zwar sind von Stauffenberg im Gegensatz zu manch anderem späteren Verschwörer wie Henning von Tresckow, Hellmuth Stieff oder Caesar von Hofacker aus dieser Zeit keine konkreten zustimmenden oder gar begeisterten Äußerungen zum Aufstieg Hitlers und der NSDAP überliefert. Doch ist anzunehmen, dass die Nationalsozialisten zumindest seit ihrem Wahlerfolg im September 1930, als die NSDAP 18,3 Prozent der Stimmen erreichte, als eine Option zur Überwindung der Krise von Staat und Gesellschaft in seinem Blickfeld lagen. So war es nur konsequent, dass Stauffenberg in den Jahren 1930 bis 1932 gemeinsam mit anderen Regimentsangehörigen in nächtlichen Felddienstübungen SA-Leute ausbildete. Spätestens da war er sich mit seinen Offizierskollegen im Reiter-Regiment 17 einig, dass die Republik nicht mehr lange bestehen würde.

Doch auch in diesen Jahren blieb Stefan George der absolute Fixstern in Stauffenbergs Lebens. Sooft es ihm zeitlich möglich war, besuchte er den »Meister«. Auch an der großen Lesung des letzten George'schen Gedichtbands *Das neue Reich*, die im November 1928 in Berlin stattfand und zu der sich der gesamte George-Kreis noch einmal fast vollzählig versammelt hatte, nahm er gemeinsam mit seinen Brüdern teil. »Seine Stimme war dunkel und tief erregt«, berichtete ein Augenzeuge, der Bildhauer Alexander Zschokke, über Georges Vortrag. »Die Worte standen wie Steinblöcke gereiht im Raum. Der Sinn der Gedichte lag offen wie ein heller Tag, und das Gesicht des Dichters war gespannt und verletzbar wie eine Glaskugel.« Doch so »offen« der Sinn von Georges Gedichten den damals in Berlin Anwesenden gewesen sein mochte, für die breite Öffentlichkeit blieben seine Verse weiterhin mehr als rätselhaft. Dies begann schon beim Titel des Werks. Welches neue Reich war damit gemeint? War Georges »Reich« synonym mit dem Begriff des »Dritten Reichs«, den der Publizist Arthur Moeller van den Bruck 1923 geprägt, und den die NSDAP für ihre Propaganda übernommen hatte?

52

Zudem war auch des »Meisters« neuestes Werk unter dem Zeichen der Swastika erschienen, das Georges Organ *Blätter für die Kunst* bereits seit 1910 als Signet verwendete. Georges Verlag beeilte sich zu erklären, es sei nicht einzusehen, das stilisierte Hakenkreuz abzuschaffen, nur weil es jetzt einen neuen Sinn angenommen habe. Wer die unter diesem Zeichen veröffentlichten Bücher kenne, der wisse, »dass sie mit Politik nichts zu tun haben«. Zwar habe George tatsächlich »zweifellos ein Reich jenseits der politischen Grabenkämpfe« gemeint, so sein Biograf Thomas Karlauf. Doch missverständlich blieb seine Wortwahl dennoch. Das Schlagwort vom »Neuen Reich« hatte George erstmals 1921 in einem Gedicht verwendet. Er beschwor einmal mehr die Jugend, die einst »den Mann« hervorbringen werde:

Der sprengt die ketten fegt auf trümmerstätten
Die ordnung, geisselt die verlaufnen heim
Ins ewige recht wo grosses wiederum gross ist
Herr wiederum herr, zucht wiederum zucht, er heftet
Das wahre sinnbild auf das völkische banner
Er führt durch sturm und grausige signale
Des frührots seiner treuen schar zum werk
Des wachen tags und pflanzt das Neue Reich.

»Den Nachgeborenen dürfte es schwerfallen, diese Zeilen nicht auf jenen Mann zu projizieren, der im November 1923, zwei Jahre nach ihrer Veröffentlichung, mit einem Putsch sich anschickte, ›das völkische Banner‹ aufzurichten«, schreibt Karlauf. George imponierte Hitlers Wille zur Tat. Ein Vertrauter berichtete, er habe »dem Mut jenes Mannes, der da in Süddeutschland der vertrockneten bürgerlichen Gesellschaft, den Anhängern der Tagesblätter und den wohlgenährten Volksvertretern die Wahrheit sagte, beigepflichtet«. Tatsächlich verachtete George die parlamentarische Demokratie der

Weimarer Republik nicht minder als die von ihm gegeißelte überkommene bürgerliche Moral. Beides erschien ihm als Ausdruck des Zeitgeists, den es zu überwinden galt. Die Begriffe, mit denen George operierte – »Volk«, »Rasse«, »Blut« –, waren häufig dieselben wie diejenigen der nationalsozialistischen Vordenker, wenn auch ihre Bedeutung verschieden war. Doch tatsächlich hatten Hitlers »braune Horden« wenig mit Georges Vorstellung von jener Elite zu tun, die nach seinem Willen das »Neue Reich« errichten sollte. Die »Plattheiten« und »Rohheiten« der NS-Bewegung ließen ihn das Schlimmste fürchten. Wenn in Deutschland die Nationalsozialisten an die Macht kämen, müsste jedermann mit einer Schlinge um den Hals herumlaufen, damit man ihn jederzeit aufhängen könne. Wer das nicht wolle, werde gleich aufgehängt, bemerkte er hellsichtig. Insgesamt blieben Georges Vorstellungen des von ihm propagierten »Neuen Reichs« und dessen Abgrenzung zum Nationalsozialismus jedoch äußerst diffus, sodass es auch unter Anhängern des Dichters immer wieder zu Meinungsverschiedenheiten kam.

Letztlich, so konnte man die schwankende Haltung des »Meisters« im Hinblick auf den Nationalsozialismus interpretieren, komme es gar nicht darauf an, wer den ersten Schritt in die neue Zeit wagen würde. Hitler war für ihn und seine auserwählte Schar nicht der »Führer«, aber er war ein Werkzeug, das man glaubte, für die eigenen Wunschvorstellungen nutzen zu können. Wie der Stauffenberg-Biograf Christian Müller schreibt, sahen so bald auch viele Anhänger Georges in Hitler »die einzige für den ersten Anstoß zu einem ›neuen Reich‹ vorhandene politische Kraft« – wobei sie eine leichtsinnige Hoffnung auf »Läuterung des Dämonischen« hegten. Eine Hoffnung, die wohl auch George teilte. In diesem Sinne ist möglicherweise ein rätselhafter Brief Stauffenbergs vom Sommer 1931 an den »Meister« zu verstehen. Aus Berlin kämen ihm ständig wilde Gerüchte zu Ohren. Möglicherweise werde es im Herbst oder Winter ernst werden. Doch darüber zu spekulieren sei zwecklos: »Das unvermeidliche wird doch kommen und dass es auf einige jahre und einige menschenleben und schicksale mehr oder minder nicht ankommt glaube ich inzwischen gelernt zu haben.«

Im Kreis um Stefan George wurde in diesen Jahren sehr viel mehr und konkreter über die Politik gesprochen als zuvor. Der »Meister« hatte es bis dahin stets abgelehnt, sich in die Niederungen der tagespolitischen Ereignisse zu begeben, deren Auswirkungen er für die Errichtung seines geistigen Reichs für irrelevant hielt. Er las keine Zeitungen und kommentierte die politischen Entwicklungen in Deutschland nicht. Nur ganz am Rande, so erinnerten sich Freunde, habe er mitunter »Sarkasmen und höhnende Kommentare« zu den Tagesereignissen abgegeben. Alles andere hielt er für weit unter seinem Niveau. Nun jedoch, im Frühjahr 1932, nahm er regen Anteil an der Reichspräsidentenwahl, bei der alles auf einen Zweikampf zwischen dem Amtsinhaber Hindenburg und Hitler hinauslief. Während sich George – ganz im Gegensatz zu dem sonst so eifrig von ihm propagierten Jugendkult – für den vierundachtzigjährigen ehemaligen Generalfeldmarschall aussprach, erklärte Stauffenberg, Hindenburg sei reaktionär und viel zu alt. Wenn er hätte wählen dürfen – und das durfte er als Offizier nicht –, dann hätte er für Hitler gestimmt.

4 IN DER WEHRMACHT – EIN KIND SEINER ZEIT?

»Als am 30. Januar 1933 eine begeisterte Menschenmenge in den Straßen Bambergs den nationalsozialistischen Sieg feierte, setzte sich ein Leutnant in voller Uniform an die Spitze des Zuges. Das Offizierskorps, dem er angehörte, und seine Vorgesetzten fanden sein Verhalten unangebracht und tadelten ihn. Der Leutnant nahm diese Ablehnung gelassen hin und äußerte zu seinen Kameraden, dass die großen Soldaten aus der Zeit der Befreiungskriege wohl mehr Gefühl für solche echte Volkserhebung bewiesen hätten. Dieser Leutnant war der Graf Stauffenberg, der sich elf Jahre später zu dem Attentat auf Hitler durchgerungen hatte.«

Mit diesen Sätzen aus seinem 1951 erschienenen apologetischen Buch *Schuld und Verhängnis* löste der vormalige hochrangige Wehrmachtgeneral Hermann Foertsch eine Kontroverse aus, die bis heute nichts an Brisanz verloren hat. Konnte es tatsächlich sein, so fragte sich die deutsche Öffentlichkeit, dass der spätere Hitler-Attentäter 1933 ein derart begeisterter Anhänger des Diktators gewesen war und seine Gesinnung auf so deutliche Weise zur Schau gestellt hat? Sollte Claus von Stauffenberg, ein Reichswehroffizier, dem laut Gesetz jegliche öffentliche politische Meinungsäußerung verboten war, wirklich eine Demonstration von NSDAP-Anhängern aus Anlass der »Machtergreifung« Hitlers angeführt haben? Wollte man den Attentäter des 20. Juli 1944 damit gewissermaßen noch nachträglich diskreditieren? Oder sollte, ganz im Gegenteil, die Wandlung Stauffenbergs vom Saulus zum Paulus auf diese Weise besonders eindrucksvoll veranschaulicht werden?

Schon bald meldeten sich Stimmen, die Foertsch vehement widersprachen. Der ehemalige Kommandeur des Bamberger Reiter-Regiments 17, Gustav Freiherr von Perfall, erklärte, »dass weder an diesem Tage noch zu irgendeinem anderen Zeitpunkt ein Angehöriger meines damaligen Regiments sich an einer Demonstration zugunsten des Hitler-Regimes beteiligt hat«. Die Behauptung, Stauffenberg habe sich vor ihm wegen eines diesbezüglichen Alleinganges verantworten müssen, sei völlig aus der Luft gegriffen. Auch der Eskadronchef Stauffenbergs, Hans Walzer, betonte, dass Stauffenberg sich »eine derart unsoldatische Extratour« nicht einmal im Traum geleistet hätte. Stauffenbergs damalige Verlobte Nina von Lerchenfeld stritt ebenfalls ab, von dem Vorgang Kenntnis zu haben: »Mein Mann kann diesem Ereignis, wie auch immer es gewesen sein mag, keine große Bedeutung zugemessen haben«, schrieb sie an den Stauffenberg-Biografen Joachim Kramarz, »sonst wüsste ich davon.«

Auch er war zunächst durchaus einverstanden mit der Politik des Regimes: Claus Schenk Graf von Stauffenberg während einer Übung seines Regiments im Jahr 1933

Foertsch, so stellte sich heraus, hatte sich bei seiner aufse-
henerregenden Mitteilung auf Informationen von Peter Sauerbruch gestützt, der 1933 Angehöriger des Reiter-Regiments
17 in Bamberg war. Der Sohn des berühmten Chirurgen Ferdinand Sauerbruch gehörte zu dieser Zeit als Fahnenjunker allerdings noch nicht zum eigentlichen Offizierskorps. Wie er
zugeben musste, hatte er zudem von dem Vorfall nur durch
Gespräche im Offizierskasino erfahren. Der Fall schien klar:
Um Sauerbruch nicht direkt der Lüge zu bezichtigen, mut-
maßten zahlreiche Autoren, dieser sei möglicherweise einer
Verwechslung erlegen.

Denn tatsächlich hatte es in diesen Tagen einen ähnlichen
Vorfall gegeben, in den Angehörige des Reiter-Regiments verwickelt waren. Freilich betraf dieser Fall nicht Stauffenberg,
zumindest nicht direkt. Am 30. oder 31. Januar 1933 – genau
wusste das im Rückblick niemand mehr zu sagen – ritt der damalige Chef der 5. Eskadron, Oberleutnant Hasso von Manteuffel, mit seiner Einheit nach einer Übung durch die Stadt
in Richtung Kaserne. Nach seiner Erinnerung hatte sich ihm
auch der eigentlich zu einer anderen Abteilung gehörende
Stauffenberg angeschlossen. Als die Truppe mit den Offizieren
an der Spitze den Platz vor dem Bamberger Rathaus über-
querte, bemerkten sie, dass sich dort eine größere Menschenmenge versammelt hatte. Wie sich herausstellte, war auf dem
Rathaus kurz zuvor die Hakenkreuzfahne aufgezogen worden.
»Da die Menge vor dem Rathaus der soeben gehissten Flagge
Ehrenbezeigung erwies«, erklärte Manteuffel, dem man mitgeteilt hatte, die NSDAP-Flagge sei zur offiziellen Reichs-
flagge erhoben worden, »hielt ich es für nicht falsch, die
Truppe ›stillsitzen‹ zu lassen.« Tatsächlich jedoch war die Hakenkreuzfahne zu diesem Zeitpunkt immer noch lediglich
Parteiflagge. Erst ab dem 13. März durfte sie gemeinsam mit
der wieder eingeführten schwarz-weiß-roten Flagge des Kaiserreichs gehisst werden. Staatsflagge wurde sie erst 1935. Die

58

Ehrenbezeugung Manteuffels war also als eine politische Demonstration anzusehen, die den Soldaten der Reichswehr verboten war. Der Eskadronchef wurde für sein Verhalten vom Regimentskommandeur Freiherr von Perfall scharf gerügt, der zur Begründung erklärte: Dies sei Revolution, das könne man nicht mitmachen. Manteuffel verstand die ganze Aufregung nicht. Besonders ärgerlich war es für ihn, dass Perfall wenige Tage darauf dann doch »mitmachte« – laut Bericht des *Bamberger Tagblatts* pries er Mitte März 1933 auf einer öffentlichen Versammlung »in markigen Worten« die nationalsozialistische Umwälzung.

Doch was war mit Stauffenberg am Abend des 30. Januar? Die Aufregung um seine Erinnerungen bewog Peter Sauerbruch, seine Aussagen zu präzisieren. Demnach sei es keinesfalls so gewesen, dass Claus von Stauffenberg den Fackelzug angeführt hätte. Vielmehr sei er in Uniform auf dem Weg zu einer Abendgesellschaft zufällig in die begeisterte Menschenmenge geraten und mitmarschiert. Auch sei Stauffenberg für sein Verhalten nicht offiziell gerügt worden, vielmehr habe man ihn im Kameradenkreis getadelt. »Stauffenberg«, so erklärte Sauerbruch, »nahm die Missbilligung hin und hat zu den ihm Vertrauten sich etwa so geäußert, er sei dazugekommen, wie eine einmütige Begeisterung das Volk mit sich fortzog, und habe es für unmöglich gefunden, in einem solchen Augenblick als Offizier in Uniform in eine Nebengasse abzubiegen. Daran schloss er die Bemerkung von den großen Soldaten der Befreiungskriege.« Eine Verwechslung mit der Manteuffel-Affäre schloss Sauerbruch aus. Später fanden sich weitere Zeugen, die den Vorgang zumindest indirekt bestätigen konnten. So erklärte Hermann Teske, von 1936 bis 1938 Hörsaalkamerad Stauffenbergs auf der Kriegsakademie, dieser habe ihm berichtet, dass er an jenem 30. Januar 1933 nachts mit gezücktem Säbel an einem Umzug teilgenommen habe.

Demnach müssen wir davon ausgehen, dass Claus von

Stauffenberg an diesem Abend tatsächlich seiner spontanen Begeisterung über die Machtübernahme durch Hitler öffentlich Ausdruck verliehen hat. Nach allem, was wir über seine Gedankenwelt zu jener Zeit wissen, wäre eine solche Reaktion durchaus plausibel gewesen. »Er war bewegt von Kräften, die zur Auswirkung drängten«, schreibt Peter Hoffmann. Dass Stauffenberg dabei eine Parallele zwischen dem von Napoleon gedemütigten Preußen Anfang des 19. Jahrhunderts und dem durch Niederlage, Siegerdiktat, Wirtschaftskrise und politischer Instabilität in seinen Grundfesten erschütterten Deutschland der Weimarer Republik suchte und fand, war durchaus begreiflich. War das Deutsche Reich nach 1918 nicht ebenfalls dem Gutdünken fremder Mächte ausgeliefert? War es nicht legitim, diese Fremdherrschaft abzuschütteln? Und speiste sich, so die Gedankenwelt von damals, die von den Nationalsozialisten propagierte »nationale Erhebung« nicht aus denselben Quellen wie der Volksaufstand gegen die französischen Besatzer im Jahre 1813?

Noch nach dem gescheiterten Attentat von 1944 erklärte Berthold von Stauffenberg im Gestapo-Verhör auch im Namen seines Bruders, sie beide hätten die innenpolitischen Grundideen des Nationalsozialismus bejaht: »Der Gedanke des Führertums, der selbstverantwortlichen und sachverständigen Führung, verbunden mit einer gesunden Rangordnung und dem der Volksgemeinschaft, der Grundsatz ›Gemeinnutz geht vor Eigennutz‹ und der Kampf gegen die Korruption, die Betonung des Bäuerlichen und der Kampf gegen den Geist der Großstädte, der Rassegedanke und der Wille zu einer neuen, deutsch bestimmten Rechtsordnung erschien uns gesund und zukunftsträchtig.« Diese Grundideen seien jedoch »in der Durchführung durch das Regime *fast alle* in ihr Gegenteil verkehrt worden«. Statt »berufener Führer« seien im Allgemeinen »kleine Leute« an die Spitze gekommen, deren Macht nicht kontrolliert worden sei. Gegen den Grundsatz

60

der Volksgemeinschaft habe man verstoßen, indem man gegen die oberen Schichten und Intellektuelle gehetzt habe. Durchaus typisch dürfte auch die Meinung von Stauffenbergs Onkel Nikolaus Graf von Üxküll-Gyllenband gewesen sein, der am 1. Mai 1933 in die NSDAP eingetreten war. Er sei, so erklärte er im Gestapo-Verhör, nach der Machtergreifung »ein ausgesprochener Anhänger« Hitlers gewesen. Über manche Begleiterscheinungen, die nicht seiner Überzeugung entsprachen, habe er zunächst hinweggesehen: »Ich sagte mir, wo Holz gefällt wird, fliegen Späne.«

Ähnlich dachte wohl auch ein Großteil des Kreises um Stefan George. Zahlreiche Freunde des Dichters gingen mit fliegenden Fahnen zu den Nationalsozialisten über. Einige traten noch im Frühjahr 1933 – ohne Widerspruch Georges – in die NSDAP ein. Der George nahestehende Literaturhistoriker Ernst Bertram erklärte, das »Neue Reich« sei im nationalsozialistischen Deutschland verwirklicht. Woldemar Graf von Üxküll-Gyllenband, ein Cousin der Stauffenberg-Brüder, setzte in einem Vortrag zum 65. Geburtstag Georges im Juli 1933 des »Meisters« Vision ebenfalls mit der Gegenwart gleich. Claus von Stauffenberg äußerte sich in einem Brief an George vom Juni 1933 differenzierter. Die »Revolution« habe Gelegenheit zur Betrachtung menschlicher Werte gegeben: »bei aller verstellungskunst – bei revolutionen kann der bürger sich nicht mehr verstellen. im übrigen: bei aller gleichschaltung und dem gesetz der totalität: für uns ist das alles nicht neu und schon jetzt zu sehen: keine partei sondern Herren machen umwälzungen und jeder der für seine herrschaft einen sicheren sockel sich baut ist ob seiner klugheit zu loben.« Der dieser Feststellung innewohnende Zynismus – da Gegner des Regimes längst wie Freiwild gejagt wurden und zu Zehntausenden in Konzentrationslagern verschwanden – blieb Stauffenberg freilich nicht verborgen. Doch oppositionelles Gedankengut lassen seine Formulierungen wohl kaum erkennen.

Auch George selbst stand der Entwicklung in Deutschland äußerst aufgeschlossen gegenüber. Es sei das erste Mal, erklärte er im März 1933 in vertrauter Runde,»dass Auffassungen, die er vertreten habe, ihm von außen widerklängen«. Das war freilich kein vorbehaltloses Bekenntnis zu Hitlers Reich und ließ viel Spielraum für Spekulationen. So kam es unter Georges Anhängern immer wieder zu Kontroversen über die Haltung zum Nationalsozialismus. Doch musste es, wie Ernst Morwitz, seit mehr als einem Vierteljahrhundert ein enger Vertrauter des Dichters, meinte, vor allem den Jüngeren im Kreis schwerfallen,»die Texte und Gedichte Georges zu lesen und nicht zu glauben, was in Deutschland jetzt geschehe, sei das, was George gewollt habe«.

Vor allem für die jüdischen Anhänger des»Meisters« war dies eine bittere Vorstellung. Trotz eines latent vorhandenen eigenen Antisemitismus hatte George Juden in seinem Kreis stets geduldet. Einige seiner engsten langjährigen Vertrauten wie Ernst Morwitz, Friedrich Gundolf oder Karl Wolfskehl waren Juden. Diese waren geradezu ein konstituierendes Moment des George'schen»staats«. Wie Walter Benjamin bereits 1927 bemerkte, bot der Kreis seit den Neunzigerjahren des 19. Jahrhunderts»den Juden zum ersten Mal die Möglichkeit, ihre konservativen Tendenzen in fruchtbare Beziehung zum Deutschtum zu setzen«. Manch einer wollte darin sogar die Keimzelle einer deutsch-jüdischen Symbiose erkennen.

Doch all das hinderte George nicht, die schleichende Entrechtung der deutschen Juden wortlos hinzunehmen. Er habe, so ließ er verlauten, zu diesem Thema nichts zu sagen. Für ihn stelle sich die»Judenfrage« nicht. Wenn er daran denke, was Deutschland in den nächsten fünfzig Jahren bevorstehe, so erklärte er noch im September 1933, so sei ihm»die Judensach im Besonderen nicht so wichtig«. Der Stern des Bundes, so der Titel eines Gedichtzyklus von 1913, er leuchtete nicht mehr für seine jüdischen Mitglieder.

Es war deshalb alles andere als ein Missverständnis, als der neue preußische NSDAP-Kultusminister Bernhard Rust im Frühjahr 1933 darauf drang, George mit dessen Zustimmung als »Ahnherr der neuen Regierung« bezeichnen zu dürfen und ihm in der Preußischen Akademie der Künste eine »Ehrenstellung ohne jede Verpflichtung« anbot. Die »Gleichschaltung« der Sektion Dichtkunst der Akademie hatte unter anderem den Ausschluss von Heinrich und Thomas Mann, Ricarda Huch und Alfred Döblin zur Folge gehabt. Jetzt machte der Minister die Suche nach prominentem Ersatz zur Chefsache – und ganz oben auf seiner Liste stand Stefan George. Die »ahnherrschaft der neuen nationalen bewegung« leugne er durchaus nicht, so George in einer nicht zur Veröffentlichung bestimmten Stellungnahme vom 10. Mai 1933, doch habe er »seit fast einem halben jahrhundert deutsche dichtung und deutschen geist verwaltet ohne akademie«, deshalb könne er auch jetzt keinerlei Posten annehmen. Ein öffentliches Bekenntnis zum neuen Staat vermied der Dichter freilich. Er wollte sich weiterhin nicht auf eine konkrete politische Position festlegen lassen.

Da er zu seinem fünfundsechzigsten Geburtstag am 12. Juli offizielle Ehrungen fürchtete, tauchte er zunächst bei Freunden in Berlin unter und machte sich dann – früher als sonst – auf den Weg in sein alljährliches schweizerisches Winterquartier Minusio im Tessin. Dort verschlechterte sich sein Gesundheitszustand zusehends. Ende November wurden die wichtigsten Freunde benachrichtigt. Der Zustand des »Meisters« sei besorgniserregend. Bald darauf traf auch Claus von Stauffenberg in Minusio ein. Er hatte George in diesem Jahr zu Ostern für einige Tage in München getroffen. Dann sah er ihn im Juli wieder, in Wasserburg am Bodensee, kurz vor Georges Abreise in die Schweiz. Nun nahm Stauffenberg wie die anderen Freunde schweigend Abschied von Stefan George, ohne dass der todkranke Dichter ihn noch einmal erkannte.

Am Morgen des 4. Dezember 1933 starb der »Meister«. Claus von Stauffenberg organisierte die im Tessin übliche Totenwache, bei der zwei Tage lang ununterbrochen jeweils zwei Freunde für eine Stunde am Sarg standen. Bereits am 6. Dezember wurde George in Minusio begraben. Der von George eingesetzte Universalerbe Robert Boehringer hatte sich mit seinem Vorschlag durchsetzen können, den »Meister« nicht in Deutschland, sondern in der Schweiz zu bestatten, um auf diese Weise der Welt ein Zeichen zu setzen.

Georges »staat«, jenes Gebilde, das die aristokratische Vorhut eines »neuen Reichs« bilden sollte, zerfiel spätestens mit dem Tod des »Meisters«. Während auf Morwitz, Kantorowicz und Wolfskehl das Exil wartete, kehrte ein Großteil der gut zwei Dutzend Trauernden wieder nach Deutschland zurück, in das Land, in dem die meisten Georges Prophezeiungen bereits als erfüllt ansahen. Aber war das »Dritte Reich« wirklich das geheime Deutschland Georges? »Mehr als zehn Jahre sollte es dauern, bis im Freundeskreis eine Antwort gefunden wurde, die unzweideutig war«, schreibt Thomas Karlauf. »Dass sich der Entscheidungsprozess so lange hinzog, lässt ahnen, wie schwer es für die meisten Freunde auch über den Tod Georges hinaus gewesen sein muss, Traum und Wirklichkeit, Wort und Tat auseinanderzuhalten.«

Vor allem Georges Ethos der Tat sollte sich einst als wirkungsmächtig erweisen. Der »Meister« habe sich schon früh als einen Täter betrachtet und stets das Tatmäßige seiner Dichtung betont, so Karlauf. »Verschwörung, Umsturz, Staatsstreich gehörten zu den zentralen Vorstellungen seines Weltbildes, die ›Tat‹ war eine der wichtigsten Metaphern seines Dichtens. In diesem Ethos hatte George seine jungen Freunde erzogen und ihnen, die dramatischen Bilder der Sizilianischen Vesper 1282 beschwörend, als Losung mit auf den Weg gegeben: ›Ihr sollt den dolch im lorbeerstrausse tragen‹.« In dem Moment, da die Entscheidung zur Beseitigung des

Diktators gefallen sei, habe sie für Stauffenberg den Charakter einer persönlichen Abrechnung angenommen. Dann habe er in Hitler den großen Verführer, den falschen Propheten, das Böse an sich gesehen. Georges Gedicht auf den »Widerchrist« wurde dann zum Déjà-vu der Verschwörung:

Der Fürst des Geziefers verbreitet sein reich,
Kein schatz der ihm mangelt, kein glück das ihm weicht.
Zu grund mit dem rest der empörer!

Stauffenberg hatte bereits 1924 eine Vision seines zukünftigen Handelns beschworen:

Und je klarer das Lebendige vor mir steht,
je höher das Menschliche sich offenbart,
und je eindringlicher die tat sich zeigt,
umso dunkler wird das eigene blut,
umso ferner wird der klang eigner worte
und umso seltener der sinn des lebens,
wol bis eine stunde in der härte des schlages
und in der größe ihrer erscheinung das zeichen gebe.

Noch war es nicht so weit.

Claus von Stauffenberg kehrte nach der Beerdigung nach Bamberg zurück. Gut zwei Monate vor dem Tod des »Meisters« hatte er dort am 26. September 1933 in der katholischen Jakobskirche Nina von Lerchenfeld geheiratet. Die evangelisch getaufte Tochter eines aus altem bayerischen Adel stammenden früheren königlich bayerischen Kämmerers und kaiserlichen Generalkonsuls hatte er im Jahr 1930 kennengelernt, da Ninas Eltern gelegentlich Offiziere des Reiter-Regiments einluden. Wie die jüngste Stauffenberg-Tochter Konstanze von Schulthess in ihrer kürzlich erschienenen Biografie ihrer Mutter schreibt, sprang zwischen den beiden der Funke sofort über. Es sei Liebe auf den ersten Blick gewesen: »Nach allem, was meine Mutter mir erzählte und was sie später in ihren Aufzeichnungen festhielt, besteht kein Zweifel daran, dass es eine Liebesheirat war und eine Liebesbeziehung blieb.« Ihre Mutter habe ihr als Erste von ihm vorgeschwärmt, erinnerte sich Nina von Stauffenberg in einem Interview an die Anfänge der Beziehung. »Er sei so gut erzogen, und er küsse den Damen korrekt die Hand; da war ich sechzehn und lernte ihn auf einem Ball kennen. Meine Freundinnen schwärmten auch: der Stauffenberg, der tanzt so gut, und ich weiß nicht was, und da war ich erst einmal voller Widerspruch. Das hat sich dann ziemlich schnell geändert.« Bald waren Claus und Nina ein Herz und eine Seele, und sie machten rasch Nägel mit Köpfen.

Bereits am 15. November 1930 – Stauffenbergs dreiundzwanzigster Geburtstag – feierten sie heimlich ihre Verlobung. Die Heimlichtuerei war vor allem darauf zurückzuführen, dass es nach den Gepflogenheiten der damaligen Etikette absolut unüblich war, sich derart früh zu binden – gerade bei Angehörigen des Adelsstandes. Claus von Stauffenberg stand erst am Anfang seines Berufslebens und hatte noch keine gefestigte Existenz vorzuweisen, normalerweise eine Grundvoraussetzung, um eine Familie zu gründen. Noch hatten auch die beiden Familien der Verbindung nicht zugestimmt. Während Alfred von Stauffenberg die Verlobte seines Sohnes sofort ins Herz geschlossen hatte und erklärte: »Es gibt Mädchen, die man heiraten kann, und es gibt Mädchen, die man nicht heiraten kann. Die kleine Lerchenfeld ist ein Mädchen, das man heiraten kann«, sprach sich insbesondere Stauffenbergs Mutter Caroline in scharfer Weise gegen die Beziehung aus. In ihren Augen war die junge Nina nichts anderes als ein »Fratz«, der ihrem Sohn den Kopf in schwärmerischem Leichtsinn verdreht hatte.

Doch die Gräfin hatte nicht mit der Hartnäckigkeit der

Ein Herz und eine Seele – Nina Freiin von Lerchenfeld mit Claus Schenk Graf von Stauffenberg auf der Gartenterrasse des Bamberger Hauses der Familie Lerchenfeld, Sommer 1933

beiden Liebenden gerechnet. Diese erreichten, dass sich die Familien im Frühjahr 1931 zu einer »großen Aussprache« trafen. In ihren Erinnerungen hielt Nina von Stauffenberg die gezwungene Atmosphäre dieses Familientreffens fest. Zunächst sei es fast zum Eklat gekommen, als Caroline von Stauffenberg eine der Lerchenfeld'schen Katzen in den Schoß gesprungen war. »Sie, der Katzen ein Gräuel waren, fuhr mit einem Schrei hoch! Es war ihr, die in ihrer Voreingenommenheit die Anwesenheit der Bestie gar nicht bemerkt hatte, sehr peinlich, die Haltung verloren zu haben. Wir heuchelten Teilnahme.« Danach zogen sich die Männer und Frauen zu getrennten Beratungen zurück. Während sich Alfred von Stauffenberg und Gustav von Lerchenfeld rasch einig waren – Stauffenbergs pflichtschuldigen Hinweis auf die »Mittellosigkeit« seines Sohnes konterte Lerchenfeld mit der Bemerkung, dass er seine einzige Tochter schon nicht verhungern lassen werde –, gestalteten sich die Verhandlungen der beiden Damen schwieriger. Noch immer sperrte sich Caroline von Stauffenberg. Doch Ninas Mutter Anna von Lerchenfeld, die ebenfalls für die Verbindung war, hatte ein schlagkräftiges Argument parat. Sie erklärte, dass sich die beiden Verlobten schon geküsst hätten! Ein für die damalige Zeit unerhörter Tabubruch, der unverrückbare Fakten geschaffen hatte. Stauffenbergs Mutter knickte ein. »Ja, dann sei freilich nichts mehr zu machen«, so Nina von Stauffenberg in ihren Erinnerungen. »Das Bindende des Kusses war der ganzen Generation selbstverständlich.« Die Verlobung war besiegelt.

Auf Ninas Frage, warum er gerade sie gewählt habe, antwortete Stauffenberg, er habe gleich gemerkt, dass sie die richtige Mutter für seine Kinder sei. Seiner Schwiegermutter erklärte er kaum weniger freimütig, für einen Offizier sei eine Frau ein notwendiges Übel. Krieger sollten eigentlich nicht heiraten, doch müsse wenigstens im Frieden dem Bedürfnis nach Familie und Nachwuchs genügt werden. Auch die Hochzeit war für ihn »Dienst« – er trug die Uniform mit dem Stahlhelm. Zumindest dem Bedürfnis nach Nachwuchs wurde rasch Genüge getan: Am 3. Juli 1934 wurde Stauffenbergs erster Sohn geboren, den er nach seinem Bruder Berthold nannte. Es folgten die Söhne Heimeran (1936) und Franz Ludwig (1938) sowie die Töchter Valerie (1940) und Konstanze (1945).

Für das traute Familienglück war er jedoch nicht geschaffen. Schon als junger Offizier war er oft tage- und wochenlang nicht zu Hause; die Familie musste zahlreiche Umzüge verkraften. »Er hatte seinen Dienst, und er hatte großen Spaß daran«, berichtete Nina von Stauffenberg rückblickend. »Wenn er abends vom Dienst nach Hause kam, erzählte ich ihm oft alle möglichen Belanglosigkeiten, die im Laufe des Tages passiert waren und die ich einfach loswerden wollte. Mir war völlig klar, dass ihn diese Dinge überhaupt nicht interessierten. Er las die Zeitung, und ich habe so vor mich hingeplätschert.

Bild links: Nach der Trauung in der Bamberger Sankt-Jakobs-Kirche am 26. September 1933 – das Ehepaar Nina und Claus Schenk Graf von Stauffenberg

Bild rechts: Hochzeit ist Dienst – der Bräutigam Claus Schenk Graf von Stauffenberg heiratet in Uniform mit Stahlhelm

Hin und wieder jedoch gab es etwas, das er wissen musste. Da habe ich dann gesagt: Claus –, hörte er nicht, lauter: Claus. Und dann habe ich gesagt: Stauffenberg! Ja, bitte?« Dennoch führten die beiden eine glückliche Ehe. Sie tapezierten selbst und teilten eine Vorliebe für Empiremöbel – ebenso stimmten sie in der Bewunderung für die Musik Beethovens überein. In der sparsam bemessenen Freizeit, so berichteten Vertraute, hätten beide mitunter auf dem Teppich gelegen und englische Romane gelesen – abwechselnd an einem Schnapsglas nip-

Die Kinder sahen ihren Vater nur selten – Claus Schenk Graf von Stauffenberg mit seinen Söhnen Berthold, Franz Ludwig und Heimeran, 1940 in Wuppertal

pend. Wer schneller gelesen habe, hätte auf den anderen warten müssen, ehe er umblättern durfte. Obwohl Nina von Stauffenberg die bestehenden Rollenverhältnisse durchaus akzeptierte, war sie alles andere als ein Heimchen am Herd. Sie ging nie ungeschminkt aus dem Haus und rauchte bis zu drei Päckchen filterlose Zigaretten am Tag.

Ihr Mann war auch als Privatmensch ein Ordnungsfanatiker. Stiefel und Schuhe mussten penibel ausgerichtet nebeneinanderstehen. Als die Familie in Wuppertal lebte, kam er jeden Tag Punkt zwölf Uhr nach Hause und erwartete, dass das Essen bereits auf dem Tisch stand. Nach dem Mittagessen und der obligatorischen Zeitungslektüre legte er sich für eine halbe Stunde schlafen, ehe er sich exakt um 13 Uhr 35 wieder auf den Weg zur Kaserne machte.

Stauffenbergs militärische Karriere machte unter der NS-Herrschaft zügig Fortschritte. Am 1. Mai 1933 – einige Monate früher als seine Jahrgangskameraden – wurde er zum Oberleutnant befördert und führte weiterhin seinen Minenwerferzug. Eine dienstliche Beurteilung seines Eskadronchefs Hans Walzer vom Oktober desselben Jahres zeigte die außergewöhnliche Wertschätzung Stauffenbergs bei seinen direkten Vorgesetzten: »Zuverlässiger und selbstständiger Charakter mit unabhängiger Willens- und Urteilsbildung. Besitzt bei ausgezeichneten geistigen Anlagen überdurchschnittliches taktisches und technisches Können. Vorbildlich in der Behandlung von Unteroffizieren und Mannschaften, besorgt um Ausbildung und Erziehung seines Minenwerferzuges. Gesellschaftlich und kameradschaftlich von einwandfreiem Verhalten.« Stauffenberg berechtige, so Walzer abschließend, »bei fortschreitender Entwicklung zu den besten Hoffnungen«.

Bald machten sich auch für Stauffenberg die Auswirkungen der beginnenden Aufrüstung und die von der Reichswehrspitze bereits in der Weimarer Republik angebahnte Erweiterung der Armee bemerkbar. Nachdem das Deutsche

Reich im Oktober 1933 mit großem Propagandagetöse die Genfer Abrüstungskonferenz verlassen hatte und aus dem Völkerbund ausgetreten war, begann für die Reichswehr eine Zeit hektischer Betriebsamkeit. Binnen Jahresfrist sollte das auf 100 000 Mann beschränkte Heer auf 300 000 Köpfe anwachsen.

Die größte Gefahr für den systematischen Ausbau der Armee drohte dabei nicht von außen, sondern kam aus dem Inneren der NS-»Bewegung« selbst – von der SA. Die paramilitärische Kampftruppe der NSDAP hatte Hitlers Weg in die Reichskanzlei maßgeblich geebnet und forderte nun lautstark ihren Anteil an der Macht im Staate. Ernst Röhm, der Stabschef der SA, plante, aus seiner 400 000 Mann umfassenden Parteitruppe ein revolutionäres Volksheer zu machen und mittelfristig auch die Reichswehr zu beerben. Die Reichswehrführung wusste um diese Gefahr und bemühte sich, Einfluss auf die Entwicklung zu erlangen. Bereits im April 1933 hatte man begonnen, mithilfe kurzer Wochenendkurse SA-Mitglieder militärisch auszubilden – und damit unter Kontrolle zu halten. Auch Claus von Stauffenberg leitete in Bamberg einige Male Nachtübungen von SA-Verbänden.

Während der Konflikt das ganze Jahr 1933 über in der Schwebe blieb, verschärfte er sich im Laufe des folgenden Jahres weiter. Anfang Februar 1934 forderte Röhm, die gesamte Landesverteidigung zur Domäne der SA zu machen. Die Reichswehr sollte nur noch die Aufgabe haben, »Mannschaften und Führer auszubilden und sie als fertiges Material der SA zu überweisen«. Reichswehroffiziere hätten dann nur noch als »Berater« der SA-Führer fungieren sollen. Bei der Reichswehrführung schrillten alle Alarmglocken. Die Folge war eine weitere Annäherung des Heeres an Hitler, was sich unter anderem in der Übernahme des NSDAP-Hoheitszeichens an der Uniform und der Einführung des sogenannten »Arierparagraphen« in der Reichswehr manifestierte.

Die weitere Zuspitzung der Krise im Frühjahr 1934 bekam auch Stauffenberg zu spüren. Es kam zu einer Art Wettlauf mit der SA um die geheimen Waffendepots, die unter Umgehung der Bestimmungen des Versailler Vertrags bei Gutsbesitzern unter anderem in Oberfranken angelegt worden waren. Wie sich Nina von Stauffenberg erinnerte, ließ ihr Mann Wagen zur Verfügung stellen, um die Waffen dem drohenden Zugriff der SA zu entziehen. Es ist heute freilich umstritten, wie konkret damals innerhalb der SA Umsturzpläne verfolgt wurden. Zwar sprach Röhm weiterhin öffentlich von der Notwendigkeit einer »zweiten Revolution«, doch tatsächlich gab es keinerlei Planungen für einen »Röhm-Putsch«. Entsprechende Gerüchte hatten ihre Quelle im Propagandaministerium. Sie sollten, wie Joachim Fest konstatierte, lediglich »die Szene für Röhms Abgang herrichten«. Hitler entschied den Machtkampf am 30. Juni 1934 mit kriminellen Mitteln, indem er die gesamte Führungsriege der SA innerhalb weniger Stunden erschießen ließ.

Die Reichswehrführung glaubte, als Sieger aus der Auseinandersetzung hervorgegangen zu sein. Auch Stauffenberg empfand die Ausschaltung Röhms als »das Platzen einer Eiterbeule, durch das endlich klare Verhältnisse geschaffen wurden«. Tatsächlich jedoch hatte die Armee schon bald den Preis für die Schützenhilfe des Diktators im Kampf mit der SA zu zahlen: Als im August Reichspräsident Hindenburg starb, mussten die Soldaten einen neuen Fahneneid schwören, der sie nicht mehr an den Staat, sondern an die Person des »Führers und Reichskanzlers« band. Wie sich ein Regimentskamerad Stauffenbergs erinnerte, soll dieser bei Bekanntwerden der neuen Eidesformel ärgerlich auf den Boden gestampft und gerufen haben: »Auch das noch!« Stauffenbergs damaliger Eskadronchef Hans Walzer erinnerte sich sogar, man habe nach dem 30. Juni 1934 unter vier Augen »die Möglichkeit einer gewaltsamen Beseitigung des NS-Systems« erörtert. Insbeson-

Als Oberleutnant der Kavallerie auf seinem Pferd »Schwabenherzog« – es ist die Abschiedsparade anlässlich der Auflösung des Kavallerie-Regiments in Bamberg, im Sommer 1934

dere sei über die Stellung der Kirchen gesprochen worden. Man sei sich einig gewesen, dass ein Umsturz nur von oben her hätte erfolgen können, eine Revolution von unten dagegen sei »bei dem Einfluss und den Machtmitteln der Partei« nicht zu erwarten. Es ist freilich zweifelhaft, ob Stauffenberg tatsächlich bereits zu diesem frühen Zeitpunkt an einen gewaltsamen Umsturz gedacht hat. Der 30. Juni scheine bei ihm »zum ersten Mal Zweifel geweckt zu haben an der Politik des ›Dritten Reiches‹, da dessen ›Bartholomäusnacht‹ ihn an seinem moralischen Gewissen treffen musste«, bilanziert Stauffenberg-Biograf Christian Müller vorsichtig. Mehr als das Aufflackern eines Widerstandsgeistes habe dies jedoch nicht bewirkt. Die zweifellos vorhandene Erkenntnis, dass sich Hitler mit verbrecherischen Mitteln seiner Rivalen entledigt hatte, wurde jedoch recht bald durch die weiter voranschreitende innen- und außenpolitische Konsolidierung des Regimes neutralisiert. »In demselben Maße, wie Stauffenberg die Einführung der allgemeinen Wehrpflicht als Militär mit Be-

Ein hervorragender Reiter – Claus Schenk Graf von Stauffenberg (links) mit Hans Keller bei einem Turnier-Gruppenspringen in Heiligenhaus nahe bei Essen, das von der SA veranstaltet wurde, 1935

friedigung erfüllte, musste die Remilitarisierung des Rheinlandes durch Hitler am 7. März 1936 den nationalen Offizier in seinen politischen Anliegen wohl mit dem nationalsozialistischen Diktator übereinstimmen lassen«, so Müller. Immerhin lehnte Stauffenberg nicht wie viele seiner Kameraden nach 1934 Kontakte zur SA grundsätzlich ab. So nahm er 1935 an einem von der SA veranstalteten Reitturnier in Heiligenhaus in der Nähe von Essen teil.

Dennoch teilte er die emotionale Voreingenommenheit gegen die plebejischen Horden der SA. Bereits als er im März 1934 Frank Mehnert, einem Freund aus dem George-Kreis, Modell für ein in Magdeburg geplantes SA-Denkmal gestanden hatte, weigerte er sich, dabei eine SA-Uniform zu tragen. »Ich habe mich zwar mit meiner Verewigung ausgerechnet als S.A. Mann noch nicht ganz abgefunden«, schrieb Stauffenberg damals seinem Bruder Berthold, »tröste mich aber damit, dass es für die Nazi weit härter ist als für mich«. Als der Entwurf wenige Wochen später fertig war, stellte er mit Genugtuung fest, dieser sehe »recht unnazistisch aus« – wohl mit ein Grund dafür, dass schließlich ein anderer Denkmalentwurf realisiert wurde.

Frank Mehnert war nach dem Tod des »Meisters« einer der engsten Freunde Stauffenbergs geworden. Der in Russland geborene Sohn eines deutschen Unternehmers war 1924 zum Kreis um Stefan George gestoßen und seit 1931 Georges ständiger Begleiter. Unter dem Einfluss des Dichters hatte er sein Jurastudium aufgegeben und sich als Autodidakt der Bildhauerei zugewandt. Mehnert gehörte zu jenen »national« gesinnten jüngeren George-Anhängern, die offen mit dem Nationalsozialismus sympathisierten. George nannte ihn gar »unseren kleinen Nazi«. Ab dem Frühjahr 1933 schuf Mehnert in schneller Folge Hitler-Büsten, die reißenden Absatz fanden. Obwohl der »Meister« spottete, Mehnert solle Hitler besser zu Pferde modellieren, hatte George doch keine Einwände gegen seine Tätigkeit. Wie sehr Stauffenberg und Mehnert auch noch nach dem Tod Georges von dessen Wertmaßstäben geprägt waren, zeigte sich darin, dass Stauffenberg

Bei seinem engsten Freund aus dem George-Kreis – Claus Schenk Graf von Stauffenberg im Berliner Atelier der Bildhauer Ludwig Thormaelen und Frank Mehnert, um 1929

Modell und Wirklichkeit – Frank Mehnerts Pionierstandbild aus Muschelkalk von Claus Schenk Graf von Stauffenberg, das im Dezember 1939 an einer Magdeburger Elbbrücke aufgestellt wurde

den Freund, wie es beim »Meister« Usus gewesen war, stets vor seiner Frau abschirmte. Während Mehnerts Besuchen in Bamberg musste Nina die Wohnung verlassen, oder er verbannte sie ins ungeheizte Schlafzimmer. Später durfte sie immerhin im warmen Wohnzimmer ausharren, bis der Freund das Haus wieder verlassen hatte. Nach der Ablehnung seines Entwurfs für das SA-Denkmal bekam Mehnert Gelegenheit, für eine Magdeburger Elbbrücke ein Pionierstandbild zu schaffen, für das wiederum Claus von Stauffenberg Modell stand. Das lebensgroße Monument aus Muschelkalk wurde im Dezember 1939 aufgestellt. Im März 1942 rissen Unbekannte die vierzig Zentner schwere Figur vom Sockel und

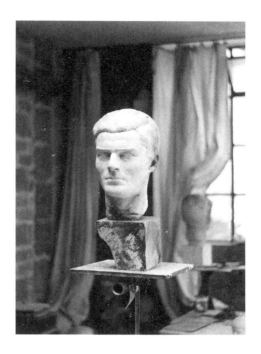

Stauffenberg-Büste von Frank Mehnert – der Bildhauer sympathisierte anfangs mit dem Nationalsozialismus

wälzten sie in den Fluss. Mehnert, der sich nach 1938 zunehmend vom Regime distanziert hatte, fiel 1943 als Soldat in Russland.

Im Zuge der allgemeinen Um- und Aufrüstung wurde Stauffenbergs Reiter-Regiment wie andere Kavallerieeinheiten auch schrittweise zu einer motorisierten und gepanzerten Truppe umgebaut und schließlich zugunsten neu aufgestellter Einheiten aufgelöst. Wie sich ehemalige Kameraden Stauffenbergs erinnerten, nahm ihn der Regimentskommandeur Freiherr von Perfall wohl deshalb nicht mit zu seiner neuen Verwendung, weil der sechsundzwanzigjährige Oberleutnant als recht unbequemer Untergebener galt. Stattdessen wurde Stauffenberg zum 1. Oktober 1934 als Bereiteroffizier an die Kavallerieschule nach Hannover versetzt, wo er bereits während seiner Offiziersausbildung gewesen war. Angesichts seiner glänzenden Beurteilungen mutete diese Versetzung fast wie eine Kaltstellung an. Von der stürmischen Entwicklung der alten Reichswehr zur neuen Wehrmacht, die 1935 in der Verkündung der deutschen Wehrhoheit gipfelte, war er in Hannover jedenfalls weitestgehend abgeschnitten. Stauffenberg hatte täglich vier Pferde zu trainieren und besuchte wie die anderen Lehrgangsteilnehmer allgemeine militärische Vorlesungen. Seine besondere Liebe galt der Dressur. 1935 gewann er das obligatorische Vielseitigkeitsreiten (Military) seines Jahrgangs, wobei er Vertreter der siegreichen deutschen Olympiamannschaft von 1936 schlug. Stauffenbergs einstige schwache körperliche Konstitution hatte sich jetzt endgültig gefestigt. Einmal soll er nach einem schweren Sturz sogar mehrere Tage lang keinen Arzt, sondern nur den Veterinär aufgesucht haben.

Im Juni 1936 bestand Stauffenberg die für alle Offiziere nach zirka zehn Dienstjahren obligatorische Wehrkreisprüfung. Seinem Ziel, Generalstabsoffizier zu werden, war er damit einen Schritt näher gekommen – wenn auch normalerweise nur zehn bis 15 Prozent der Absolventen an der Kriegsakademie zugelassen wurden, von denen sich dann wiederum nur ein Teil für den Generalstab qualifizierte. Angesichts des enormen Bedarfs an Generalstabsoffizieren in der rasch wachsenden Wehrmacht wurden die strengen Auslesekriterien freilich in den folgenden Jahren immer mehr aufgeweicht und die Ausbildungzeit an der Kriegsakademie von drei auf zwei Jahre verkürzt. Stauffenbergs hervorragende Leistungen in der englischen Militärdolmetscherprüfung, der er sich zusätzlich zum eigentlichen Examen unterzogen hatte, brachten ihm einen Preis von 500 Mark in Devisen ein, die er für eine Reise nach Großbritannien nutzte. Er besichtigte die wichtigsten Sehenswürdigkeiten von London sowie Windsor, Eton und Oxford und besuchte das Royal Military Collage in Sandhurst, wo er mit Kadetten sprach, die Deutsch studierten. Wenig später erhielt er eine Einladung zu einem Jagdrei-

Auf den Spuren des »Meisters«: Claus Schenk Graf von Stauffenberg im Jahr 1935 während eines Besuchs in Georges Geburtsort Bingen am Rhein

ten und reiste zum zweiten Mal innerhalb weniger Wochen auf die britische Insel. Stauffenbergs Einschätzung der gesellschaftlichen Lage in Großbritannien war durchaus typisch für einen deutschen Offizier: Er verglich sie mit einer erlöschenden Glut. Das »Glimmen unter der Asche« würde wohl bald ersticken, wenn nicht eine ungewöhnliche Herausforderung das Feuer wieder anfachen würde.

Im Oktober 1936 begann Claus von Stauffenberg sein auf zwei Jahre angelegtes Studium an der Kriegsakademie des Heeres in Berlin-Moabit. Der um ein Jahr verkürzte Lehrgang hatte auch eine Reduzierung des Unterrichtsstoffs zur Folge. So wurden vor allem wehrwirtschaftliche und -technische Fragen zugunsten einer rein militärtaktischen Ausbildung eingeschränkt. Auch Probleme des Luft- und Seekriegs fanden sich kaum auf dem Stundenplan. Stauffenberg half einem Teil dieser Mängel auf seine Weise ab, indem er sich in seiner Freizeit häufig mit wirtschaftlichen Fragen beschäftigte. Wie ein Gasthörer der Akademie, der spätere US-amerikanische Viersterne-General Albert C. Wedemeyer, berichtete, machte sich Stauffenberg auf diese Weise unter anderem mit den Wirtschaftstheorien von John Maynard Keynes vertraut.

Wie schon in Dresden oder während seines ersten Aufenthalts in Hannover war Stauffenberg auch jetzt wieder der »Primus« seines aus zweiundzwanzig Offizieren bestehenden Hörsaals. Zu seinen Mitstudenten gehörten mit Albrecht Mertz von Quirnheim und Eberhard Finckh zwei spätere Mitverschwörer des 20. Juli. »Sie und einige andere bildeten – ohne eine Clique zu sein – die geistig führende Schicht des Hörsaales, die zur gegenseitigen Erziehung, zur wissenschaftlichen Anregung und zur Verträglichkeit viel beigetragen haben«, berichtete der Mitstudent Hermann Teske. Finckh gab 1944 im Gestapo-Verhör an, Stauffenberg habe mit seinen geistigen Fähigkeiten alle anderen Teilnehmer übertroffen und durch sein Temperament und seine Redegewandtheit den gesamten

Kursus mitgerissen. Manchmal nannte man ihn scherzhaft den »neuen Schlieffen«.

Seinem Ruf alle Ehre machte Stauffenberg mit einer Studie über die Abwehr feindlicher Fallschirmtruppen, die durch ein Preisausschreiben der Deutschen Gesellschaft für Wehrpolitik und Wehrwissenschaften angeregt worden war und für die er im Sommer 1937 den ersten Preis zugesprochen bekam. Stauffenbergs Überlegungen zum Einsatz der Fallschirmwaffe, einer Waffengattung, die damals noch in den Kinderschuhen steckte, wurden in einer Zeitschrift gedruckt und galten noch während des Krieges als grundlegendes Werk. Weniger Erfolg hatte er mit einer Studie über seine eigene Waffe, die Heeres-Kavallerie. Obwohl Stauffenberg durchaus originelle neue Gedanken entwickelte und seinen Aufsatz nicht als Ehrenrettung einer überholten Kampfmethode verstanden wissen wollte, lasen sich seine Ausführungen doch über weite Strecken wie das Schwelgen eines gräflichen Herrenreiters in kavalleristischer Nostalgie. Insbesondere seine Bemerkungen über das »kavalleristische Führertum« gaben den militärischen Gutachtern Anlass zur Kritik, breiteten sie doch kaum verhüllt George'sches Gedankengut aus. In der Tat hatte Stauffenbergs Freund Frank Mehnert die Arbeit intensiv begleitet. Nur wenigen Begnadeten sei dieses Führertum in die Wiege gelegt, hieß es beispielsweise im Text. Diese Führernaturen müssten die im Niedergang befindlich scheinende Kavallerie mit neuem Geist erfüllen, sie wieder zu ihrer wahren schlachtenentscheidenden Bedeutung führen. Ein ungünstiges Licht musste es auch auf den am 1. Januar 1937 zum Rittmeister beförderten Stauffenberg werfen, wenn er ohne jegliche Fronterfahrung den Generälen des Ersten Weltkriegs ihre angeblichen Fehler im taktischen Einsatz der Kavallerie vorrechnete.

Auf den Amerikaner Albert C. Wedemeyer machte Stauffenberg den Eindruck eines Menschen, der dem NS-Regime mit prinzipieller Skepsis gegenüberstand, wenn auch zwischen ihnen offene Gespräche über politische Themen gemieden wurden. Auch manchen Hörsaalkameraden schien Stauffenberg in der Erinnerung bereits damals eine gewisse kühle Distanz zum Nationalsozialismus besessen zu haben. Andere berichteten, er hätte dem NS-Gedankengut durchaus nahegestanden und sich darin nicht wesentlich von seinen Mitstudenten unterschieden. Diese unterschiedlichen Urteile dürften nicht zuletzt aufgrund einer Eigenart Stauffenbergs zustande gekommen sein, die dieser selbst seine »Advocatus Diaboli-Haltung« nannte: das permanente, mitunter fast krampfhafte Bemühen, Standpunkte zu vertreten, die gar nicht seine eigenen waren. Es bereitete ihm sichtliches Vergnügen, seine Gesprächspartner mit Ansichten zu konfrontieren, die diese nicht von ihm erwartet hatten. »Konservative waren deshalb überzeugt, dass er ein wilder Nazi sei, und wilde Nazis waren überzeugt, dass er ein Stockkonservativer sei«, erinnerte sich auch Nina von Stauffenberg. »Er war beides nicht. Es hat ihm einfach nur Spaß gemacht zu sehen, mit welchen Argumenten die Gegenseite aufwarten würde.«

Eindeutig war dagegen sein Verhalten während der sogenannten »Blomberg-Fritsch-Krise« Anfang 1938. Im November 1937 hatte Hitler den führenden Militärs in einer Besprechung sein außenpolitisches Expansionsprogramm erläutert und dessen schnellstmögliche gewaltsame Umsetzung gefordert. Dabei war er auf massive Kritik vor allem von Kriegsminister Werner von Blomberg und dem Oberbefehlshaber des Heeres Werner von Fritsch gestoßen. Wenig später nutzte Hitler die Gelegenheit, den schärfsten militärischen Widersachern seiner Expansionspolitik den Stuhl vor die Tür zu setzen. Blomberg wurde zum Rücktritt gezwungen, weil er eine Frau geheiratet hatte, die in den Polizeiakten als ehemalige Prostituierte geführt wurde. Fritsch bezichtigte man homosexueller Kontakte und enthob ihn seines Postens, obwohl sich die Vorwürfe später als absolut haltlos erwiesen. In der Folge löste Hitler das Reichskriegsministerium auf und bildete an seiner Stelle das Oberkommando der Wehrmacht unter Wilhelm Keitel. Die Führung der Streitkräfte übernahm er selbst. Damit befand sich die gesamte militärische Befehlsgewalt in der Hand des Diktators, das Offizierskorps war weitgehend entmachtet.

Stauffenberg war über die Vorgänge hinter den Kulissen durch einen Bekannten, den Berliner Polizeivizepräsidenten Fritz-Dietlof Graf von der Schulenburg, informiert. Zum Zeichen seiner Missbilligung forderte er jedoch in der Kriegsakademie öffentlich Aufklärung über die Affäre, über die selbst in dieser Eliteeinrichtung des Heeres nur hinter vorgehaltener Hand gesprochen wurde. Wie sich seine Ehefrau erinnerte, war für ihn jetzt ein Punkt erreicht, an dem er mit Kritik nicht mehr hinter dem Berg hielt. Diese Kritik sei aber immer noch Kritik an Erscheinungen gewesen, »das Verbrechertum Hitlers« habe er nicht erkannt, urteilt Peter Hoffmann. Stauffenbergs Missbilligung der Vorgänge wurde – ähnlich wie nach dem 30. Juni 1934 – außerdem durch einen erneuten außenpolitischen Schachzug Hitlers nahezu neutralisiert: dem »Anschluss« Österreichs an das Deutsche Reich im März 1938. Der Graf, der sich in der geistigen Tradition der Staufer begriff, begrüßte diese Wiedervereinigung aus vollem Herzen. Der Jubel über den unblutigen Einmarsch in das Nachbarland leistete bei ihm wie bei vielen anderen Zeitgenossen jedoch auch einer fatalen Fehleinschätzung Vorschub: Hitler, so erklärte Stauffenberg einem befreundeten Offizier, würde niemals einen Krieg vom Zaun brechen, in dem Deutschland allein gegen die ganze Welt stehen würde, da der ehemalige Soldat die Schrecken des Krieges kenne und bisher alle seine Ziele ohne Waffengewalt erreicht hätte. Schon wenig später musste sich der inzwischen dreißig Jahre alte Rittmeister jedoch eines Besseren belehren lassen.

Am 1. August 1938 wurde Claus von Stauffenberg als

Ein unbequemer Untergebener: Claus Schenk Graf von Stauffenberg (links) während einer Übung des 17. Reiterregiments

zweiter Generalstabsoffizier (Ib) zur 1. Leichten Division nach Wuppertal abkommandiert. So sehr ihm seine neue Aufgabe Freude machte – er war hauptsächlich für die Versorgung der Division zuständig –, so wenig mochte er seinen neuen Dienstort. Wuppertal, so schrieb er an Frank Mehnert, sei »unvorstellbar proletarisch«, es sei für ihn fast unmöglich, dort zu existieren. Die Division befand sich zum Zeitpunkt von Stauffenbergs Eintritt noch in der Aufstellung. Als Kompromiss zwischen motorisierten Infanteriedivisionen und Panzerdivisionen sollten die sogenannten leichten Divisionen die als nicht mehr zeitgemäß empfundene Kavallerie ersetzen. Da eine Nachschubstaffel noch nicht bestand, musste Stauffenberg seinen gesamten Stab aus dem Nichts aufbauen. Stauffenbergs Arbeitsweise wurde damals vor allem von den älteren Offizieren als recht unkonventionell empfunden. Seine Tür stand immer offen, niemand brauchte sich anzumelden oder Termine zu vereinbaren. Besprechungen pflegte er oftmals in geselliger Atmosphäre bei einem Glas Wein und einer guten Zigarre abzuhalten.

Schon wenige Wochen nach seinem Amtsantritt musste Stauffenberg den Beweis antreten, dass er sein kriegerisches Handwerk gelernt hatte. Im Verlauf des Jahres 1938 hatte sich die Krise um die hauptsächlich von Deutschen bewohnten, aber seit 1918 zur Tschechoslowakei gehörenden Sudetengebiete immer weiter zugespitzt. Nach dem »Anschluss« Österreichs drängten – ermuntert durch Goebbels Propaganda – auch die Sudetendeutschen »heim ins Reich«. Während Hitler den Militärs seine Absicht erklärte, »das tschechoslowakische Problem in nicht allzu langer Zeit zu lösen«, machte die tschechoslowakische Armee mobil. Ein Krieg lag in der Luft. Auch die 1. Leichte Division wurde in den Konflikt hineingezogen. Anfang September rückte sie zu »Übungen« an die tschechische Grenze aus. Ende des Monats spitzte sich die Lage weiter zu. Die Division begann, in die zugewiesenen Angriffsräume einzurücken. Die Spannung löste sich erst, als am 30. September das Ergebnis der Münchener Konferenz bekannt wurde. Unter Vermittlung des italienischen Diktators Benito Mussolini hatten die Regierungschefs von Großbritannien und Frankreich, Neville Chamberlain und Édouard Daladier, der Abtretung des Sudetenlands zugestimmt, ohne Einwilligung der tschechoslowakischen Staatsführung. Auch Stauffenberg schien damals mit einer kriegerischen Auseinandersetzung gerechnet zu haben. In einem Tagebuch, das er später seiner Frau zueignete, schrieb Stauffenberg, es sei »ein merkwürdiges Gefühl, den schon gezogenen Säbel wieder in die Scheide stecken zu müssen«.

Am 4. Oktober rückte die Division unter »unbeschreiblichem Jubel« der deutschstämmigen Bevölkerung in das sudetendeutsche Gebiet um Tachau ein. Neben der Versorgung der eigenen Soldaten kümmerte sich Stauffenberg auch um die Zivilbevölkerung, die durch die gekappten wirtschaftlichen Verbindungen zu den tschechischen Gebieten vielfach Mangel litt. So bemühte er sich beispielsweise um Erntehelfer für die Landwirtschaft, Braunkohle für Glasbläsereien und Brothefe zum Backen, die er aus dem »Altreich« heranschaffen ließ. Mitte Oktober kehrte er mit dem Divisionsstab nach Wuppertal zurück.

Wenige Tage danach kam es in der Nacht vom 9. auf den 10. November 1938 zu den angeblich »spontanen« Ausschreitungen gegen jüdische Einrichtungen in ganz Deutschland, die später verharmlosend als »Kristallnacht« bezeichnet wurden. Auch in Wuppertal wurden in fast allen verbliebenen jüdischen Geschäften die Schaufensterscheiben eingeschlagen und die beiden Synagogen abgebrannt. Stauffenberg, der sich immer für Recht, Anstand und Sitte einsetzte, habe die Geschehnisse in krasser Form verurteilt, erinnerte sich dessen damaliger Ordonnanzoffizier Werner Reerink später. Vor allem sei er besorgt gewesen, »welcher Schaden hierdurch für unser Vaterland in der ganzen Welt geschehen würde«. Nach dem Pogrom habe er »Personen der Gliederungen der NSDAP, die ihm dem Charakter und dem Benehmen nach ein Dorn im Auge waren«, stärker als zuvor kritisiert. Dabei handelte es sich um Leute wie den fränkischen Gauleiter und fanatischen Judenhasser Julius Streicher. So soll Stauffenberg bereits im September 1934 während einer parallel zum Nürnberger NSDAP-Parteitag abgehaltenen Kundgebung in Bamberg demonstrativ den Saal verlassen haben, als Streicher sich in abstoßender Weise in wüsten Beschimpfungen der Juden erging. Freilich beschränkte sich Stauffenbergs Kritik weiterhin nur auf einige als besonders unangenehm empfundene Begleiterscheinungen des Nationalsozialismus und bezog noch nicht den Diktator selbst mit ein. Wie einige seiner Kameraden berichteten, habe er auch den Ausschluss der Juden aus Kunst, Kultur und Wissenschaft sowie die Ausbürgerung nichtdeutscher Juden nicht grundsätzlich abgelehnt. Noch 1944 bekundete Alexander von Stauffenberg im Gestapo-Verhör die grundsätzliche Zustimmung der Brüder zur Lösung der »Judenfrage«, welche nach ihrer Meinung allerdings »in weniger krasser Form« hätte durchgeführt werden sollen, weil dadurch weniger Unruhe in die Bevölkerung hineingetragen worden wäre. Auch Berthold von Stauffenberg bekannte, er und sein Bruder Claus hätten »die Rassengrundsätze des Nationalsozialismus an sich bejaht«, sie allerdings für übersteigert gehalten. Bei solchen Äußerungen im Verhör muss freilich konzediert werden, dass sie möglicherweise auch aus taktischen Gründen formuliert worden waren, um die Familien zu schützen.

Freilich bewahrte ihre »staatszugehörigkeit« zum »Geheimen Deutschland« die Brüder Stauffenberg vor einer direkten Verstrickung in die NS-Verbrechen. Das Schicksal der einstigen Freunde Karl Wolfskehl, Ernst Morwitz und Ernst Kantorowicz stand ihnen immer vor Augen. Georges Universalerbe Robert Boehringer lebte in der Schweiz und nahm nicht nur wegen seiner jüdischen Ehefrau eine kompromisslose Haltung gegenüber dem Nationalsozialismus ein. Immer wieder kam es deshalb zu Verstimmungen innerhalb des Freundeskreises, die sich vordergründig auf unterschiedliche Auffassungen über die Herausgabe von Texten Georges bezogen, jedoch auch von den politischen Meinungsverschiedenheiten beeinflusst wurden. Erst nach dem Novemberpogrom zeigte sich in der Korrespondenz des Kreises ein neues Zusammengehörigkeitsgefühl.

In diesem Winter 1938/39 beschäftigte sich Stauffenberg intensiv mit seinem berühmten Vorfahr Neidhardt von Gneisenau. Frank Mehnert, Stauffenbergs Freund aus dem George-Kreis, hatte Rudolf Fahrner, einen aus Österreich stammenden Germanisten, mit Stauffenberg bekannt gemacht. Der 1903 geborene Fahrner war 1933 der SA beigetreten und hatte Ende 1934 einen Lehrauftrag an der Universität Heidelberg angenommen. Doch schon im März 1936 ließ er sich vom Dienst wieder entbinden und ging zunehmend auf Distanz zum nationalsozialistischen Regime. Mehnert, so berichtete Fahrner später, habe ihn auch ermuntert, eine Gneisenau-Biografie zu schreiben – nicht zuletzt, um Stauffenberg dazu zu bringen, »etwas zu machen«. Was genau Stauffenberg nach dem Willen Mehnerts und Fahrners tun sollte, blieb freilich im Unklaren. Immerhin zog Fahrner in seiner Studie einigermaßen deutliche Parallelen zwischen der Zeit Gneisenaus und dem nationalsozialistischen Deutschland, die auch Claus von Stauffenberg nicht verborgen blieben. Einen Vortrag Fahrners vor Stauffenbergs Offizierskameraden in Wuppertal im Januar 1939 leitete er mit Worten ein, die »verdeckt, aber unüberhörbar von den eigenen Tagen sprachen«.

Was aber waren die Lehren, die Fahrner aus dem Leben und Wirken Gneisenaus ziehen wollte? General August Neidhardt von Gneisenau hatte 1808 und 1811 in zwei Denkschriften zum Volksaufstand gegen die napoleonische Fremdherrschaft in Preußen und Deutschland aufgerufen. Freilich gab es gewaltige Unterschiede zwischen der Situation im »Dritten Reich« und in Preußen Anfang des 19. Jahrhunderts. Damals war Deutschland von dem äußeren Gegner Frankreich bedroht, der Aufruf zum Aufstand also ein einigendes Fanal zum nationalen Unabhängigkeitskampf. Jetzt dagegen war es kein außenpolitischer Gegner, gegen den es zu handeln galt, sondern der nach formalen Legitimitätsprinzipien legitime Herrscher – nämlich Hitler. Tatsächlich aber wäre es angesichts der offensichtlichen Erfolge Hitlers wie der unblutigen »Heimholung« Österreichs »ins Reich« im Jahr zuvor illusorisch gewesen, eine Volkserhebung gegen den NS-»Führer« anzetteln zu wollen. Das war auch weit von der Gedankenwelt Stauffenbergs entfernt. Immerhin jedoch wurde durch die Beschäftigung mit Gneisenau Stauffenbergs durch seine Herkunft und Erziehung angelegtes und durch den Umgang im George-Kreis geschärftes Elitebewusstsein neu befeuert. »›Dem Schicksal in die Räder greifen, den Begebenheiten das Gesetz geben, statt es von ihnen zu empfangen‹ ist sein Leitsatz«, so charakterisierte Fahrner in seinem Text Gneisenau, und so wollte er wohl auch Stauffenberg sehen. Von ihm auf die Vorgänge der »Kristallnacht« angesprochen, habe Stauffenberg erstmals offen von Umsturzplänen gesprochen, jedoch gleichzeitig Skepsis über die Haltung des Offizierskorps geäußert. Von Leuten, die sich schon ein- oder zweimal die Wirbelsäule gebrochen hätten, könne man nicht erwarten, dass sie bei einer neuen Entscheidung gerade stünden, erklärte Stauffenberg mit Blick auf Putschplanungen des Heeres im Herbst 1938, die nach dem unblutigen Ende der Sudetenkrise aufgegeben worden waren.

Ganz im Sinne Stauffenbergs waren dagegen Äußerungen von Generalmajor Georg von Sodenstern, dem Chef des Generalstabs der Heeresgruppe 2 in Frankfurt am Main. Sodenstern hatte im Januar 1939 einen Aufsatz »Vom Wesen des Soldatentums« veröffentlicht, in dem er den Geist soldatischer Pflichterfüllung als höchsten sittlichen Wert darstellte. Das bedingungslose Vertrauen in die Befehle der höheren Führung sei die Grundvoraussetzung, der Tod auf dem Schlachtfeld die Erfüllung des soldatischen Lebens. Der soldatische Führer müsse auch gegen eigenes besseres Wissen den Willen des Vorgesetzten zu seinem eigenen machen, nur so könne er seine Männer in den Kampf führen. Er habe seinen Männern seine Berufsauffassung vorzuleben und in der entscheidenden Stunde auch »vorzusterben«. Doch es ging Sodenstern damit nicht um eine platte Heroisierung des »süßen« Todes auf dem Schlachtfeld. Er beklagte vielmehr, wie Peter Hoffmann schreibt, eine »Trivialisierung des soldatischen Ethos durch die NS-Militärpolitik der kurzfristigen Aufstellung eines Massenheeres, durch die allgemeine ›Wehrertüchtigung‹ für Millionen Jugendliche, durch oberflächliche Wehrpropaganda und durch das Alltäglichmachen einer ver-

Das Offizierskorps als Träger des Staats: Claus Schenk Graf von Stauffenberg mit Generalmajor Werner Kempf und anderen Offizieren der 1. Leichten Division im Herbst 1939

meintlich soldatischen Lebensweise, sodass das Opfer, das der Krieg fordere, verkannt werde«.

Stauffenberg schrieb Sodenstern einen Dankesbrief, in dem er sich dessen Ansicht anschloss. Die rasche Heeresvermehrung, die »Vermassung« und Nivellierung des Offizierskorps, all das sei eine große Gefahr für das alle Zeitläufte überspannende aristokratische Grundgesetz soldatischer Staats- und Lebensauffassung. Er konstatierte: »Wir können es uns nicht leisten, uns in den rein soldatischen, soll heißen rein fachlich beruflichen Bereich zurückzuziehen. Soldat sein, und insbesondere soldatischer Führer, Offizier sein heißt, Diener des Staats, Teil des Staats sein mit all der darin inbegriffenen Gesamtverantwortung. Wir müssen nicht nur um die Armee im engeren Sinn zu kämpfen wissen, nein, wir müssen um unser Volk, um den Staat selbst kämpfen, im Bewusstsein, dass das Soldatentum und damit sein Träger, das Offizierkorps, den wesentlichsten Träger des Staates und die eigentliche Verkörperung der Nation darstellt.« Diese Überzeugung trat auch in einem Ausspruch Stauffenbergs zutage, den er in dieser Zeit gegenüber einem befreundeten Buchhändler machte: Hitler sei ein Kleinbürger, dessen Untertan zu sein die Tradition seiner Familie nicht zulasse. Stauffenberg glaubte im Sinne Gneisenaus an die Führung der Nation durch das Heer, durch soldatische Führer, ohne Hitler und die Nationalsozialisten. Das Bewusstsein dieser Verantwortung sollte seine weitere Entwicklung prägen.

Hatte Stauffenberg 1938 noch geglaubt, Hitler werde keinen Krieg riskieren, bei dem Deutschland allein gegen die ganze Welt stehen würde, so musste er diese Ansicht nun revidieren. Im Frühjahr 1939 traf er direkt von einem Manöver kommend in Berlin mit Rudolf Fahrner zusammen, dem er nach dessen Erinnerung »sehr ernst und nachdrücklich« erklärte: »Der Narr macht Krieg!«

5 IM ANGRIFFSKRIEG –
EINE FRAGE DES AUSHALTENS

Im Laufe des Jahres 1939 mehrten sich die Anzeichen, dass Stauffenberg mit seiner Prognose recht behalten sollte. Ende Juni reiste er mit seiner Familie nach Lautlingen, um dort die Sommerferien zu verbringen. Für ein paar Tage mietete er ein kleines Auto und zeigte seiner Frau Nina die Gegend um den Bodensee und den Schwarzwald. Ab Mitte Juli war er wieder in Wuppertal, um dort, wie er an Frank Mehnert schrieb, die Arbeit »für einen ungewissen herbst nach bestem gewissen fortzusetzen«. Am 18. August wurde die 1. Leichte Division alarmiert – es wurde ernst. An seinen Onkel Berthold schrieb Stauffenberg, er danke ihm »für ein menschliches Vorbild, das Vorbild des wahren Edelmanns, Herrn und Soldaten«. Als solcher wollte er in den Kampf gehen, wie es bereits seine Vorfahren getan hatten. Am selben Tag verabschiedete er sich von seinem Wuppertaler Buchhändler, dem er wie zur Bestätigung sagte: Trotz der Furchtbarkeit des Krieges sei das Ausrücken doch auch eine Erlösung. Der Krieg sei ja schließlich sein »Handwerk von Jahrhunderten her«.

Am 1. September 1939 begann der Feldzug gegen Polen. Aufgrund der günstigen geographischen Lage – der polnische Staat war auf drei Seiten von deutschem Hoheitsgebiet umschlossen – sah die deutsche Strategie einen weiträumigen Zangengriff von Norden und Süden vor. Stauffenbergs Einheit gehörte zur Heeresgruppe Süd, die von Schlesien und der besetzten Tschechoslowakei aus in das Nachbarland vorstieß.

»Das Gröbste dürfte man geschafft haben« – Generalmajor Friedrich-Wilhelm von Loeper, Claus Schenk Graf von Stauffenberg, Major Kurt Lehnert und Oberstleutnant Werner Reerink am 1. September 1939 auf dem Gefechtsstand der Division in Neudorf an der polnischen Grenze (von links)

Die Division, die erst kurz zuvor mit erbeuteten tschechischen Skoda-Panzern verstärkt worden war und damit eine größere Feuerkraft als manche Panzerdivision besaß, kämpfte dabei stets an vorderster Front. Nachdem sie am 8. September die rund einhundert Kilometer südlich Warschaus gelegene Stadt Radom erobert hatte, erreichte sie einen Tag später als erster deutscher Verband die Weichsel beim Ort Kozienice. »Es macht den Eindruck, als hätten wir eine große Schlacht gewonnen«, berichtete Stauffenberg am 10. September seiner Frau. Seit zwei Tagen sei seine Einheit so rasch vorgestoßen, dass sie die Polen regelrecht überrannt hätte. Rechts und links der Straße lagerten Massen von Gefangenen. Das Gröbste, so Stauffenberg, dürfte man deshalb geschafft haben. Ob die polnische Armee die gewaltigen materiellen Lücken überhaupt wieder schließen könne, sei fraglich.

Freilich machte der schnelle Vormarsch der Wehrmacht auch dem für die Versorgung seiner Truppe zuständigen Generalstabsoffizier schwer zu schaffen. Man lebe »von der Hand in den Mund«, schrieb er drei Tage später nach Hause. Das gesamte Befehls- und Meldewesen sei immer noch den Erfordernissen eines Stellungskrieges angepasst gewesen und nicht denen von ungestüm vorstürmenden motorisierten Truppen, beklagte er im Nachhinein. Verbrauchsmeldungen und Bedarfsanforderungen seien aufgrund der schleppenden Übermittlung beim Eintreffen bei den jeweiligen Empfängern längst überholt gewesen. Die Division habe niemals die eigentlich zugeteilten Mengen an Munition, Verpflegung und Betriebsstoff erhalten, sondern hätte sich stets aus Armeedepots bedienen müssen, bei denen aber niemand eine Übersicht über die vorhandenen Bestände gehabt habe. »Es spielten sich daher die bedauerlichsten Szenen an den Betriebsstoff-Ausgabestellen der Armee ab. Um an Betriebsstoff zu kommen, kam es sogar vor, dass sich die Kolonnenführer und Fachbearbeiter der verschiedenen Divisionen mit der Waffe bedrohten.« Freilich gelang es dem Organisationstalent Stauffenberg, alle auftretenden Schwierigkeiten zu meistern. Nach dem Zeugnis von Divisionsangehörigen litt die 1. Leichte Division niemals Mangel.

Ab dem 16. September bildete die Einheit einen Teil des deutschen Einschließungsrings um die Hauptstadt Warschau und erlitt angesichts von militärisch unterlegenen, aber mit dem Mut der Verzweiflung kämpfenden polnischen Truppen schwere Verluste. Am 21. September wurde Stauffenbergs Division abgelöst und griff nicht mehr in die Kämpfe ein, die am 6. Oktober mit der Kapitulation der letzten polnischen Feldtruppen endete.

Zunächst hatte vielleicht auch Stauffenberg geglaubt, dass

sich der Konflikt trotz der französischen und britischen Garantieerklärungen für die Unverletzlichkeit der polnischen Grenzen noch einmal würde begrenzen lassen. Doch dann wurde am Mittag des 3. September die Kriegserklärung der Westmächte an das Deutsche Reich bekannt. Der Stab der 1. Leichten Division erhielt die Nachricht an einer Straßenkreuzung in der Nähe der polnischen Stadt Wielu. Wie sich Werner Reerink erinnerte, machte sich daraufhin unter den Offizieren eine tiefe Niedergeschlagenheit breit. Es handelte sich nun also nicht mehr allein um einen Feldzug gegen Polen, sondern es war ein Krieg, in den man nach Hitlers Willen hineinschlitterte. Die Angst vor dem gefürchteten Kampf an zwei Fronten war spürbar. In die Stille hinein erklärte Stauffenberg: »Kinder, wenn wir diesen Krieg gewinnen wollen, dann ist das eine Frage des Aushaltenkönnens für uns, und dieser Krieg dauert dann mit Sicherheit seine zehn Jahre.« Hatte er nicht selbst bereits erkannt, dass Deutschland dann allein gegen die ganze Welt stehen würde?

Der rasche Vormarsch führte jedoch auch bei ihm bald wieder zu einer optimistischeren Einschätzung der Lage, zumal Großbritannien und Frankreich im Westen nicht angriffen. Am 14. September schrieb er an seine Frau: »Den englischfranzösischen ›Krieg‹ halte ich zunächst für die Schaffung von Verhandlungsgrundlagen. Was soll das auch sonst?« Offenbar glaubte er, dass die Wiederherstellung der Souveränität Polens nicht mehr Kriegsziel der Westmächte sein konnte. Auch das Schreckgespenst des Zweifrontenkriegs hatte durch den deutsch-sowjetischen Nichtangriffspakt vom 23. August 1939 einen Teil seines Drohpotenzials verloren. Am 17. September hatten Einheiten der Roten Armee begonnen, Teile Ostpolens zu besetzen, wozu Stauffenberg bemerkte, er müsse jetzt schon lachen beim Gedanken an die Verbrüderung mit den Soldaten der Roten Armee. Dazu kam es freilich nicht. Stauffenbergs Division zog sich auf vorher festgelegte Stellungen an der

Weichsel zurück – nicht ohne zuvor alles brauchbare Kriegsmaterial mitzunehmen. Das Schönste daran sei, so frohlockte Stauffenberg, dass das meiste englischer Herkunft und »noch unbezahlt« sei. Als Ende September der neue Grenzverlauf zwischen den von Deutschland und der Sowjetunion besetzten Gebieten bekannt wurde, jubelte er, das sei für die Westmächte ein »harter Nackenschlag«. Sie hätten ihren Kriegsplan auf die wirtschaftliche Abschnürung des Deutschen Reichs aufgebaut, dieser Plan sei nun Makulatur. Jetzt seien sie offenbar ratlos. Von der Kampfkraft der französischen Armee hielt er nicht viel.

Polen sah Stauffenberg mit einem Gefühl der kulturellen und wohl auch »rassischen« Überlegenheit vor allem als künftiges koloniales Siedlungsland und als Arbeitskräftereservoir für die deutsche Wirtschaft. »Das Hervorstechende an diesem Land ist die Verwahrlosung«, schrieb er am 17. September an Nina. »Nicht nur eine unendliche Armut und Verschlamptheit, sondern der Eindruck des Heruntergekommenen.« Das ganze Land sei trostlos, die Bevölkerung »ein unglaublicher Pöbel, sehr viele Juden und sehr viel Mischvolk. Ein Volk, welches sich nur unter der Knute wohlfühlt. Die Tausenden von Gefangenen werden unserer Landwirtschaft recht guttun. In Deutschland sind sie sicher gut zu brauchen, arbeitsam, willig und genügsam.« In den Briefen an seine Frau zeigte er sich mehrfach erstaunt, wenn er in all der von ihm so empfundenen Trostlosigkeit Vertrautes entdeckte: In den letzten Stabsquartieren habe er »in ziemlich heruntergekommenen Châteaus herrliche Empiremöbel gesehen. Unwahrscheinlich schöne Sachen, bei denen mir die Augen übergehen«, schrieb er am 17. September. »Gerade jetzt bin ich in einem Landhaus eines sehr kultivierten Künstlers mit sehr schöner Bibliothek und fabelhaften Empiresachen, Betten, Nachttische, Spiegel, Bücherschränke, klassisch im Stil und so, wie man sie sich denkt.« Einen Samowar, wie ihm offenbar von Nina aufgetragen worden war, habe er freilich noch nicht kaufen können, »und stehlen kann man ja schließlich auch nicht«.

Dass sich Stauffenberg trotz seiner abschätzigen Urteile gegenüber Land und Leuten seine Menschlichkeit bewahrt hatte, wurde an einem anderen Beispiel deutlich. Am vierten Tag des Feldzugs hatten Angehörige der Division in Wielu zwei Frauen festgenommen, die auf dem Dachboden eines Hauses mit Taschenlampen hantiert und so nach Meinung einiger Soldaten polnisches Artilleriefeuer auf die eigenen Stellungen gelenkt hatten. Als ein Feldwebel den diensthabenden Offizier fragte, was mit den »Spioninnen« geschehen solle, antwortete dieser ohne irgendeine weitere Befragung abschätzig: »Ach, weg damit …« Dies fasste der Feldwebel als Exekutionsbefehl auf und ließ die Frauen erschießen. Tatsächlich waren die beiden im Ort jedoch als geistig behindert bekannt. Sie hatten sich aus Angst auf dem Dachboden versteckt und mit der Taschenlampe geleuchtet. Von irgendwelchen Blinkzeichen dagegen konnte keine Rede sein. Als Stauffenberg von dem Vorfall erfuhr, setzte er alle Hebel in Bewegung, um den Offizier vor das Kriegsgericht zu bringen, das schließlich eine Degradierung verfügte. Stauffenberg ließ sich auch nicht davon beirren, dass es sich bei dem Mann um einen Duzfreund von ihm handelte. Er konnte freilich nicht verhindern, dass der Verurteilte wenig später in den Genuss einer von Hitler verfügten Amnestie für derartige Vergehen kam.

Schon Mitte Oktober kehrte Stauffenbergs Division in ihre Heimatgarnison Wuppertal zurück. Menschen, die ihn in dieser Zeit besuchten, berichteten später, dass Stauffenberg ebenso wie die meisten anderen jungen Offiziere vom schnellen Sieg in Polen wie berauscht gewesen sei. Andere ihm nahestehende Personen hatten jedoch zu dieser Zeit bereits weitergehende Einsichten über den verbrecherischen Charakter von Hitlers Regime gewonnen. Zu ihnen gehörten Stauffenbergs Onkel Nikolaus Graf von Üxküll-Gyllenband und Fritz-Dietlof Graf von der Schulenburg, den Stauffenberg während seiner Zeit an der Kriegsakademie in Berlin kennengelernt hatte. Üxküll, der seit 1937 als Referent im »Reichskommissariat für Preisbildung« tätig war, und Schulenburg, der schon seit 1932 der NSDAP angehörte und im August 1939 Regierungspräsident in Schlesien wurde, sahen die tödliche Gefahr, die eine Fortdauer des Krieges für Deutschland bedeuten würde. Sie trafen sich regelmäßig mit Peter Graf Yorck von Wartenburg, einem Cousin der Stauffenberg-Brüder. Der ebenfalls im Kommissariat für Preisbildung tätige Yorck hatte 1938 begonnen, einen Kreis von gegenüber dem Regime kritisch eingestellten Freunden und Bekannten um sich zu sammeln, um mit ihnen Pläne für ein Nachkriegsdeutschland ohne Hitler zu diskutieren. Auch Berthold von Stauffenberg nahm gelegentlich an den Besprechungen, die meist in Yorcks Wohnung in Berlin-Lichterfelde stattfanden, teil. Yorcks »Grafenrunde« wurde zu einer Keimzelle des »Kreisauer Kreises«, dessen Mitglieder Gespräche über eine mögliche Neuordnung Deutschlands nach dem Ende des Nationalsozialismus ab 1940 auf breiterer Basis fortsetzten.

Einem unbestätigten Bericht zufolge sollen Üxküll und Schulenburg nach dem Ende des Polenfeldzugs Stauffenberg in Wuppertal aufgesucht haben. Wie der Stauffenberg-Biograf Eberhard Zeller aufgrund seiner Nachforschungen berichtet, hätten Üxküll und Schulenburg Stauffenberg über die ihrer Meinung nach bedrohliche Zuspitzung der Lage informiert. Dazu gehörte nicht zuletzt die Kunde von den Verbrechen der SS gegen polnische Zivilisten und Juden. Peter Yorck hatte den Feldzug gegen Polen als Leutnant bei der Panzertruppe mitgemacht und Kenntnis von Massenerschießungen und Judenermordungen erhalten. Üxküll und Schulenburg, so Zeller, bedrängten Stauffenberg daraufhin, »so rasch wie möglich eine Stellung anzustreben, von der er eingreifen könne«. Sie nannten ihm als konkretes Ziel die Position eines Adjutanten

Vorbereitungen für den Ernstfall: Claus Schenk Graf von Stauffenberg als Generalstabsoffizier der 6. Panzerdivision vor dem Angriff auf Frankreich, Hachenburg 1940

von Walther von Brauchitsch, dem damaligen Oberbefehlshaber (OB) des Heeres. Offenbar waren sie über erneute Staatsstreichpläne informiert, die zu dieser Zeit insbesondere von Generalstabschef Franz Halder ausgingen. Hitler hatte den Spitzengenerälen unmittelbar nach dem Ende des Polenfeldzugs mitgeteilt, dass er möglichst rasch auch im Westen angreifen wollte. Die Militärs waren entsetzt und meldeten fachliche Bedenken an. Die Truppe sei erschöpft, der Nachschub fehle. Halder und seine Mitverschwörer einigten sich, ihre Putschplanungen vom Herbst 1938 zu reaktivieren, falls Hitler den Befehl zum Angriff geben sollte. Selbst der als zögerlich bekannte Brauchitsch teilte die Bedenken Halders, konnte sich jedoch nicht zum aktiven Vorgehen gegen Hitler entschließen. In Stauffenberg sahen Üxküll und Schulenburg offenbar jemanden, der im Sinne der Verschwörer auf Brauchitsch hätte einwirken können. Doch Stauffenberg lehnte das Ansinnen ab: Er sei noch nicht so weit. Seiner Frau sagte er, bei den offensichtlichen Erfolgen Hitlers sei ein Vorgehen gegen den Diktator unmöglich.

Es ist ohnehin fraglich, ob ein Wechsel zum OB des Heeres zu dieser Zeit eine realistische Option für Stauffenberg gewesen wäre. Die Bekleidung einer derartigen Position wäre ihm mit seinem damaligen Dienstrang noch gar nicht möglich gewesen; ebenso war er mit seiner Laufbahn nicht unbedingt der geeignete Kandidat für den Posten. Stauffenberg blieb als Ib bei der 1. Leichten Division in Wuppertal, die jetzt zur 6. Panzerdivision umgerüstet wurde. Er machte sich mit Feuereifer an die Aufgabe, die immensen Verluste auszugleichen, die seine Truppe in Polen erlitten hatte und trieb gleichzeitig den Umbau der Division zur einer modernen Panzereinheit voran. Gleichzeitig schwebte der drohende Angriff gegen Frankreich dauerhaft wie ein Damoklesschwert über seiner Arbeit. Die Division hatte für den Ernstfall immer innerhalb von vierundzwanzig Stunden abmarschbereit zu sein. Im Januar 1940 wurde Stauffenberg, nachdem er seine »Lehrzeit« erfolgreich bestanden hatte, endgültig in den Generalstab aufgenommen. Er war nun nicht mehr Rittmeister, sondern erhielt den Dienstrang eines Hauptmanns i. G. Wie sich seine Frau Nina erinnerte, nahm er mit einigem Bedauern von der mit kavalleristischer Nostalgie verbundenen Rangbezeichnung Abschied.

Der ursprüngliche deutsche Plan für den Angriff im Westen glich einer geringfügig modernisierten Variante des Schlieffen-Plans von 1905: Wie im Ersten Weltkrieg sollte die deutsche Hauptstreitmacht über Belgien und die Niederlande nach Nordfrankreich vorstoßen und dort die Kriegsentscheidung herbeiführen. Dies zeugte weder von Originalität noch von Kühnheit der Planer. Erst im Frühjahr 1940 konnte sich Generalleutnant Erich von Manstein, der Chef des Generalstabs der Heeresgruppe A, mit seinem Vorschlag eines schnellen Panzerdurchbruchs durch das bewaldete und hügelige Gebiet der Ardennen durchsetzen. Dieser Abschnitt der französischen Ostgrenze erschien den Franzosen als »bestes Panzerhindernis in Europa«, dort hatten sie bewusst den Ausbau ihrer Bunkerlinie vernachlässigt. Genau dort aber sollten die konzentrierten Panzerkräfte der Wehrmacht vorrücken. Revolutionär war auch der zweite Teil des Manstein-Konzepts: Die Panzerstreitmacht sollte die Maas bei Sedan überwinden, sich dann von der nur langsam vorrückenden Infanterie »abnabeln«, um mit hoher Geschwindigkeit und im großen Bogen bis zur Kanalküste vorzustoßen. Zweck der Aktion war die Einkesselung der alliierten Hauptstreitmacht, die im Norden Frankreichs und in Belgien stand.

Stauffenbergs Panzerdivision, die der Heeresgruppe A zugeteilt wurde, war in dem Feldzugplan eine Schlüsselrolle zugedacht. Sie bildete im Rahmen der Panzergruppe von Kleist eine Speerspitze des Vormarschs durch die Ardennen. Nach mehrmaliger Verschiebung begann der Angriff am 10. Mai 1940. Nachdem sich die deutschen Verbände noch am ersten

103

Tag auf den engen Vormarschstraßen mitunter gegenseitig behinderten, stieß die Division tatsächlich rasch durch luxemburgisches und belgisches Gebiet Richtung Westen vor. Bereits am Abend des 12. Mai erreichte eine Vorausabteilung die Maas bei Monthermé und erzwang am folgenden Tag in schweren Kämpfen den Übergang über den Fluss. Am Abend des 15. Mai stand die Division schon sechzig Kilometer westlich der Maas und rückte weiter vor. Am 18. Mai schrieb Stauffenberg aus der Gegend von Cambrai an seine Frau, man erlebe »in erschütternder Form den Anfang des Zusammenbruchs einer großen Nation, nicht nur militärisch, sondern auch physisch«. Es handle sich um einen unerhörten Vormarsch, »eine wirkliche Invasion, ein unaufhaltsames Weiterstoßen, dem gegenüber die Franzosen bisher nicht einmal den guten Willen zu kämpfen gezeigt haben. Sie ergeben sich zu Tausenden und fluten dann unbewacht ganz auf sich gestellt nach Osten. Wir müssten aufhören zu kämpfen, wollten wir die Gefangenen auch nur einigermaßen bewachen oder abtransportieren.« Am 20. Mai erreichten die ersten deutschen Panzerverbände die Kanalküste, die im Norden kämpfenden alliierten Truppen waren vom französischen Kernland abgeschnitten. Der deutsche Plan war aufgegangen.

Auch die 6. Panzerdivision stieß tags darauf bis fast an die Küste vor und bewegte sich dann aus dem Raum um Abbeville nach Norden auf die Hafenstadt Calais zu, ehe sie wieder Richtung Osten eindrehte. Am 24. Mai ereilte sie bei Saint-Omer der berühmt-berüchtigte Haltebefehl Hitlers, der die Panzerverbände der Wehrmacht vor Dünkirchen stoppen ließ. »Da kommt zum allgemeinen Bedauern 13 Uhr 25 fernmündlicher Befehl des Korps, wonach auf Befehl des Führers und Obersten Befehlshabers der Angriff über den Kanal nach Osten zu unterbleiben hat und die gewonnenen Brückenköpfe zu halten sind«, heißt es im Kriegstagebuch der Division mit kaum unterdrücktem Unmut. Angeblich, so hieß es,

Vormarsch deutscher Truppen im Westen – Stauffenberg, Hauptmann i. G. Helmut Staedke, Hauptmann Henning von Bloomberg und Generalmajor Werner Kempf am 13. Mai 1940 auf dem Gefechtsstand der 6. Panzer-Division vor Monthermé an der Maas (von links)

sollten die Panzer für weitere Operationen in Richtung Süden geschont werden. Göring versprach, dass die Luftwaffe allein die eingeschlossenen Gegner vernichten könne. Ein absurder Vorschlag, denn diese hatte in den ersten vierzehn Tagen des Feldzugs bereits tausend Flugzeuge verloren. Das Gros des britischen Expeditionskorps entkam so unter Zurücklassung allen Materials über den Ärmelkanal.

Noch konnte auch Stauffenberg die Tragweite von Hitlers Entscheidung nicht ermessen – erst im Nachhinein sprach er oftmals von dem fatalen Fehler Hitlers bei Dünkirchen. Jetzt freilich war er auch froh, dass seine Division erst einmal zum Halten kam. Denn der rasche Vormarsch bedeutete auch für die Versorgung der Truppe eine gewaltige Anstrengung. Die Nachschubwege waren lang. Die rückwärtigen Dienste wurden wegen der teilweise ungeschützten Flanken immer wieder in Gefechte verwickelt. Dennoch war Stauffenbergs Tätigkeit, wie er am 27. Mai an seine Frau schrieb »von großem Glück begleitet«. Die Division sei »trotz der unvorstellbaren Geschwindigkeiten immer aufs Beste versorgt« gewesen. Der Munitionsnachschub bereitete wegen des geringen Verbrauchs aufgrund des raschen Vorstoßens keinerlei Probleme. Betriebsstoff wurde teilweise mit Flugzeugen herangeschafft, oder man konnte sich aus erbeuteten Lagern des Gegners bedienen. Auch die Verpflegung wurde zu großen Teilen aus dem Lande sichergestellt. Stauffenberg selbst fühlte sich »wie der Herrgott in Frankreich«. Persönlich gehe es ihm ausgezeichnet, berichtete er Nina. »Die Vorräte des Landes genießen wir in vollen Zügen und gleichen so etwas den mangelnden Schlaf aus. Kaffee, Eier zum Frühstück, herrliche Bordeaux, Burgunder und Heidsieck.«

Die allgemeine Hochstimmung angesichts des triumphalen Sieges über den »Erzfeind« Frankreich führte auch beim Ib der 6. Panzerdivision zu einer geradezu euphorischen Beurteilung der Lage. »In unseren Kämpfen bereiten sich die weittragendsten, das Gesicht der alten Welt verändernden Entscheidungen vor«, berichtete er am 27. Mai nach Hause. »Ich denke, dass nach der Vernichtung der flandrischen Armeen zunächst wieder die Politik sprechen wird. Für die Engländer gilt es ... dann eine große innere Entscheidung. Geben sie nicht nach, wird es noch harte Kämpfe geben, denn dann müssen wir zum Vernichtungskampf gegen England antreten.« Gleichzeitig äußerte er ein gewisses Mitgefühl angesichts der »großen englischen Tragödie«; ebenso empfand er für den Kriegsgegner Frankreich: »Das französische Débacle ist furchtbar. Sie sind völlig geschlagen, ihr Heer vernichtet«, notierte er Mitte Juni. Dies sei ein Schlag, von dem sich das Volk nicht so leicht werde erholen können. Am Tag vor der Unterzeichnung des deutsch-französischen Waffenstillstands am

22. Juni 1940 schrieb er an seine Frau: »Heute in einer Woche jährt sich der Tag des Versailler Vertrags. Welche Veränderung in welcher Zeit! Neben Triumph und Freude ist da unvermeidbar die Überschau über die drei Jahrzehnte, die wir miterlebten, mit dem Wissen, wie wenig Endgültiges es gibt und dass schroffste Umwandlung, ja Umkehr wahrscheinlicher sind als ein Beharren auch nur für wenige Jahre. Wenn wir das unseren Kindern beibringen, dass nur der dauernde Kampf und das dauernde Streben nach Erneuerung vor dem Untergang rettet – dies umso mehr, je größer das schon erreichte ist – und dass Beharren, Erhalten und Tod identisch ist, dann haben wir den größten Teil unserer nationalen Erziehungspflicht geleistet.«

Diese freilich schon wieder nüchterneren Töne waren vor allem darauf zurückzuführen, dass Stauffenberg Ende Mai, wie er beklagte, »mitten aus dem Krieg und den ruhmvollsten Operationen meiner Division herausgerissen« worden war – um »in einer Behörde unterzutauchen«. Die Behörde war das Oberkommando des Heeres. Im OKH sah man den Krieg naturgemäß ganz anders als an der Front. Von Euphorie oder Siegesrausch war dort wenig zu spüren. Dessen ungeachtet machte sich Stauffenberg mit Eifer an seine neue Aufgabe. In der Organisationsabteilung des Generalstabs hatte er fortan das Referat »Friedensheer« zu bearbeiten. Ein Arbeitsgebiet, dem – mitten im Krieg – etwas Eigentümliches anhaftete. Dennoch würde es, wie Stauffenberg glaubte, bald zentrale Bedeutung erlangen, ging es doch um den Umbau des durch die Feldzüge aufgeblähten Heers in eine sinnvoll gestaltete Friedensorganisation. Dabei ließ er sich von einer Grundannahme leiten, die Generalstabschef Halder damals so formulierte: »Dass mit dem bevorstehenden endgültigen Zusammenbruch des Feindes die Aufgabe des Heeres erfüllt ist, und wir im Feindesland diesen Umbau als Grundlage für die künftige Friedensorganisation in Ruhe durchführen können. Der

Den Kindern beibringen, dass Beharren identisch mit Tod ist – Claus Schenk Graf von Stauffenberg mit seiner Familie 1940 in Lautlingen – Alfred, die Mutter Caroline, Bruder Alexander, Berthold, Ehefrau Nina, Franz Ludwig und Olga Üxküll

Kriegsmarine und der Luftwaffe wird dann die Aufgabe zufallen, den Krieg gegen England allein weiterzuführen.«

Doch dazu sollte es nicht kommen. Zwar glaubte Hitler zunächst tatsächlich, die Briten durch einen verstärkten Luft- und Seekrieg in die Knie zwingen zu können. Doch schon bald ließ er für alle Wehrmachtteile auch Pläne für eine Landung auf der Insel ausarbeiten – das »Unternehmen Seelöwe«. Gleichzeitig befahl er Planungen für eine Eroberung Gibraltars voranzutreiben, um Großbritannien indirekt über das Mittelmeer niederzuwerfen. Schon Ende Juli 1940 trat ein weiteres Operationsziel hinzu: Hitler gab die Anweisung, Vorbereitungen für einen Angriff auf die Sowjetunion zu treffen. Im August folgten Überlegungen für ein deutsches Eingreifen auf dem nordafrikanischen Kriegsschauplatz, wo in Libyen eine verheerende Niederlage italienischer Verbände gegen die Briten drohte. Es folgten Eventualplanungen für einen Einmarsch im noch nicht von deutschen Truppen besetzten Süden Frankreichs. Stauffenbergs Tätigkeit bewegte sich monatelang im Spannungsfeld dieses Planungswirrwarrs. Hatte es zum Beispiel anfangs noch geheißen, das Heer solle von 165 auf 120 Divisionen reduziert werden, so änderte sich die Vorgabe mit der Planung des Russlandfeldzugs grundlegend: Jetzt war von einer Verstärkung der Truppen auf 180 Divisionen die Rede.

Trotz dieser chaotischen Rahmenbedingungen führte die Stabsarbeit bei Stauffenberg paradoxerweise nicht zu einer kritischeren Beurteilung des Diktators. Zwar hielt er Hitler keinesfalls für den »größten Feldherrn aller Zeiten«. Dennoch wollte er bei ihm ein »Gespür für Militärisches« erkannt haben. So habe Hitler im Gegensatz zu seinen Generälen gesehen, wie die französische Maginotlinie zu durchbrechen sei. Den Fehler bei der Einkesselung Dünkirchens werde er wohl nicht wiederholen. Die Nähe zum »Führer« rege zu schöpferischem Denken an. Hitler sehe die großen Zusammenhänge und ringe um Deutschlands Zukunft. Man müsse ihm zum Sieg verhelfen. Zum Jahreswechsel 1940/1941 zeichnete sich zudem auch für Stauffenberg deutlicher ab, welche Feldzüge für sein Arbeitsgebiet in den darauffolgenden Monaten maßgeblich werden sollten: der Wüstenkrieg in Nordafrika, die Eroberung des Balkans und der Angriff auf die Sowjetunion, das »Unternehmen Barbarossa«.

6 ZWEIFEL UND WANDEL –
»ES GIBT NUR EINE LÖSUNG«

Die Spitzengliederung der Wehrmacht sei noch blöder, als die fähigsten Generalstabsoffiziere sie erfinden könnten, wenn sie den Auftrag bekämen, die unsinnigste Spitzengliederung zu erfinden. Diese in Zeiten der Diktatur ungewöhnlich scharfe Kritik ließ Stauffenberg Anfang 1941 bei einem Referat an der Kriegsakademie verlauten. Doch Stauffenberg wusste, wovon er sprach. In den letzten Monaten hatte er sich mit seiner neuen Aufgabe in der Organisationsabteilung des Heeres vertraut gemacht. Er war zuständig für die Aufstellung, Umrüstung und Neugliederung der Truppen und kümmerte sich auch um die Bereitstellung von Ersatzverbänden. Dabei war ihm vor allem die chaotische Führungsorganisation der Wehrmacht klar geworden, mit der er täglich zu kämpfen hatte. Sein Chef, Oberst i. G. Walther Buhle, versuchte den neuen Mitarbeiter zu beschwichtigen: Man müsse sich eben damit abfinden, dass wochenlange Arbeit »durch einen unvorhergesehenen Führerentscheid« zunichte gemacht werden konnte. Im Generalstab war Stauffenberg hoch geschätzt. Seine Erfahrungen aus Polen und Frankreich kamen ihm in seiner neuen Stellung zugute. Selbst der Chef des Generalstabs, Generaloberst Franz Halder, fragte den am 1. Januar 1941 zum Major ernannten Stauffenberg häufig um seine Meinung. »Selten habe ich es erlebt, dass ein so junger Offizier eine solche Vertrauensstellung und einen derartigen Einfluss im OKH gehabt hat«, erinnerte sich sein 2007 verstorbener Jugendfreund

Ulrich de Maizière. Tochter Konstanze von Schulthess beschreibt ihren Vater so: »Sein Charisma, seine kriegerische Begabung und das Talent, Menschen zu motivieren, all das prädestinierte ihn für eine militärische Laufbahn, die beispielhaft schien für das, was im Hitlerstaat möglich war. Es gab keine sichtbaren Brüche, keine Unstimmigkeiten in seiner Biografie, stetig war er weiter aufgestiegen, ein Hoffnungsträger und Vorzeigesoldat.« Doch schwankte Stauffenbergs Haltung zu Hitler bereits zu diesem Zeitpunkt. Einerseits misstraute er dem Kriegsherrn ganz allgemein, andererseits habe er, seit er selbst im Hauptquartier arbeite, seine frühere negative Ansicht von Hitler revidiert, soll er seinem Wuppertaler Buchhändler noch im Jahr zuvor anvertraut haben. »Der Vater dieses Mannes war kein Kleinbürger. Der Vater dieses Mannes ist der Krieg«, sagte er nun. Von einem Attentat auf Hitler war Stauffenberg damals noch weit entfernt. Das sollte sich ändern, als am 22. Juni 1941 der deutsche Angriff auf die Sowjetunion begann.

Mit einem »Blitzkrieg« glaubte Hitler die Vorteile des Gegners, die vor allem in der schier unendlichen Weite des Landes bestanden, aushebeln zu können. Dabei waren die operativen Ziele des Feldzuges völlig unklar. Ob ein Durchbruch zu den Ölfeldern des Kaukasus, die Vernichtung Stalingrads oder aber die Einnahme Moskaus vorrangig sei, darüber war sich die Führung schlicht und ergreifend nicht einig. Dennoch war sie vom Erfolg ihrer Operation überzeugt: »Es ist wohl nicht zu viel gesagt, wenn ich behaupte, dass der Feldzug gegen Russland innerhalb vierzehn Tagen gewonnen wurde. Natürlich ist er damit noch nicht beendet«, schrieb General Halder am 3. Juli in sein Kriegstagebuch. Stauffenberg hingegen hatte einen gänzlich anderen Eindruck gewonnen. Am 23. Juni 1941 war der Generalstab in sein vorgeschobenes Hauptquartier im Komplex »Mauerwald« bei Angerburg in Ostpreußen umgezogen. Von hier aus unternahm Stauffenberg häufig Reisen an die Front, um sich einen unmittelbaren Eindruck von der Versorgungslage zu verschaffen. Mitte Juli besuchte Stauffenberg Guderians Panzergruppe 2 im Gebiet zwischen Orscha und Smolensk und traf dort auf seinen alten Divisionskommandeur General von Loeper. In einem Gespräch drückten beide Männer die Hoffnung aus, dass es bald gelingen möge, den Gegner zu bezwingen. Doch hatte Stauffenberg erhebliche Zweifel, dass Hitlers Taktik des »Blitzkrieges« diesmal Erfolg haben würde. Schließlich hatte der Kriegsherr den ursprünglich auf Moskau gerichteten Vorstoß kurzfristig auf die Ukraine verlegt. Doch sollte Stauffenbergs Frontreise aus einem ganz anderen Grund zu einem Wendepunkt in seiner Biografie werden: Im Hauptquartier der Heeresgruppe Mitte in Borissow begegnete er zum ersten Mal dem Oberstleutnant im Generalstab Henning von Tresckow und dessen Ordonnanzoffizier Leutnant Fabian von Schlabrendorff. Beide gehörten zu diesem Zeitpunkt zu den führenden Persönlichkeiten des militärischen Widerstands. Mochte Stauffenberg auch zu diesem Zeitpunkt noch nichts von seiner späteren Entschlossenheit ahnen lassen, Hitler zu töten, so beeindruckte er die Männer durch sein Fachwissen und sein Auftreten. »Bei dieser Besprechung machte er den Eindruck eines befähigten Generalstabsoffiziers«, hielt Schlabrendorff die Begegnung in seinem 1946 erschienenen Buch *Offiziere gegen Hitler* fest. »Er ließ durchblicken, dass er kein Nazi war, sondern in Hitler und dem Nationalsozialismus eine Gefahr erblickte.«

»Wes Geistes Kind Stauffenberg war«, erkannten er und Tresckow jedoch angeblich erst im Sommer 1943, als sie General Friedrich Olbricht, Chef des Allgemeinen Heeresamtes, zusammenbrachte. Tatsächlich konnten Schlabrendorff und Tresckow unmöglich bereits im Juli 1941 in Stauffenberg den Attentäter Hitlers erkannt haben. Sein Weg dorthin war lang. Seine häufigen Reisen an die Front jedoch vermittelten ihm

»Ein befähigter Generalstabsoffizier«: In der Organisationsabteilung des Heeres war Claus Schenk Graf von Stauffenberg zuständig für die Aufstellung, Umrüstung und Neugliederung der Truppen

bald ein dramatisches Bild der Lage, woraus allmählich eine immer entschiedenere oppositionelle Haltung erwachsen sollte. Dennoch lehnte Stauffenberg seine Mitwirkung an einem Sturz der Nazis zu diesem Zeitpunkt noch ab. Als Helmuth James Graf Moltke, Kriegsverwaltungsrat im Amt Ausland/Abwehr im Oberkommando der Wehrmacht, Anfang September 1941 über einen Vetter Stauffenbergs fragte, ob »mit dem nichts zu machen« sei, ließ Stauffenberg ausrichten: »Zuerst müssen wir den Krieg gewinnen. Während des Krieges darf man so was nicht machen, vor allem nicht während eines Krieges gegen die Bolschewisten. Aber dann, wenn wir nach Hause kommen, werden wir mit der braunen Pest aufräumen.«

Eine Wende in Stauffenbergs Haltung kündigte sich im Winter des Jahres 1941 an. Mitte Oktober hatte an der Ostfront die gefürchtete Regenperiode eingesetzt. Die deutschen Truppen steckten in Schlamm und Dreck fest. Bereits in der ersten Novemberwoche war die Kampfkraft einer Infanteriedivision im Durchschnitt um ein Drittel gesunken, bei den Panzerverbänden sah es häufig noch schlechter aus. Dennoch setzte Hitler Mitte November alles auf eine Karte und befahl den direkten Vorstoß auf Moskau. Doch kurz vor den Toren der alten russischen Hauptstadt wurden die ausgezehrten Invasionstruppen mit aller Wucht von der sowjetischen Winteroffensive zurückgeworfen. Eisige Temperaturen, Schneestürme und die schlechte Versorgungslage taten ihr Übriges. Die Niederlage vor Moskau war verheerend. Die deutschen Verbände erlitten gewaltige Verluste an Menschen und Material. Bis zum Jahresende 1941 waren ein Drittel der drei Millionen Soldaten, die am 22. Juni die Grenze zur Sowjetunion überschritten hatten, verwundet, vermisst oder gefallen. Der »Blitzkrieg« in der Sowjetunion war endgültig gescheitert.

Als am 5. Dezember 1941 Generaloberst Walther von Brauchitsch, Oberbefehlshaber des Heeres, seinen Rücktritt erklärte und am 19. Dezember Hitler selbst den Oberbefehl übernahm, nahm Stauffenberg dies überraschend positiv zur Kenntnis. Die Führung des Heeres sei dadurch einfacher geworden, meinte er, der Generalstab könne so viel besser arbeiten, und es sei nun möglich, die ganze Kraft der Nation für den Entscheidungskampf des Heeres einzuspannen. Doch nur wenige Wochen später schien Stauffenberg ganz anders zu denken. Als ihn in den ersten Monaten des Jahres 1942 Oberleutnant Julius Speer, ein Mitarbeiter seines Freundes Oberstleutnant i. G. Eberhard Finckh, in einer dienstlichen Angelegenheit aufsuchte, zeichnete sich ein deutlicher Wandel in Stauffenbergs Haltung zu Hitler ab. Julius Speer staunte, als er hinter Stauffenbergs Schreibtisch ein Hitlerbild an der Wand hängen sah. Darauf angesprochen, antwortete Stauffenberg, das Bild sei da, damit jeder Besucher darin den Ausdruck des Wahnsinns sähe. Eine Weile lang diskutierten die Männer die Frage, welche Möglichkeiten es gäbe, um Hitlers maßlose Pläne zu durchkreuzen. Schließlich beendete Stauffenberg das Gespräch mit dem Satz: »Es gibt nur eine Lösung. Sie heißt töten!«

Zwischen diesem überlieferten Wort Stauffenbergs und seiner Weigerung, an einem Putsch teilzunehmen, liegen nur wenige Monate. Was war geschehen, das Stauffenberg eine so radikale Lösung ins Auge fassen ließ? War es tatsächlich die aussichtslose Kriegslage, die Stauffenberg bei seinen häufigen Frontbesuchen und spätestens nach der Niederlage vor Moskau erkannt hatte? Oder gibt es ein weiteres Indiz für den Wandel in Stauffenbergs Haltung?

Vielleicht wirft die Tatsache, dass Stauffenberg spätestens Anfang 1942 von den systematischen Vernichtungsmaßnahmen gegen Juden erfahren haben muss, ein Licht auf diese Frage. Am 20. Januar 1942 hatte unter der Leitung Reinhard Heydrichs, Chef der Sicherheitspolizei und des Sicherheitsdienstes sowie des Reichssicherheitshauptamtes, die soge-

1942 spricht Stauffenberg zum ersten Mal davon, dass es nur einen Weg gebe, um Hitler Einhalt zu gebieten – ihn zu töten; hier zusammen mit Oberstleutnant Albrecht Ritter Mertz von Quirnheim

nannte »Wannseekonferenz« stattgefunden. Es ist anzunehmen, dass höhere Offiziere im Generalstab von den Ausrottungsbefehlen gewusst haben, so auch Stauffenberg. Von den maßlosen Verbrechen, die vor allem hinter der polnischen und russischen Front geschahen, hatte Stauffenberg vermutlich schon seit Sommer 1941 Kenntnis. Laut Leutnant der Reserve Walter Bußmann ordnete Stauffenberg damals an, »alles zu sammeln, was die SS belaste«. Die Berichte der sogenannten »Einsatzgruppen« über die Erschießungen von Juden seien, so Bußmann, Stauffenberg bekannt gewesen, auch die Zahlen der Ermordeten, die in die Millionen gingen. Im April 1942 empörte sich Stauffenberg in einem Gespräch mit Major i. G. Heinz Herre über die Behandlung der Zivilbevölkerung in Russland, die Massenmorde von Juden und das millionenfache Sterben der Rotarmisten, die in deutsche Kriegsgefangenschaft geraten waren. Im Mai 1942 erstattete ihm Oberleutnant Hans-Heinrich Herwarth von Bittenfeld, früher Legationsrat in der deutschen Botschaft in Moskau, ausführlichen Bericht über die grausame Ermordung von Juden hinter der Front. Wenig später, ebenfalls im Mai, erfuhr Stauffenberg von einem Augenzeugen, wie SS-Leute Juden in einem ukrainischen Dorf zusammengetrieben und erschossen hatten. Die Verfolgten hatten ihr eigenes Grab ausheben müssen.

Wann genau und aus welchem Grund Stauffenberg letztlich zu der Überzeugung gelangt ist, dass ein Tyrannenmord unausweichlich sei, ist auch nach über sechzig Jahren wissenschaftlicher Forschung und Recherche umstritten. Mochte Stauffenberg auch Anfang 1942 grundsätzlich befürwortet haben, Hitler zu töten, so stand für ihn deshalb noch lange nicht fest, das Attentat selbst auszuführen. Er hielt es vielmehr für unabdingbar, dass »ein Schritt dieser Art nur von einer Persönlichkeit unternommen werden könne, die sofort beim Ausscheiden Hitlers die Macht in der Hand hatte, Staat und Wehrmacht unter Ausschaltung aller Partei-Instanzen zu führen«. Andernfalls würde »ein völliges Chaos entstehen«. Als junger Major im Generalstab sah sich Stauffenberg zu einer solchen Tat nicht in der Lage.

Im Sommer 1942 äußerte Stauffenberg immer häufiger die dringende Notwendigkeit, den Diktator zu beseitigen. Er nannte Hitler nun einen »Narren« und einen »Verbrecher«. Seinem Freund, Major i. G. Oskar Berger, mit dem er in diesen Wochen täglich ausritt, sagte er: »Die erschießen massenhaft Juden. Die Verbrechen dürfen nicht weitergehen.« Berger erinnerte sich später, dass Stauffenberg bei nahezu jedem gemeinsamen Ausritt von Tyrannenmord gesprochen habe. Dabei habe er sich auf Thomas von Aquin berufen, der den Tyrannenmord unter bestimmten Bedingungen für zulässig erklärt hatte. Das »heilige Reich« sei in Gefahr unterzugehen, erklärte Stauffenberg Berger. Seinem Vorgesetzten, Oberst-

117

leutnant i. G. Burkhart Mueller-Hillebrand, sagte Stauffenberg im Sommer 1942, dass ein Offizier eine Pistole einstecken und diesen »Schmutzfink« erschießen müsse. Bei einer Dienstbesprechung, die Mueller-Hillebrand im September 1942 mit Stauffenberg, Major i. G. Otto Hinrich Bleicken und Oberstleutnant i. G. Hans-Georg Schmidt von Altenstadt in seinen Diensträumen abhielt, wurde er noch deutlicher. Nachdem Stauffenberg über die verheerende Personallage des Feldheeres referiert hatte, rief er aus: »Hitler ist der eigentlich Verantwortliche, eine grundsätzliche Änderung ist nur möglich, wenn er beseitigt wird. Ich bin bereit, es zu tun!«

Es erscheint heute seltsam, dass in Zeiten der Diktatur solche Äußerungen für Stauffenberg keine Konsequenzen zu haben schienen, ja dass er beinahe unbedacht seine Ansichten verbreitete. Doch schützte das hohe Ansehen, das Stauffenberg im Generalstab genoss, den jungen Major. Er galt als brillanter Kopf und dank seiner musischen Neigungen als Feingeist. Sicher haben viele, die in diesen Tagen Stauffenberg laut über Tyrannenmord nachdenken hörten, nicht an den Ernst seiner Worte geglaubt. Doch Stauffenberg war es ernst, er war nicht der Typ, der tatenlos Reden schwang. »Bombenschmeißerle« nannte der in Schwaben aufgewachsene Adelige jene, die Hitler zwar scharf kritisierten, aber nicht den Schneid hatten, das Risiko eines Attentats zu tragen. Im Laufe des Sommers 1942 war in ihm die Erkenntnis herangereift, dass eigenes Tun unausweichlich war. Vor allem, nachdem er vergeblich versucht hatte, die Frontführer im Generalstab zum Handeln gegen Hitler zu bewegen. Vielen waren Stauffenbergs Ansichten zu radikal. Auch Tyrannenmord sei Mord, entgegnete ihm beispielsweise Berger, mit einer solchen Tat könne man keine bessere Ordnung herstellen. Auch bei General Georg von Sodenstern stieß Stauffenberg auf taube Ohren. Mitte September 1942 hatte er den Chef des Generalstabes der Heeresgruppe B im Hauptquartier in Starobjelsk aufgesucht und ein mehrstündiges Gespräch mit ihm geführt. In der nicht an der Front eingesetzten Führung des Heeres herrsche der Wille, dem verbrecherischen Treiben Hitlers ein Ende zu bereiten, den Diktator zu stürzen und Verhandlungen mit den West-Alliierten aufzunehmen, argumentierte Stauffenberg. Er appellierte an Sodensterns »Auffassung von verantwortlichem Soldatentum« und die »gemeinsame ideelle Grundlage«. Doch Sodenstern lehnte eine Beteiligung ab. Im Angesicht des Feindes sei »Meutern« mit »seiner Ethik des Soldaten« nicht vereinbar. Immerhin stellte Sodenstern Stauffenberg in Aussicht, dass er einen Staatsstreich dulden würde.

Eine Absage erhielt Stauffenberg auch von General Leo Freiherr Geyr von Schweppenburg, Kommandeur des XXXX. Panzer-Korps, den er Ende September in gleicher Absicht aufsuchte. Ob Stauffenberg sogar einen Versuch bei Generaloberst Franz Halder, Chef des Generalstabs des Heeres, unternommen hat, ist unklar. Nach einer Auseinandersetzung mit Hitler nahm Halder am 24. September 1942 seinen Abschied. »Die heißherzige Jugend hat natürlich auch an andere Dinge gedacht als ich«, äußerte er sich nach dem Krieg einmal. Ihm sei nach seinem Abgang bewusst gewesen, dass seine »Vertrauten« in der Opposition nun »immer mehr auf die Bahn des Attentats« gedrängt werden würden. Die Frage nach dem Tyrannenmord habe ihn und seine Mitarbeiter im Generalstab »naturgemäß weitgehend und sehr oft beschäftigt«, bestätigte auch Generalleutnant Adolf Heusinger in einer Zeugenaussage zugunsten Halders nach dem Krieg. Doch habe man dafür nur »Unverständnis und den Vorwurf des Verrats« ernten können.

Als Herwarth von Bittenfeld Mitte Dezember 1942 Stauffenberg in »Mauerwald«, dem Sitz des OKH, wiedertraf, zeigte sich dieser in seiner Haltung vollkommen gewandelt. Hatte er es zuvor noch für sinnvoll erachtet, die Umgebung des Diktators auszuschalten, so glaubte er nun, Hitler selbst

Auf der Fahrt vom Hauptquartier »Mauerwald« in Ostpreußen nach Winniza in der Ukraine – Claus Schenk Graf von Stauffenberg (rechts) mit Oberstleutnant i. G. Coelestin von Zitzewitz und Oberst i. G. Reinhard Gehlen (links) im Sommer 1942

zu töten sei die einzig richtige Lösung. Einmal zu diesem Entschluss gelangt, setzte Stauffenberg alles daran, Taten folgen zu lassen. Die hohen Offiziere im Generalstab, die Zugang zu Hitler hatten und Stauffenberg zu einer Lagebesprechung mit dem Kriegsherrn hätten mitnehmen können, verweigerten ihm jedoch diesen Dienst. Niemand war willens, Stauffenberg in die Nähe Hitlers zu lassen. Allmählich wurde die Situation für Stauffenberg immer misslicher. Wiederholt hatte er vor Kameraden und Kollegen geäußert, dass Hitler getötet werden müsse – ja, dass er sogar bereit sei, selbst das Risiko eines Attentats auf sich zu nehmen. Wenn es ihm nicht bald gelang, die Tat auszuführen, konnte die Gestapo Wind von der Sache bekommen. Es wäre das sichere Todesurteil für Stauffenberg gewesen. Während er seine Abkommandierung an die Front betrieb, versuchte er gleichzeitig weiterhin, wichtige Frontführer des Heeres für sein Unternehmen zu gewinnen.

Am 26. Januar 1943 besuchte er Feldmarschall Erich von Manstein, Oberbefehlshaber der Heeresgruppe Don, in dessen Hauptquartier. Manstein galt als einer der fähigsten deutschen Generäle, seit er 1940 den Angriffsplan auf Frankreich entworfen hatte. Doch die Zeiten der militärischen Erfolge lagen hinter ihm. Als Stauffenberg bei Manstein eintraf, stand die Kapitulation Stalingrads kurz bevor. »Unternehmen Wintergewitter«, der Entsatzversuch unter der Leitung Mansteins, der die 6. Armee aus dem Kessel von Stalingrad befreien sollte, war an der starken sowjetischen Gegenwehr gescheitert. Stauffenberg hoffte angesichts der entsetzlichen Niederlage von Stalingrad auf Mansteins Einsicht und Vernunft. Offiziell war seine Reise der Frage des Ersatzes für die Armeen der Heeresgruppe Don geschuldet. Doch war über Henning von Tresckow, zu diesem Zeitpunkt Oberst i. G. Ia der von Günther von Kluge kommandierten Heeresgruppe Mitte, dafür gesorgt worden, dass Stauffenberg auch die Gelegenheit zu einem persönlichen Gespräch mit dem Heerführer bekommen sollte. Nachdem er »seinem Herzen Luft über die Fehler der militärischen obersten Führung« gemacht hatte, gab auch Manstein zu, dass er die »militärischen Fehler Hitlers« erkenne und eine Änderung der militärischen Führung befürworte. Doch hatte der berühmte Feldmarschall keineswegs einen Staatsstreich im Blick. Vielmehr wollte er Hitler den Vorschlag machen, einen Generalstabschef der Wehrmacht, zumindest aber einen Oberbefehlshaber im Osten zu ernennen, wofür er sich selbstverständlich als Kandidat zur Verfügung gestellt hätte. Stauffenberg hingegen ging es um mehr. Stalingrad sei für ihn keine verlorene Schlacht, wenn man nur die Konsequenzen daraus zu ziehen wisse. Um einem Desaster zu entkommen, sei es nötig, »aktiv in die Führungsspitze einzugreifen« und für eine »militärisch-sachliche Führung« zu sorgen. Indirekt machte er Manstein damit das Angebot, nach einem Staatsstreich die Führung zu übernehmen. Hierfür wäre der Feldmarschall aufgrund seines sagenhaften Rufs am besten geeignet gewesen. Dieser Antrag, formuliert von einem jungen, bisher unbekannten Oberstleutnant – Stauffenberg war am 1. Januar 1943 befördert worden – an eine lebende Militärlegende, war kühn, vielleicht sogar dreist. Manstein reagierte darauf empört. »Wenn Sie nicht sofort mit diesen

Sachen aufhören, lasse ich Sie verhaften!«, soll er Stauffenberg gedroht haben. Später bestritt Manstein diesen Wortlaut. »Eine Tendenz Stauffenbergs, ein gemeinsames Vorgehen der Oberbefehlshaber gegen Hitler – also einen Staatsstreich – zu erreichen«, sei aus seinen Ausführungen gar nicht zu erkennen gewesen. Es sei allerdings denkbar, dass er »ihm zur Vorsicht in seinen Äußerungen in seinem eigenen Interesse geraten« habe, gab er zu. Mochte Stauffenberg auch aus Vorsicht sein Ansinnen verschleiert haben, so war Manstein doch sicher klug genug gewesen, um die Andeutungen zu erkennen, die er später vehement bestritt. Wie auch immer das Gespräch zwischen Stauffenberg und Manstein im Detail verlaufen ist, das Ergebnis war für Stauffenberg niederschmetternd. »Die Kerle haben ja die Hosen voll oder Stroh im Kopf, sie wollen nicht!«, erregte sich Stauffenberg wenige Tage später über die Generäle bei seinem Freund Dietz Freiherr von Thüngen. Möglich, dass Stauffenberg neben Manstein noch andere Heeresführer auf eine Beteiligung am Staatsstreich angesprochen hat. Thüngen erinnerte sich später, Stauffenberg habe einen Besuch bei der Heeresgruppe Mitte angedeutet. Zwar hätten ihm alle zugestimmt, dass es so nicht weitergehe, aber keiner hätte sich zur Verfügung gestellt oder die Führung übernehmen wollen. Das einzige Zugeständnis, das Stauffenberg ihnen abringen konnte war, »nach gelungenem Staatsstreich der neuen Staatsführung wieder Gehorsam zu geloben«. »Claus war nun völlig von der nicht mehr zu vermeidenden Katastrophe überzeugt und tief niedergeschlagen«, notierte Thüngen in seinem Tagebuch. »Mehr denn je war er der Meinung, dass ›Er‹ verschwinden müsse.«

Nach seinem deprimierenden Gespräch mit Manstein trat Stauffenberg seinen Urlaub an. Doch schon am ersten Tag erhielt er die Nachricht, dass er nach Tunis gehen sollte. Seine Bemühungen, an die Front versetzt zu werden, hatten endlich Erfolg gehabt. Umgehend besorgte sich Stauffenberg eine Tropenausrüstung. »Es wird Zeit, dass ich hier verschwinde«, kommentierte er seinen Weggang aus »Mauerwald«. Normalerweise hätte ihm der bei einer Versetzung übliche dreiwöchige Urlaub zugestanden, doch Stauffenberg wurde in Afrika dringend erwartet. Major i. G. Wilhelm Bürklin, Ia der 10. Panzerdivision, war schwer verletzt worden, als er mit Generalleutnant Fischer, dem Kommandeur der Division, auf eine Mine gefahren war. Fischer war dabei umgekommen. Stauffenberg sollte Bürklin ersetzen, sein Urlaub wurde auf acht Tage reduziert. Trotz dieser knappen Zeit gelang es Stauffenberg vor seiner Abreise nach Tunis, sich mit einer Reihe von Freunden in Berlin zu treffen. So dinierte er am 4. Februar im Hotel Kempinski mit Oberst i. G. Ulrich Bürker und dessen Frau, auch Nina von Stauffenberg war anwesend. Bürker war der Vorgänger des verletzten Bürklin gewesen und konnte Stauffenberg wichtige Informationen über den Zustand der Division und den nordafrikanischen Kriegsschauplatz geben. Bald drehte sich das Gespräch auch um die allgemeine Lage Deutschlands, wobei Stauffenberg laut und vernehmlich Kritik an der obersten Kriegsführung übte. Als der Kellner an seinen Tisch trat und ihn bat, während der Übertragung des Wehrmachtsberichts leiser zu sprechen, ignorierte er diese Bitte und fuhr unbeirrt in seiner Rede fort.

Auch Peter Sauerbruch, den alten Freund aus Bamberger Tagen, suchte Stauffenberg auf. Sauerbruch lag mit Gelbsucht in der Berliner Charité. Er hatte als Ib der 14. Panzer-Division Anfang Dezember 1942 den Beginn der Einkesselung der 6. Armee in Stalingrad miterlebt. Unter großen Verlusten war es Sauerbruch mit einer Kampfgruppe gelungen, die letzte freie Brücke über den Don zu sichern und für eine Entlastungsoperation freizuhalten. Doch wenig später wurde die Don-Front durchbrochen, und Hitler befahl, die nun zwecklos gewordene Brücke zu halten. Schließlich gelang es Sauerbruch und seiner erschöpften Gruppe, nach Westen durchzubrechen. Betroffen hörte sich Stauffenberg Sauerbruchs Bericht an und sprach mit ihm über die Sinnlosigkeit von Hitlers Haltebefehlen. Stauffenberg beklagte dabei die Unentschlossenheit der Generalität, Hitler entgegenzutreten. Über seine Versetzung nach Tunis sagte er zu Sauerbruch: »Dies ist eine Flucht an die Front!«

Zufällig lag ein weiterer ehemaliger Kamerad des Bamberger Reiter-Regiments 17 in der Berliner Charité; Major Roland von Hößlin war bei El Alamein verwundet worden. Auch ihm stattete Stauffenberg einen kurzen Besuch ab und erklärte, dass er »den Krieg militärisch für verloren« halte.

Drei Tage lang hielt sich Stauffenberg bei seiner Familie in Lautlingen auf. Seiner Frau Nina blieben die Gedanken Stauffenbergs, die um einen möglichen Putsch kreisten, nicht verborgen. »Meine Mutter hatte diesen Sinneswandel von Anfang an miterlebt«, schreibt Stauffenbergs Tochter Konstanze von Schulthess in ihrem Buch über Nina von Stauffenberg. »Zunächst irritiert, dann aber mit dem sicheren Gefühl, dass ihr Mann das Richtige tun würde. Reden konnte sie darüber mit niemandem ...« Weiterhin zitiert Konstanze von Schulthess ihre Mutter: »Im Grunde gab es niemanden. Und außerdem hatte ich gelernt, dass es Dinge gibt, über die man nicht spricht.«

Am 10. Februar 1943 reiste Stauffenberg über München und Neapel nach Tunis. Bevor er sich beim Panzer-Armeeoberkommando 5 meldete, suchte er in Tunis seinen schwer verwundeten Vorgänger, Major i. G. Bürklin im Lazarett auf. Dieser warnte Stauffenberg, der »doch nun ohne Fronterfahrung in das deckungslose afrikanische Gelände kam«, vor allem vor feindlichen Tieffliegerangriffen. Am 14. Februar traf Stauffenberg im Gefechtsstand seiner Division ein. In seiner Afrikauniform wirkte der Neuling zunächst etwas deplatziert. Klaus Burk, damals Leutnant und Stauffenbergs Ordonnanzoffizier, erinnert sich: »Er kam in seiner ganz neuen Khaki-

Uniform, die ihm nicht besonders gut stand. Er hat dann auch gleich seine Mütze weggeschmissen. Der erste Eindruck war sehr kompetent, sehr freundlich und sehr neugierig.« Stauffenberg erwies sich für seine Division bald als Gewinn, obwohl er seit zweieinhalb Jahren nicht mehr an der Front gewesen war. Durch seine natürliche Autorität zollten ihm auch seine Vorgesetzten Respekt, er erkannte rasch große Zusammenhänge und galt allgemein als hilfsbereit, zuverlässig und tüchtig. Klaus Burk sind vor allem sein enormes Organisationstalent und seine entscheidungsfreudige Art in Erinnerung geblieben: »Ich habe damals gedacht, er wäre der perfekte Soldat – nicht übertrieben, aber von der Qualität seiner Leistungen her und auch von seiner Einstellung zum Beruf. Er war wirklich ein hervorragender Soldat.«

Zu Stauffenbergs Aufgaben gehörte die operative Führung für einen laufenden Gegenangriff in Zentraltunesien. Unermüdlich ließ sich Stauffenberg in einem Kübelwagen an die Frontlinie fahren, um sich vor Ort selbst einen Eindruck von der Lage zu machen. Die chaotische Führungsorganisation, die Stauffenberg bereits im Oberkommando des Heeres kennengelernt hatte, zeigte sich auch auf dem nordafrikanischen Kriegsschauplatz. Die deutschen Truppen in Nordafrika waren dem Oberkommando der italienischen Wehrmacht und dem deutschen Oberbefehlshaber Süd unterstellt. Doch auch dort griff Hitler immer wieder selbst in die Operationen ein. »Es ist unglaublich, dass die Räumung eines albernen Kafferndorfes nicht von uns und nicht von der Führung in Afrika entschieden werden kann, sondern dass das über Rom und ›Führerhauptquartier‹ gehen und auf demselben Weg zurückkommen muss«, empörte sich Stauffenberg. Dass Tunesien nicht lange gehalten werden konnte, weil die Alliierten eine ungeheure Materialmacht aufbauten, davon war der Erste Generalstabsoffizier überzeugt. Arbeitstage von zwölf bis vierzehn Stunden waren nicht selten. Eine Hand in der Hosenta-

125

Stauffenberg (Mitte) lernte den legendären Feldmarschall Erwin Rommel (links) in Afrika kennen – dieser besuchte am 19. Februar 1943 den Gefechtsstand der 10. Panzer-Divison

sche vergraben, ging Stauffenberg stundenlang im Befehlswagen, einem erbeuteten englischen Autobus, auf und ab und diktierte seinem Schreiber Divisionsbefehle. Wer ihn im Bus besuchte, dem bot Stauffenberg gelegentlich Zigaretten, Wein oder Kaffee an. Für Untergebene sorgte er fürsorglich. Begeistert schrieb Klaus Burk Ende März an seinen Bruder: »Der Kommandeur und der 1a sind prima!«

Zu Generalmajor Friedrich von Broich, seinem Divisionskommandeur, fand Stauffenberg schnell einen persönlichen Zugang. Oft saßen die beiden bis nach Mitternacht im Bus zusammen, dabei sprachen sie nicht nur über Dienstliches, sondern auch über »Politik, Philosophie und Literatur«. Dass sein Glaube zu seiner »Geschäftsgrundlage« gehörte, wie es der damalige Ordonnanzoffizier Leutnant Burk nennt, daraus machte Stauffenberg keinen Hehl. »Ein fabelhafter Kerl«, bemerkte Broich später einmal, weil er ein aufrechter Mensch gewesen sei, ein Anti-Nazi und ein tüchtiger Generalstabsoffizier.

In seinen Gesprächen mit Generalmajor Broich und anderen Offizieren vertrat Stauffenberg bald ganz offen die Ansicht, dass Hitler gewaltsam beseitigt werden müsse. Dabei wirkte er jedoch nicht wie ein »Fanatiker, Stürmer oder Dränger« und schien auch keine Beeinflussungsversuche zu unternehmen, wie Oberst Hans Reimann später bezeugte. Bei einer Lagebesprechung im März 1943 hörten die Teilnehmer Stauffenberg laut und vernehmlich murmeln: »Man müsste den Kerl doch umbringen.« Auf wen sich diese Bemerkung Stauffenbergs bezog, stand außer Frage. Auch Broich, der das Hauptquartier aus persönlicher Erfahrung kannte, war sich sicher, dass Hitler und seine Paladine niemals freiwillig ihre Macht abtreten würden. Nur ein gewaltsamer Akt könne eine Änderung der Machtverhältnisse erzwingen. Broich erkannte, wie wichtig Stauffenberg für den militärischen Widerstand war und verabredete mit ihm Anfang April, dass Stauffenberg kurz vor Beendigung der Kämpfe in Afrika ausgeflogen werden sollte. In Berlin würde Stauffenberg ohne Zweifel viel dringender gebraucht werden als in Tunesien. Doch dazu sollte es nicht mehr kommen.

Im April 1943 gingen die Alliierten mit überlegenen Kräften zum Angriff über, nachdem zwei deutsche Offensiven gescheitert waren. Am 9. März hatte Feldmarschall Erwin Rommel unter größter Geheimhaltung den Kriegsschauplatz Nordafrika verlassen und den Befehl an Generaloberst Hans-Jürgen von Arnim abgegeben. Stauffenberg hatte den legendären Feldherrn in Afrika kennengelernt, doch erkannte er in ihm kein Idol. Seine rücksichtslosen Befehle, die hohe Verluste zur Folge hatten, ließen ihn Rommel in einem anderen Licht betrachten, als es die NS-Propaganda allgemein verbreitete. Klaus Burk erlebte bei einer Besprechung, wie der junge

Oberstleutnant mit dem »Wüstenfuchs« die Klingen kreuzte: »Da war ein Angriff gegen die Engländer vorgesehen und die ganze Generalität in Afrika versammelte sich. Stauffenberg vertrat den Kommandeur, der verhindert war und ich begleitete ihn«, erinnert sich Burk. »Rommel leitete die Versammlung und machte einen Vorschlag. Er sagte, ›Ich habe einen Plan gemacht‹ und trug ihn rasch vor. Als er fertig war, sagte er: ›Hat noch einer eine Frage‹ Sie können sich vorstellen, wie er das gesagt hat. Da hat sich natürlich keiner gemeldet. Nur Stauffenberg hatte den Mut. Er sagte: ›Bei der Taktik, die hier vorgesehen ist und den Wegen, die wir machen müssen, da haben wir nur Verluste und es kommt nichts dabei raus.‹ ›Ja, gut, Stauffenberg, aber wir machen es so, wie ich es gesagt habe‹, erwiderte Rommel. Da musste Stauffenberg gehorchen, aber er hatte als einziger den Mut gehabt, etwas zu sagen.«

Am 6. April erfolgte im Süden ein Angriff der Alliierten; Bernard Montgomery durchbrach mit der britischen 8. Armee die Stellung im Wadi Akarit. Der 10. Panzerdivision drohte die Gefahr, abgeschnitten zu werden. Broich und Stauffenberg hatten längst darauf gedrängt, die Division zurückzuziehen, doch erfolgte der Befehl erst am Tag des Angriffs, 24 Stunden zu spät. Stauffenbergs Gefechtsstand lag unter Artilleriefeuer; Oberleutnant Zipfel, der sich am 6. April bei Stauffenberg zu melden hatte, fand den Ersten Generalstabsoffizier im Befehlsbus, umgeben von Glassplittern und Staub. Alle Fenster waren zerbrochen, Granaten schlugen in der Nähe ein. Bis in die Nacht hinein arbeitete Stauffenberg in seinem Bus Rückzugsbefehle aus. Im Schutz der Nacht sollten die Stellungen geräumt werden. Im Verlauf des nächsten Tages gelang es der Division, sich über einen Pass nach Nordosten abzusetzen, doch wurden die abziehenden Fahrzeugkolonnen von feindlichen Tiefliegern und Bombern angegriffen. Die Verluste der Truppe waren erheblich. Um den weiteren Rückzug der Division zu leiten, meldete sich Stauffenberg im Laufe des Vormittags bei seinem Vorgesetzten Broich ab. Aus Sicherheitsgründen bestiegen der Kommandeur und der Ia nicht dasselbe Fahrzeug. Als Stauffenberg in seinen Kübelwagen sprang, um zum neuen Gefechtsstand der Division bei Mezzouna zu fahren, rief ihm Broich zu: »Nehmen Sie sich vor den Fliegern in acht. Ich komme in etwa einer Stunde nach, wenn das letzte Bataillon hier durch ist.« Doch die Warnung des Kommandeurs war vergeblich.

In der Enge zwischen dem Chabita-Khetati-Pass und dem Salzsee Sebkhet en Noual geriet Stauffenberg in ein Inferno. Die Kolonnen wurden immer wieder von Jagdbombern attackiert, Munition explodierte, Fahrzeuge brannten. Im Kübelwagen stehend, fuhr Stauffenberg zwischen den Einheiten hin und her und versuchte, sie zu leiten. Als sein Wagen von vorn von einem Jagdbomber beschossen wurde, warf er sich hinaus und landete hart auf dem Boden. Zwei, drei Männer rannten sofort zu Stauffenberg und riefen nach einem Sanitätswagen. Zufällig kam gerade ein Assistenzarzt, Dr. Hans Keysser, vorbei. Mitten in der Wüste habe ein zerschossener Kübelwagen gestanden, erinnerte sich Keysser später. Ein Soldat habe darin gestanden und ihn herangewunken. Hinten im Wagen lag ein Toter, der Fahrer war unverletzt, der Passagier jedoch hatte eine Kopfwunde mit Augenverletzung und eine zerschossene rechte Hand. Der Arzt legte dem Schwerverwundeten einen Kopfverband an und schickte ihn zum nächsten Hauptverbandplatz. Erst viel später erfuhr Keysser, dass es sich bei dem Verwundeten um Stauffenberg gehandelt hatte.

Als Generalmajor Broich und Leutnant Klaus Burk eine Stunde später durch die Ebene fuhren, wo der Fliegerangriff stattgefunden hatte, fanden sie nur noch den zerschossenen Wagen des Ia. »Wir sind ausgestiegen und haben erst mal geguckt, ob keine Jagdflieger kommen«, erinnert sich Burk heute. »Wir wollten uns vergewissern, dass das wirklich der Wagen von Stauffenberg ist. Und dann haben wir die ganzen

129

»Der Kommandeur und der 1a sind prima!« Claus Schenk Graf von Stauffenberg als Erster Generalstabsoffizier bei der 10. Panzerdivision in Nordafrika, 1943

Einschüsse auf der Windschutzscheibe gesehen. Eine Weile standen wir noch da, aber wir konnten ja nichts machen und sind dann schnell weitergefahren.« Auf dem Gefechtsstand bei Mezzouna erfuhren die Männer, dass Stauffenberg getroffen worden war. Im Feldlazarett bei Sfax wurde ihm die zerschossene rechte Hand über dem Gelenk amputiert. Der kleine Finger der linken Hand sowie der Ringfinger und das linke Auge waren ebenfalls nicht mehr zu retten. Nach drei Tagen wurde Stauffenberg ins Kriegslazarett nach Tunis-Karthago verlegt. Sein Körper war übersät von eiternden Splitterwunden, die Schmerzen schier unerträglich. Ob er seine schweren Verletzungen überleben würde, wusste zu diesem Zeitpunkt niemand.

Erst am 12. April erhielt seine Familie Nachricht von ihm. Seit dem 3. April waren Nina von Stauffenberg und ihre Angehörigen im Ungewissen gewesen, bis Berthold als Erster von der schweren Verwundung seines Bruders Claus erfuhr. Noch sei er nicht transportfähig, bekam Berthold über seine Dienststelle bei der Seekriegsleitung mitgeteilt. Doch wenige Tage später konnte Stauffenberg auf eines der letzten Lazarettschiffe, die Tunesien verließen, verlegt werden. Am 21. April traf er hoch fiebernd in einem Krankenhaus in München ein. Noch immer schwebte er in Lebensgefahr. Heftiges Wundfieber hatte eingesetzt und verzögerte den Heilungsprozess. Zutiefst besorgt eilte Nina an das Krankenlager ihres Mannes, der sich kurz darauf auch noch einer Mittelohroperation und einem Eingriff am Kniegelenk, in dem gefährliche Tetanusbazillen festgestellt worden waren, unterziehen musste. Doch dank seiner guten Konstitution und großer Willenskraft überwand Stauffenberg schließlich die tödliche Gefahr und kam rasch wieder zu Kräften. Bald schon strömten Telegramme mit Genesungswünschen ein, und an seinem Krankenbett versammelten sich Freunde und Verwandte, um Stauffenberg selbst in Augenschein zu nehmen. Wer geglaubt hatte, einen wegen seiner Invalidität niedergeschlagenen Mann vorzufinden, sah sich enttäuscht: Stauffenberg wirkte heiter und optimistisch. Mit den ihm verbliebenen drei Fingern seiner linken Hand übte er unablässig Schreiben und verschiedene Handgriffe, um so wenig wie möglich auf fremde Hilfe angewiesen zu sein. Als ihn ein Freund fragte, warum er sich keine Armprothese anlegen lasse, antwortete ihm Stauffenberg lachend, dass er schon gar nicht mehr wisse, was er einmal mit seinen zehn Fingern angefangen habe. Sein Wille zur Tat war nach wie vor ungebrochen. Auf viele seiner Freunde wirkte er seit seiner Verwundung entschlossener denn je: »Nachdem die Generäle bisher nichts erreicht haben, müssen sich nun die Obersten einschalten«, sagte er seinem Onkel Graf Üxküll bei einem Besuch im Krankenhaus. Auch Nina ließ er nicht im Unklaren über seine Absichten: »Weißt du, ich habe das Gefühl, dass ich jetzt etwas tun muss, um das Reich zu retten«, erklärte er ihr im Mai 1943. Sie bemerkte nur trocken: »Dazu bist du in deinem Zustand jetzt gerade der Richtige!« Nina hatte – sicher unbeabsichtigt – einen wunden Punkt berührt: Für seine Mitverschwörer stellte sich jetzt die Frage, wie er trotz seiner Behinderung in die Attentatsvorbereitungen eingebunden werden konnte. Eine aktive Rolle schien von nun an undenkbar. »Wir haben damals mehrmals über ihn gesprochen«, erinnert sich Philipp Freiherr von Boeselager, ebenfalls im militärischen Widerstand. »Wie sollte er mit drei Fingern ein Attentat planen, eine Bombe bedienen und so weiter? Er konnte ja nicht einmal mit einer Pistole schießen.« Doch Stauffenberg war mehr denn je entschlossen zu handeln. »Ich habe diesen Satz gewissermaßen als Witz abgetan, aber es war wohl der Moment, als der Entschluss in ihm reifte, selber aktiv einzugreifen«, schrieb Nina von Stauffenberg rückblickend.

7 DIE VERSCHWÖRUNG – ETWAS NEUES MUSS KOMMEN

Im Juli 1943 wurde Stauffenberg nach Hause entlassen. Drei Monate lang hatte er im Krankenhaus gelegen und mehr als einmal mit dem Tod gerungen. Auf seinem Familienanwesen im schwäbischen Lautlingen kam er wieder zu Kräften. Dabei half ihm nicht zuletzt die liebevolle Pflege seiner Frau Nina und die Gegenwart seiner Kinder, die ganz unbefangen mit der Verwundung ihres Vaters umgingen. Ein Foto aus jenen Tagen zeigt Stauffenberg mit einer schwarzen Augenklappe, umgeben von seinen Söhnen Heimeran und Franz Ludwig sowie seiner kleinen Tochter Valerie und den Kindern seines Bruders Berthold. Stauffenberg lächelt, nichts lässt die schweren Gedanken ahnen, die den Oberstleutnant zu diesem Zeitpunkt beschäftigt haben müssen. Einerseits drängte es ihn danach, rasch wieder an die Front zu kommen. Andererseits wollte er für einen Staatsstreich zur Verfügung stehen. Dies konnte er am besten auf einem geeigneten Posten in Berlin.

Die Vorstellung jedoch, künftig als »Schreibtischsoldat« sein berufliches Leben zu fristen, widerstrebte dem handelnden Charakter Stauffenbergs sehr. Noch bevor er wieder ganz genesen war, meldete er sich zur Frontverwendung. Doch Generaloberst Kurt Zeitzler, der ihm im Mai das Goldene Verwundetenabzeichen überreicht hatte, wollte ihm erst »Gelegenheit geben, wieder ganz auf die Höhe zu kommen«. General Olbricht, Befehlshaber des Ersatzheeres, hatte Stauffenberg im Frühjahr als Generalstabsoffizier angefordert.

Tresckow und er planten, Stauffenberg im Allgemeinen Heeresamt in Berlin zur zentralen Figur der Verschwörung aufzubauen und ihm einen Posten zu verschaffen, der es ihm ermöglichte, den Umsturz zu organisieren und zu leiten. Sobald Stauffenberg wieder einsatzbereit war, sollte er Chef des Stabes des Allgemeinen Heeresamtes werden. Der »Stellenplan der Generalstabsoffiziere in der Kriegsspitzengliederung« sah hierfür eigentlich einen »Obersten … mit der Möglichkeit vorzugsweiser Beförderung zum Generalmajor« vor. Die Berufung Stauffenbergs stellte demnach eine große Auszeichnung für den Oberstleutnant i. G. dar. Stauffenberg erklärte sich schließlich einverstanden, auch wenn er großen Widerwillen verspürte, seine Stelle in Berlin anzutreten. Sicher hatte er zu diesem Zeitpunkt noch nicht erfasst, welche Möglichkeiten ihm der neue Posten im Hinblick auf einen Umsturz bot. Seine Bitte um Frontverwendung entsprach dabei im Übrigen der Einstellung vieler Generalstabsoffiziere. »Im Grunde ist diese ganze Büroarbeit mit gelegentlichen Frontausflügen ja doch immer etwas beschämend, wenn man an den Dreck und das Blut da vorn denkt«, erklärte beispielsweise Tresckow seiner Frau in einem Brief am 9. Juli 1943.

Anfang August sollte sich Stauffenberg in München einer Reihe von Operationen unterziehen. Der berühmte Chirurg Ferdinand Sauerbruch wollte ihm den sogenannten »Sauerbruch-Arm« anpassen, eine Prothese der rechten Hand. Als jedoch ein Geschosssplitter im rechten Arm zu eitern begann, musste der Eingriff um vier Wochen verschoben werden. Trotzdem fuhr Stauffenberg nach München, um sich dort ein Glasauge einsetzen zu lassen. Gleichzeitig erreichte ihn Olbrichts Ruf nach Berlin, dem er am 10. August folgte. Wie so oft, wenn sich Stauffenberg in Berlin aufhielt, wohnte er bei seinem Bruder Berthold in der Tristanstraße in Berlin-Zehlendorf. Es gilt als sicher, dass sich Stauffenberg während seines kurzen Berlin-Besuchs mit General Olbricht traf und auch mit

Tresckow sprach. Die Details der Gespräche sind nicht bekannt, doch soll Olbricht seinen künftigen Mitarbeiter ohne Umschweife auf eine aktive Rolle bei dem geplanten Staatsstreich angesprochen haben. Ohne zu zögern sicherte Stauffenberg seine Beteiligung zu. Doch noch war er nicht im Dienst. Sein Dienstantritt war für den 1. November 1943 vereinbart worden. Es hätte folglich verdächtig ausgesehen, wenn er sich öfter mit Olbricht oder anderen Verschwörern getroffen hätte. Antonia von der Lancken, Tochter von Olbrichts Adjutant Oberstleutnant Fritz von der Lancken, erinnert sich daran, unter welcher Anspannung die geheimen Treffen standen: »Wenn Stauffenberg zu uns hereinkam, ging er immer gleich ans Telefon und legte jede Menge Kissen darüber. Wir wunderten uns und fragten unseren Vater, was es damit auf sich habe«, erzählt Antonia von der Lancken, die damals neunzehn Jahre alt war. »Er sagte nur: Er hat Angst, dass er übers Telefon abgehört wird. Mehr hat er uns nicht dazu gesagt.«

Schließlich fuhr Stauffenberg über Bamberg nach Lautlingen zum Familiensitz auf der Schwäbischen Alb. Der Aufenthalt in Berlin hatte ihn stark verändert; seine Frau neckte ihn und sagte, er spiele wohl »Verschwörerles«. Stauffenberg bejahte, nannte jedoch keine Namen und sagte ihr, je weniger sie wisse, umso besser sei es für sie. Auch wenn er Nina nicht in die Details des Attentats einweihte, war der kurze Aufenthalt bei seiner Familie stark von dem bevorstehenden Putschversuch geprägt. »Wir sprachen darüber, und nachdem ich erkannt hatte, dass es ihm wesentlich ist und dass es auch wichtig und notwendig ist, habe ich zugestimmt. Was er machen musste, das musste er machen. Ich habe nie versucht, ihn davon abzubringen«, gab Nina von Stauffenberg in ihrer Familienchronik zu Bericht. »Für meinen Vater muss das sehr wichtig gewesen sein«, schreibt Konstanze von Schulthess in ihrem Buch. »Die Akteure des Widerstands brauchten den Rückhalt durch starke Frauen, die ohne Wenn und Aber hin-

Nach seiner Verwundung in Nordafrika kommt Stauffenberg im Sommer 1943 in Lautlingen wieder zu Kräften – mit seinen Kindern Valerie (links) und Franz Ludwig (ganz rechts) sowie Elisabeth und Alfred, den Kindern seines Bruders Berthold

ter ihnen standen, auch wenn es zum Äußersten kommen würde. Nicht zuletzt brauchten sie die Zustimmung für ein mögliches Himmelfahrtskommando, das nicht nur sie persönlich in Gefahr brachte. Denn dass es ein Himmelfahrtskommando sein würde, war allen Beteiligten bewusst.«

Mit seinem Bruder, der in der zweiten Augusthälfte ebenfalls in Lautlingen weilte, unternahm Stauffenberg ausgedehnte Spaziergänge und besprach mit ihm das Für und Wider des geplanten Umsturzes. Anfang September traf auch Rudolf Fahrner in Lautlingen ein. Fahrner wurde in die Putschpläne eingeweiht; Stauffenberg erörterte mit ihm die politischen, religiösen, wirtschaftlichen und sozialen Probleme einer neuen Staatsordnung. Rudolf Fahrner hat nach dem Krieg ihre Diskussionen um eine gesellschaftliche Neuordnung festgehalten: Die »menschliche Existenz« könne auch im Staat »ohne Göttliches nicht gedeihen«, heißt es da. Man dürfe niemanden, der diese Bindung noch in den christlichen Kirchen fände, »stören oder beeinträchtigen«. »Gewachsene Lebensformen und Lebenssitten« könne man durch »auf Vorteil berechnete Konstruktionen« nicht ersetzen, »weil bestimmte Dinge des Wachstums bedürfen«. Diese Überlegungen, wenn auch nicht aus Stauffenbergs Feder, sondern überliefert durch seinen Freund Fahrner, klingen durchaus glaubhaft. Infolge vier schwerer Kriegsjahre und den Auswirkungen des alliierten Bombenterrors zeigte sich ein allmählicher Zusammenbruch der tradierten »Lebensformen und Lebenssitten«. Stauffenberg, der als Spross eines alten Adelsgeschlechts in festen Traditionen aufgewachsen war, musste diese Entwicklung zutiefst erschüttern. Auch die »Unterschiede an Stellung, Besitz und Ansehen« wurden zwischen Stauffenberg, seinem Bruder Berthold und Fahrner eingehend besprochen. Diese Erörterungen speisten sich zweifelsohne aus dem konservativen Gedankengut Stauffenbergs, der stets auf die historischen Verdienste des Adels verwies und vom

Gleichheitsgedanken weit entfernt war. In seinen Augen unterschieden sich die Menschen nach Leistung, Charakter und Tapferkeit, wobei sich Adel nicht nach Vermögen, sondern nur nach Verdiensten berufen ließe. »Das Verhältnis von Unternehmern und Ausführenden in ihrer gemeinsamen Arbeit« sei in »ihrer gemeinsamen Verantwortung gegenüber dem Ganzen und gegenüber der Menschlichkeit des Menschen zu begründen«, heißt es weiter bei Fahrner. Eingehend erörterten die Männer, wie man »geeignete Kräfte aus allen Schichten zu Regierenden gewinnen könne: ob und wie es möglich sei, eine ganze Volksvertretung in Deutschland vielleicht auf eine ganz andere Weise als durch politische Parteien bisheriger Art zu begründen, etwa aus den politischen Realitäten von Gemeinden, Berufsgruppen und Interessengemeinschaften, die dann im Parlament öffentlich für sich selbst einstünden«. In diesen Überlegungen spiegeln sich die ernüchternden Erfahrungen Stauffenbergs und seiner Generation mit der Weimarer Republik wider. Seit 1918 hatte in Deutschland entweder das Parteienchaos geherrscht oder die NSDAP als terroristische Einheitspartei. Von der »Parteienwirtschaft« hatten Stauffenberg und seine Gleichgesinnten daher mehr als genug und waren wenig geneigt, die parlamentarische Parteiendemokratie wiederherzustellen. »Es muss aber etwas Neues kommen, wir dürfen nicht ›restaurieren‹, man kann die Geschichte nicht zurückdrehen, ich war nicht umsonst Soldat im Volke«, hatte er seinem Freund Baron von Thüngen einmal erklärt. Später, im April 1944, wies er in einem Gespräch mit Major von Hößlin darauf hin, dass »die Wehrmacht in unserem Staat die konservativste Einrichtung« sei und gleichzeitig »im Volk verwurzelt«. Die Armee trage auch politische Verantwortung, das Offizierskorps dürfe bei einem militärischen Zusammenbruch nicht wieder versagen wie 1918.

In den Lautlinger Spätsommertagen beschäftigte sich Stauffenberg erneut intensiv mit seinem Vorbild und Vorfahren General Graf Gneisenau, von dem er das Wort von der »deutschen Erhebung« übernahm, worunter weit mehr als ein Putsch oder Machtwechsel zu verstehen war. Vielmehr ging es Stauffenberg um eine »nationale Erneuerung«, um eine Revolution, die alle Lebensbereiche des Volkes erfassen sollte.

Dabei war sich Stauffenberg der radikalen Konsequenzen einer solchen »Erhebung« durchaus bewusst: »Wir beginnen dann eben eine große Fahrt, die wird teilweise rasendes Tempo annehmen und wieder mit anderen Perioden wechseln«, sagte er seinem Kameraden Peter Sauerbruch. »Was dann alles wird, kann niemand wissen; und es kommt darauf an, dass dann die richtigen Persönlichkeiten von Können und Charakter an der richtigen Stelle stehen.«

Diese Überlegungen entsprachen wiederum dem Modell Gneisenaus: Die »Erhebung« sollte dem Volke dienen, nicht einigen privilegierten Schichten, zugleich sollte sie durch »geeignete Kräfte« in höhere sittliche und geistige Bahnen gelenkt werden.

Als Motiv seines Handelns bezeichnete Stauffenberg immer wieder die Verbrechen und die Sinnlosigkeit von Hitlers Kriegsführung. »Ich könnte den Frauen und Kindern der Gefallenen nicht in die Augen sehen, wenn ich nicht alles täte, dieses sinnlose Menschenopfer zu verhindern«, erklärte Stauffenberg.

Freilich sind Fahrners Aufzeichnungen und Stauffenbergs Äußerungen zur gesellschaftlichen Neuordnung kaum mehr als erste Überlegungen – kein politisches Programm. Zu einer präzisen Ausarbeitung seiner Ideen kam Stauffenberg nicht mehr, denn schon am 9. September unterbrach er seinen Genesungsurlaub. Zur Überraschung seiner Familie sagte er die für den 10. September geplante Prothesenoperation bei Professor Sauerbruch ab und reiste nach Berlin. Was war geschehen? Hielt es den handelnden Charakter Stauffenberg nicht mehr in der Idylle seines Zuhauses? War er das Warten leid geworden? Hatte seine überstürzte Abreise etwas mit der Landung der Alliierten auf dem italienischen Festland bei Salerno zu tun, die am gleichen Tag stattfand?

Sicher ist, dass Stauffenberg noch am Morgen des 9. September im Reservelazarett München I ein Zimmer bezog, um sich der geplanten Operation zu unterziehen. Kurz darauf erhielt er jedoch einen Anruf von General Olbricht. Dieser forderte ihn auf, unverzüglich nach Berlin zu kommen. Sein Zimmernachbar, Oberleutnant Prinz zu Löwenstein, hörte Stauffenberg am Telefon einwenden, dass er noch in Behandlung sei, dann aber nachgab. Nachdem Stauffenberg aufgelegt hatte, wandte er sich zu Löwenstein um und sagte: »So, jetzt brauche ich einen Schlafwagen nach Berlin!«

Olbricht drängte nicht ohne Grund: Den Verschwörern war es gelungen, den Chef der Organisationsabteilung im OKH, Oberst Hellmuth Stieff, von der Notwendigkeit, Hitler zu beseitigen, zu überzeugen. Stieff hatte sich im August 1943 bereit erklärt, das Attentat auf sich zu nehmen und Hitler bei einer Vorführung neuer Waffen mit Sprengstoff zu töten. Jederzeit rechneten die Verschwörer mit der Durchführung des Attentats – Stauffenberg konnte nicht länger abseits stehen. In Berlin quartierte er sich in der Wohnung seines Bruders ein; von dort schrieb er am 14. September einen Brief an Fahrner: »… da hier dringende Arbeit vorliegt, bin ich den Bitten meiner Oberen gefolgt und nutze die Zeit zur Einarbeitung und Hilfe.«

In der Tat ließ Stauffenberg die Zeit bis zu seinem endgültigen Dienstantritt am 1. Oktober 1943 als Chef des Stabes im Allgemeinen Heeresamt nicht ungenutzt verstreichen. Beinahe täglich traf er sich mit Oberst i. G. Henning von Tresckow, der seit Ende Juli in Berlin weilte.

Von Tresckow entstammte einer alten preußischen Offiziersfamilie, er war sechs Jahre älter als Stauffenberg und hatte im Ersten Weltkrieg als jüngster Leutnant des Heeres gedient.

Wie Stauffenberg war Tresckow weit vom Typus eines »Kommisskopfes« entfernt. Er war hochgebildet, las vor allem Schriften politischen und philosophischen Inhalts und beherrschte mehrere Fremdsprachen. Darüber hinaus hatte er mit Stauffenberg gemein, dass auch er 1933 die Machtübernahme Hitlers begrüßt hatte, sich wahrscheinlich jedoch schon im Sommer 1934 nach dem »Röhm-Putsch«, spätestens aber 1938 mit der »Reichspogromnacht« und der sogenannten »Blomberg-Fritsch-Krise« vom NS-Regime distanzierte. Den Polen- und Frankreichfeldzug hatte er als Offizier im Generalstab erlebt und damals – wie Stauffenberg – noch gehofft, dass Hitlers Krieg ein »gutes Ende« nehmen könnte. Im Angriffskrieg gegen die Sowjetunion hatte Tresckow von den Verbrechen vor allem gegen die jüdische Zivilbevölkerung erfahren und vergeblich dagegen protestiert. Früher als Stauffenberg hatte er die Sinnlosigkeit des Krieges und Hitlers rassistischen Vernichtungswahn erkannt und daraus seine Folgerungen gezogen: »Der Krieg ist verloren. Hitler ist verrückt geworden und muss beseitigt werden.« Seit Ende November 1942 betrieb Henning von Tresckow mit aller Kraft den Tyrannenmord und bildete damit den Kopf und den Motor einer neuen militärischen Verschwörergruppe.

Aus der Erfahrung vorangegangener gescheiterter Attentatsversuche wusste Tresckow, wie entscheidend die Vorbereitungen der Machtübernahme nach der Beseitigung Hitlers waren. Bei einer seiner ersten Besprechungen mit Stauffenberg im August 1943 hatte er eingeräumt, dass es wohl auch bei einem geglückten Attentat nicht gelungen wäre, das gesamte NS-Regime zu Fall zu bringen, da man zu wenig Vorarbeit geleistet hätte, um die Macht an sich zu reißen.

Anfang September machten sich Tresckow und Stauffenberg daran, genaue Pläne für einen Staatsstreich und die Zeit danach auszuarbeiten. Dabei kam es darauf an, den Putsch nicht nur in seiner Vorbereitungsphase, sondern vor allem auch während der Durchführung als »legal« zu tarnen. Ideales Instrument hierfür war das Ersatzheer. Schon im Frühjahr 1942 waren von Olbrichts Stab Pläne für den Einsatz des Ersatzheeres zur Küstensicherung oder im Fall der Landung feindlicher Fallschirmjäger unter dem Decknamen »Walküre« erarbeitet worden. Die Pläne waren im Juli 1943 erweitert worden: Im Falle »innerer Unruhen im Reichsgebiet«, etwa durch die Millionen von Kriegsgefangenen und Fremdarbeitern, sollten Kampfgruppen aus den Ersatz- und Ausbildungstruppenteilen bereitgestellt werden. In der ersten Stufe des »Walküre«-Befehls mussten die einzelnen Einheiten innerhalb von sechs Stunden Einsatzbereitschaft herstellen. In der zweiten Stufe hatte dann die »schnellste Zusammenfassung« dieser Einheiten »unter Ausnutzung aller verfügbaren Mittel« zu erfolgen. Bei Auslösung des »Walküre«-Befehls sollten die Wehrkreiskommandos sofortige Maßnahmen treffen, um wichtige Objekte wie Brücken, Kraftwerke oder Kommunikationseinrichtungen zu sichern. Die »Walküre«-Planung sah also die Bekämpfung von Regimegegnern vor. Sie für ihre Zwecke zu instrumentalisieren und zu modifizieren, war ein geradezu genialer Schachzug der Verschwörer. Wie von selbst erhielten die Staatsstreichvorbereitungen dadurch einen legalen Anstrich, eine komplizierte Tarnung war nicht mehr notwendig.

Dennoch arbeiteten Tresckow und Stauffenberg unter strengster Geheimhaltung. Aus Sicherheitsgründen vermieden sie Telefon und Post, um sich zu verabreden oder zu besprechen. Häufig trafen sich die beiden Verschwörer zu ausgedehnten Spaziergängen im Grunewald oder an der Havel, um dort Befehle zu entwerfen und Aufrufe zu verfassen. Begleitet wurden sie dabei oft von Margarethe von Oven, die seit Sommer 1943 bei Henning von Tresckow in einer Vertrauensstellung arbeitete und für ihn Sekretariatsarbeiten erledigte. Margarethe von Oven war eine enge Freundin von Tresckows Frau Erika, die ebenfalls für ihren Mann vertrauliche Büroarbeiten erledigte. Während der Besprechungen Stauffenbergs und Tresckows fertigte Margarethe von Oven Stichwortzettel an, zu Hause in ihrer Privatwohnung tippte sie die Entwürfe dann ins Reine. Dabei verwendete sie stets eine geliehene Schreibmaschine und trug Handschuhe, um im Falle der Entdeckung der Gestapo keine Beweise zu liefern. Alte Schriftstücke wurden sorgfältig verbrannt, bei Fliegeralarm nahm Margarethe von Oven alle belastenden Schriftstücke mit in den Luftschutzkeller.

Den Verschwörern war trotz aller Vorsichtsmaßnahmen wohl bewusst, wie gefährlich ihr Tun war. Die geringste Unachtsamkeit konnte zur Katastrophe führen. Einmal, als die drei durch die Trabener Straße nahe der S-Bahn-Station Grunewald gingen, kam ihnen plötzlich ein Mannschaftswagen der SS entgegen und hielt unmittelbar vor ihnen an. Stauffenberg, Tresckow und Margarethe von Oven erstarrten. Unter ihrem Arm trug die Komplizin verräterische Unterlagen der Staatsstreichvorbereitungen. »Als die SS-Leute heransprangen, hielt jeder die Verschwörung für entdeckt und sich selber im nächsten Moment für verhaftet«, erinnerte sich Margarethe von Oven später. »Aber die SS-Leute achteten nicht auf die drei Personen und verschwanden in einem Haus.« Der Schreck saß tief, selbst »die beiden kriegsgewohnten Offiziere« waren leichenblass geworden.

Der Befehl, den Stauffenberg und Tresckow in jenen Septembertagen ausarbeiten, sollte unmittelbar im Anschluss an das Attentat ergehen und hatte folgenden Wortlaut: »Der Führer Adolf Hitler ist tot! Eine gewissenlose Clique frontfremder Parteiführer hat es unter Ausnutzung dieser Lage versucht, der schwerringenden Front in den Rücken zu fallen und die Macht zu eigennützigen Zwecken an sich zu reißen.« Weiter hieß es, »in dieser Stunde höchster Gefahr« habe »die Reichsregierung … zur Aufrechterhaltung von Recht und Ordnung den militärischen Ausnahmezustand verhängt«.

Dem Unterzeichner dieses Befehls sei »zugleich mit dem Oberbefehl über die Wehrmacht die Vollziehende Gewalt übertragen« worden. Damit schoben die Verschwörer der verhassten Nazi-Partei den Staatsstreich in die Schuhe, den sie in Wirklichkeit selber betrieben. Der Plan sah vor, mit Auslösung des »Walküre«-Befehls alle Leiter von Partei-, SS-, SD- und Gestapo-Dienststellen zu verhaften, Telefonämter, Rundfunkhäuser und Konzentrationslager zu besetzen, SS-Verbände zu entwaffnen und ihre Führer im Falle der Befehlsverweigerung zu erschießen. Stauffenberg und Tresckow arbeiteten eine Vielzahl von Befehlen aus, die allesamt von großer Entschlossenheit zeugten. Der Staatsstreich konnte nur gelingen, wenn er im Rahmen soldatischen Gehorsams erfolgte. Dabei kam es den Verschwörern darauf an, einen blutigen Bürgerkrieg zu verhindern und keinen Zusammenbruch an den äußeren Abwehrfronten zu verursachen. Dennoch waren sie bereit, notfalls auch Gewalt anzuwenden. Alle Befehle waren überaus detailliert abgefasst, darüber hinaus legte ein genauer Zeitplan die einzelnen Schritte und Befehle fest. Würde alles gelingen, nähme die Wehrmacht das Heft in die Hand. Das Reich bliebe intakt.

Bei aller Genialität und Genauigkeit hatte der Plan der Verschwörer einen großen Schwachpunkt: Weder Tresckow noch Stauffenberg noch Olbricht waren befugt, »Walküre« auszulösen. Diese Befehlszuständigkeit hatte sich Hitler ausdrücklich selbst vorbehalten oder wurde von ihm auf den Befehlshaber des Ersatzheeres Generaloberst Friedrich Fromm übertragen. Die Verschwörer mussten also entweder Fromm für die Konspiration gewinnen oder sich notfalls über Fromm hinwegsetzen und die Befehle selbst unterzeichnen. Dies konnte nur einmal gelingen – eine zweite Chance würde es für die Verschwörer nicht geben.

Generaloberst Friedrich Fromm war eine Unbekannte im Planspiel der Verschwörer. Im Herbst 1939 hatte ihn Generaloberst Franz Halder zur Teilnahme am Staatsstreich aufgefordert, doch Fromm war ausgewichen und hatte den Vorgang schließlich in seinem Diensttagebuch festhalten lassen. Zwar galt Fromm nicht als »Hitler-General« und hatte im Kameradenkreis wiederholt Kritik am herrschenden Regime geübt, doch konnten sich die Verschwörer nicht auf seine Loyalität verlassen. »Wir liegen immer richtig«, lautete eine Redensart Fromms und charakterisierte treffend seine Verhaltensweise: Er hielt sich bedeckt und wartete ab, wer als Gewinner aus dem Staatsstreich hervorgehen würde. Sollten die Verschwörer erfolgreich sein, würde er sich ihnen anschließen. Wenn nicht, konnte er behaupten, mit all dem nichts zu tun zu haben. Nur einmal ließ er sich Olbricht gegenüber hinreißen, Stellung zu beziehen: »Na, wenn Ihr schon Euren Putsch macht, dann vergesst mir wenigstens den Wilhelm Keitel nicht«, sagte er augenzwinkernd und ließ damit durchblicken, dass er hoffte, bei einem Staatsstreich würde sein Rivale ausgeschaltet werden. Doch wie sich Fromm am Tage des Attentats verhalten würde, ob er die »Walküre«-Befehle tatsächlich gegenzeichnen oder sich weigern würde, blieb ungewiss.

Am 10. Oktober 1943 wurde Tresckow an den Südabschnitt der Ostfront versetzt, wo er Ende November 1943 zum Chef des Stabes der 2. Armee ernannt werden sollte. Noch am gleichen Tag reiste er ab. Rund vier Wochen hatten Stauffenberg und Tresckow Zeit gehabt, die Befehle für »Walküre« zu entwerfen. Oft hatte Stauffenberg Tresckow, der sich schon seit längerer Zeit mit den technischen Vorbereitungen des Staatsstreichs befasst hatte, als »seinen Lehrmeister« bezeichnet. Nun musste Stauffenberg alleine weiterarbeiten. Doch Tresckow war darum nicht bange. Seiner Frau Erika sagte er, dass er froh sei, »dass nun jemand da war, der in seiner Heimat« die »Dinge in die Hand nahm und sie weitertrieb und – nicht wie zuvor – einfach in tausend Kanälen versickern ließ«. Stauffenberg hatte sich rasch in die Details des »Walküre«-Befehls eingearbeitet, bis Juli 1944 ergänzte und modifizierte er die Befehle, die jedoch in ihrer Grundlegung unverändert bleiben sollten. Als ihm klar wurde, wie entscheidend es war, dass die Wehrkreiskommandos die »Walküre«-Befehle ausführten, versuchte er für jeden Wehrkreis Vertraute zu gewinnen. In persönlichen Gesprächen mit den Offizieren gelang es Stauffenberg schließlich, für fünfzehn der siebzehn Wehrkreise Vertrauensmänner zu finden, die bereit waren, sich einem Staatsstreich nicht entgegenzustellen. Dies war nicht zuletzt Stauffenbergs großer Ausstrahlung und Überzeugungskraft zu verdanken. »Obwohl er beim Tunisfeldzug ein Auge und eine Hand verloren hatte, wirkte er schön und kraftvoll wie ein junger Kriegsgott«, schrieb ein Mitverschwörer später. »Mit seinem gelockten dunklen Haar, dem kräftigebenmäßigen Gesicht, dem hohen Wuchs und der gebändigten Leidenschaft seines Wesens nahm er uns sehr gefangen.«

Auch Oda Freifrau von Rodde, Tochter des Berliner Polizeipräsidenten Wolf-Heinrich Graf von Helldorf, mit dem sich Stauffenberg mehrfach in dessen Privathaus traf, zeigte sich von dem charismatischen Oberstleutnant beeindruckt: »Er war ein sehr gut aussehender Mann, und so freundlich. Man merkte nicht, dass er verwundet war, er war sehr liebenswürdig.« Stauffenberg suchte den Kontakt zu Helldorf, um über ihn den Polizeiapparat für den Staatsstreich nutzen oder zumindest neutralisieren zu können. »Ohne die Polizei hätten sie nie putschen können«, meint Oda von Rodde, damals sechzehn Jahre alt. »Die Polizei in Berlin wurde unter einem fadenscheinigen Vorwand aufgerüstet, es gab sogar Panzer und schwere Waffen. Sie sollte eingreifen, falls es von Partei und SS zu Unruhen kommen würde.« Helldorf, der in den Dreißigerjahren noch durch besonders scharfe Angriffe gegen Juden aufgefallen war und als SS-Führer in Berlin fungiert hatte, war über Generalfeldmarschall Erwin von Witzleben und Generaloberst a. D. Ludwig Beck zum Widerstand gekommen. Auch zu Fromm und Olbricht bestand Kontakt. »1938 hatte er schon erkannt, dass Hitler den Krieg will. Und er hat immer gesagt: Jeder Krieg, der angefangen wird, wird verloren gehen«, erklärt seine Tochter heute die Wandlung in der Haltung ihres Vaters. »Der zweite Grund war das Recht, das immer mehr mit Füßen getreten und ausgehebelt wurde. Und der dritte Grund war die Reichskristallnacht. Mein Vater war zu diesem Zeitpunkt zu einer Kur in Karlsbad. Als er zurückkam, hat er im Polizeipräsidium die Mitarbeiter versammelt und ihnen gesagt: »Wenn ich hier gewesen wäre, hätte ich schießen lassen.« Dennoch bleibt Helldorfs Rolle im Widerstand fragwürdig. 1938 notierte Propagandaminister Goebbels in sein Tagebuch: »Helldorf will in Berlin ein Judenghetto errichten. Das sollen die reichen Juden selbst bezahlen.« Seine antisemitische Einstellung schien im krassen Widerspruch zu den Motiven der Oppositionellen zu stehen. Andererseits verharrte er nicht »in blindem Glauben und Gehorsam«, sondern fühlte sich abgestoßen von Verbrechen und Massenmorden und wandte sich schließlich gegen das Regime Hitlers, der das Land in Krieg und Unglück stürzte.

Auch zu den Kreisen der zivilen Opposition suchte Stauffenberg bald nach seiner Ankunft in Berlin Kontakt. Im Herbst 1943 traf er zum ersten Mal mit Julius Leber zusammen, der ihn nachhaltig beeindruckte. Der gläubige Katholik war im Ersten Weltkrieg vier Jahre lang an der Front gewesen, zum Offizier aufgestiegen und in der Weimarer Republik für die SPD in den Reichstag gewählt worden.

Stauffenberg sprach mit großer Achtung und Zuneigung von Leber. Beide Männer verband die Sorge um die Arbeiterschaft und die einfachen Soldaten, die an allen Fronten sinnlos geopfert wurden.

Der Kreis des zivilen Widerstands war groß. Dazu zählten Männer wie der ehemalige deutsche Botschafter in Rom, Ullrich von Hassell, Helmuth James Graf von Moltke und Peter

Graf Yorck von Wartenburg vom sogenannten »Kreisauer Kreis« sowie Carl Friedrich Goerdeler, führender Vertreter des konservativen Widerstands gegen Hitler. Gemeinsam diskutierten die Verschwörer auch die Frage nach dem »Danach«: Wie sollte die Regierung zusammengesetzt sein, wenn Hitler beseitigt und das NS-Regime gestürzt worden wäre? Dabei zeigte sich, dass die einzelnen Mitglieder der Opposition keineswegs immer einer Meinung waren. Einige sprachen sich für Carl Friedrich Goerdeler als Kanzler aus, andere, darunter auch Stauffenberg, lehnten diesen jedoch ab und hätten lieber einem Vertreter der Arbeiterbewegung wie Julius Leber oder Wilhelm Leuschner ihr Vertrauen ausgesprochen. Doch hielten sich die Sozialdemokraten überaus bedeckt; zwar wollten sie künftig entscheidenden Einfluss auf die Gestaltung der Regierung ausüben, jedoch nicht – wie 1918 – die Verantwortung für die Beendigung des Krieges übernehmen.

Mit Moltke, dem Kopf des »Kreisauer Kreises« verband Stauffenberg außer ihrer gemeinsamen Ablehnung des NS-Regimes nicht viel. Geboren in Schlesien im Haus seines berühmten Urgroßonkels, des preußischen Generalfeldmarschalls Helmuth Graf von Moltke, genoss Moltke eine Erziehung, die zu einem guten Teil in britischer Tradition stand. Nach mehreren Auslandsaufenthalten studierte er Rechts- und Staatswissenschaften. Den demokratischen Kräften seiner Zeit nahestehend, verfolgte er Hitlers Aufstieg mit offener Kritik und verzichtete 1933 sogar auf ein Richteramt. Stattdessen ließ er sich als Anwalt in Berlin nieder. Im September 1939 wurde Moltke als Kriegsverwaltungsrat in das Amt Ausland/Abwehr des Oberkommandos der Wehrmacht in Berlin verpflichtet. Als Sachverständiger für Kriegs- und Völkerrecht setzte er sich vor allem für die humane Behandlung von Kriegsgefangenen und die Einhaltung des Völkerrechts ein. Bereits 1939 verfasste Moltke erste Denkschriften zur politischen Neuorientierung Deutschlands. Anfang 1940 stieß

Peter Graf Yorck von Wartenburg zu der Gruppe von Regimegegnern um Moltke, woraus der nach Moltkes Gut in Schlesien benannte »Kreisauer Kreis« entstehen sollte. In seinem inneren Zirkel bestand dieser aus rund vierzig Personen verschiedenster Gesellschaftsschichten: Vertreter des Bürgertums, des Adels, der Arbeiterbewegung, des Katholizismus und des Protestantismus fanden hier zusammen. Sie strebten eine grundlegende geistige, gesellschaftliche und politische Reform an, die den einzelnen Menschen in den Mittelpunkt aller Betrachtungen stellte. Vom Individuum ausgehend, sprachen sich die »Kreisauer« für eine Gesellschaftsordnung aus, die den Einzelnen zu Selbstbestimmung und Übernahme politischer Verantwortung erziehen sollte. Moltke plädierte darüber hinaus für den Aufbau eines europäischen Einheitsstaates. Adam von Trott zu Solz, Hans Bernd von Haeften, Horst von Einsiedel, Adolf Reichwein und Eugen Gerstenmaier zählten zum engeren Umfeld des Kreises. Viele von ihnen, allen voran Moltke, lehnten ein Attentat auf Hitler ab. Zum einen spielte hier ihre christliche Überzeugung eine Rolle, zum anderen waren die »Kreisauer« der Meinung, dass eine umwälzende Neuordnung des Staats nur nach der totalen Niederlage gelingen könne. Stauffenberg hingegen glaubte zumindest 1943 noch daran, das Reich retten zu können. Zwar sah Moltke letztlich die Notwendigkeit eines gewaltsamen Umsturzes ein, doch hegte er weiterhin großes Misstrauen gegen die Militärs hinsichtlich ihrer Entschlossenheit. Erst Stauffenbergs Tatkraft überzeugte ihn allmählich, doch zueinander fanden die beiden Männer nicht. »Kann diesen Menschen nicht ertragen, diesen Helmuth Moltke«, soll sich Stauffenberg einmal nach einem Treffen geäußert haben.

Nicht immer waren die Gespräche zwischen den Führern der zivilen Opposition und Stauffenberg einfach. Mitte Oktober lernte Stauffenberg, der gerade seinen Dienst im Allgemeinen Heeresamt angetreten hatte, den linken Funktionär

150

Hermann Maaß kennen. Maaß war als Prokurist bei Wilhelm Leuschner beschäftigt, die beiden Männer trafen sich in seiner Wohnung und unterhielten sich über gesellschaftspolitische Fragen. Während sich Stauffenberg offen und leger gab wie stets, ohne dabei allzu konkret zu werden, versuchte Maaß den Offizier mit geschickten Fragen aus der Reserve zu locken. Seinem Freund Leuschner berichtete er später, der Oberstleutnant komme ihm doch »recht reaktionär« vor.

Die von Maaß vorgetragenen Auffassungen der Gewerkschaften hatten Stauffenberg wohl stark befremdet. Der Gedanke einer überparteilichen Volksbewegung, den die Gewerkschaftsführer Leuschner, Jakob Kaiser und Max Habermann vertraten, war Stauffenberg nicht geheuer. Die Gewerkschafter wollten das »Vielparteiensystem« nicht restaurieren, sondern »allenfalls eine Partei als enge Auslese der bewusst politischen Elemente« bilden. Stauffenberg plädierte hingegen für eine Führungsschicht, die nach geistigen Gesichtspunkten auszuwählen sei.

In weiteren Gesprächen verfestigte sich der beiderseitige Eindruck, dass die »verschiedenartigen Tendenzen« unvereinbar waren. Schließlich bat Maaß einen Freund Stauffenbergs, er solle seinen Einfluss auf ihn geltend machen, »damit die Generale nichts Politisches unternehmen«.

Stauffenberg, der dogmatische Fixierungen stets abgelehnt hatte, ließ sich bewusst parteipolitisch nicht festlegen. Zwar war sein Denken stark konservativ verankert, doch folge er »nicht Ideen, sondern Menschen«, wie er einmal sagte. Mit Parteien ließ er sich nicht ein, vielmehr war er selbst »seine eigene Partei«. Wer sich zu einer bestimmten Weltanschauung bekenne, sei »unfrei«. Dennoch bekannte sich Stauffenberg zu einer religiös verankerten Gesellschaft, ein Staatswesen ohne Religion war für ihn undenkbar.

Im Herbst 1943 bereiteten Generaloberst a. D. Ludwig Beck, Carl Friedrich Goerdeler, Ullrich von Hassell und an-

151

dere Entwürfe für eine Erklärung an das Volk vor, die nach einem erfolgten Attentat über den Rundfunk verbreitet werden sollte. Daraus ergab sich ein politisches Verfassungs- und Regierungsprogramm, dem Stauffenberg letztlich zugestimmt haben muss, da er und sein Bruder Berthold die Entwürfe später redigierten. In dem »Aufruf an das Deutsche Volk« wurde Hitler scharf verurteilt, da er »eine Schreckensherrschaft errichtet, die göttlichen Gebote verhöhnt, das Recht zerstört, das Glück von Millionen vernichtet« habe. »Durch grausame Massenmorde« sei der »gute Name der Deutschen besudelt« und »das Volk ins Unglück gestürzt« worden. Als Ziel der neuen Regierung wurde »die wahre, auf Achtung, Hilfsbereitschaft und soziale Gerechtigkeit gegründete Gemeinschaft des Volkes« erklärt. Ferner wurden »Recht und Freiheit«, die Wiederherstellung der in der Verfassung garantierten Grundrechte, »Sauberkeit in der Regierung und Verwaltung und die Wiederherstellung der Ehre der Deutschen in der Gemeinschaft der Völker« zugesichert. Die Schuldigen, die so viel Unglück über Deutschland und andere Länder gebracht hätten, sollten verurteilt und bestraft werden. Man wolle »der Hoffnungslosigkeit, dass dieser Krieg noch unendlich weitergehen müsse, ein Ende machen«.

Nach dem Umsturzversuch fand man in Goerdelers Unterlagen eine längere »Regierungserklärung«, die inzwischen Stauffenberg und seinem Kreis zugeschrieben wird. Darin wurden in zwölf thesenartigen Abschnitten die »Grundsätze« und »Ziele« einer neuen Regierung dargelegt. An erster Stelle, und damit allem anderen übergeordnet, stand die Wiederherstellung des Rechts, worunter die Rechtsgleichheit, aber auch die Auflösung der Konzentrationslager aufgezählt wurde. Mit Zustimmung des Volkes und der Frontsoldaten, die man nach dem Ende des Krieges »mit besonderem Gewicht« beteiligen wolle, sollte eine neue Verfassung geschaffen werden. Die Judenverfolgung, »die sich in den unmenschlichsten und un-

barmherzigsten, tief beschämenden und gar nicht wiedergut-
zumachenden Formen vollzogen hat«, wollte die neue Regierung sofort beenden.

Weitere Ziele waren die Wiederherstellung der Moral,
Kampf gegen die »Lügen der Regierenden«, die Wiederherstellung des Geistes und der Meinung, des Gewissens und des
Glaubens sowie der Pressefreiheit. In der Forderung, das Wirken des Staates müsse künftig »von christlicher Gesinnung in
Tat und Wort erfüllt sein«, glaubt die Forschung vor allem
Stauffenbergs Haltung zu erkennen. Auch in Formulierungen,
die die idealistischen Motive vieler NSDAP-Mitglieder aner-
kennen, soll sich Stauffenbergs Gedankengut widerspiegeln.

In Fragen der Außenpolitik waren sich die Verschwörer
nicht sicher, ob das Ausland zu ihnen stehen oder sie verurtei-
len würde. Diesbezüglich hatte Stauffenberg zu Adam von
Trott zu Solz Kontakt aufgenommen, der als Legationsrat im
Auswärtigen Amt über gute Kontakte zum Ausland verfügte.
In vertraulichen Gesprächen mit britischen und schwedischen
Diplomaten hatte er stets betont, dass auch eine neue antifa-
schistische Regierung nicht bereit sei, auf die Forderung der
Alliierten nach »bedingungsloser Kapitulation« einzugehen.
Noch im Herbst 1943 wollte Stauffenberg weder die Ostfront
noch die Westfront aufgeben. Er hoffte damals, die Westalli-
ierten gegen die Sowjets politisch ausspielen zu können. Im
März 1944 jedoch sprach er seinem Freund Peter Sauerbruch
gegenüber davon, dass der Krieg militärisch verloren sei. Die
Invasion im Westen stünde kurz bevor, deshalb müssten alle
Kräfte dem Ostheer zur Verfügung gestellt werden. Ohne
»grundlegenden Bruch mit dem Regime« seien Verhandlungen mit den Westalliierten aussichtslos, meinte Stauffenberg.
Auch wenn Trott zu Solz davor warnte, von dieser Seite »Ver-
ständigungsbereitschaft« zu erwarten, war Stauffenberg fest
davon überzeugt, dass die Welt nach Hitlers Tod anders aussehen würde.

8 »HITLER MUSS WEG« – VERGEBLICHE VERSUCHE

Bevor Stauffenberg eine zentrale Rolle in der Verschwörung einnahm, hatten sich die Beteiligten vergeblich bemüht, die Umsturzpläne voranzutreiben. Mehrfach waren Versuche gescheitert, den Tyrannen zu töten: Am 13. März 1943 hatten Henning von Tresckow und sein Mitverschwörer Fabian von Schlabrendorff ein Bombenattentat vorbereitet. Dem Abwehroffizier der Heeresgruppe Mitte Rudolf-Christoph Freiherr von Gersdorff war es gelungen, Sprengstoff zu organisieren. »Einen besonders wirksamen«, hatte Henning von Tresckow bestellt, einen, »der wenig Raum beansprucht«. Dazu brauchte er »einen absolut zuverlässigen Zeitzünder, der keine Geräusche verursacht«. In der Abwehrabteilung II wurde Gersdorff fündig: englischer Sprengstoff und englische Zünder, die er angeblich bei seinen Frontbesuchen der Truppe als »Gastgeschenk« mitbringen wollte. Deutscher Sprengstoff kam für ein Attentat nicht in Frage, da dieser nur durch eine Zündschnur zur Explosion gebracht werden konnte, die beim Abbrennen leise zischte. Ein solches Geräusch aber erhöhte die Gefahr der Entdeckung. Deshalb entschieden sich die Verschwörer für englisches Material, das mit Fallschirmen seit 1940 von den Briten in allen besetzten Gebieten für Sabotageanschläge der Widerstandsgruppen gegen die Wehrmacht abgeworfen wurde. Ein Teil davon war der deutschen »Abwehr« in die Hände gefallen. Gersdorff ging bei der Sprengstoffbesorgung ein hohes persönliches Risiko ein: Er musste den

154

Empfang des hochexplosiven Materials mit seinem Namen quittieren. Nach dem Krieg gestand er seiner Tochter: »Lori, da habe ich gedacht, ich unterschreibe mein Todesurteil.«

Der englische Sprengstoff, sogenanntes Hexogen, bestand aus weichem, formbarem Material. Die Zünder funktionierten chemisch und ließen sich leicht handhaben: Im Hals des Zünders befand sich eine kleine Flasche mit einer ätzenden Flüssigkeit. Drückte man auf den Hals des Zünders, zerbrach die kleine Flasche, und die Säure zerfraß einen Draht, der eine Feder und einen Schlagbolzen hielt. Der Schlagbolzen schnellte nach vorne, entzündete ein Zündhütchen, das wiederum die Sprengladung aktivierte. Es gab Zünder, die nach zehn Minuten wirkten oder solche, bei denen erst nach einer halben Stunde, nach einer Stunde oder sogar erst nach zwei Stunden die Explosion ausgelöst wurde. Für die Verschwörer war dies von entscheidender Bedeutung, da so eine präzise Planung des Attentats möglich war. Dennoch hatte das englische Material seine Tücken: Die Zündzeiten bezogen sich auf mittlere Raumtemperaturen von etwa 18 Grad Celsius. Sobald die Außentemperatur sank, erhöhten sich die Zündzeiten um ein Vielfaches oder der Sprengstoff detonierte gar nicht mehr. Dies hatten Treskow und Schlabrendorff bei Versuchen im russischen Winter selbst herausgefunden.

Für den 13. März 1943 hatte Hitler seinen Besuch in Smolensk angekündigt. Auf dem Rückflug von Winniza zu seinem Hauptquartier in Ostpreußen wollte der Kriegsherr Zwischenstation bei der Heeresgruppe Mitte machen. Trescow und seine Mitverschwörer sahen ihre Chance gekommen: Bei einem Mittagessen im Kasino sollte der Diktator erschossen werden. Im Falle, dass ein Pistolenattentat scheitern würde, wollten sie eine Bombe in Hitlers Flugzeug platzieren. Philipp Freiherr von Boeselager, damals Ordonnanzoffizier von Generalfeldmarschall Günther von Kluge und Mitverschwörer, sind die Überlegungen, wie Hitler am besten zu töten sei,

155

noch lebhaft in Erinnerung: »Zuerst hieß es, man solle nicht auf den Kopf schießen, weil Hitler eine Kopfbedeckung mit Stahleinlage habe. Dann wurde gesagt, Hitler würde seine Mütze im Kasino sicherlich abnehmen. Doch der Kopf ist ein sehr kleiner Körperteil, den man durch Bücken oder Ähnliches schnell schützen kann, während der Oberkörper nicht so schnell zu schützen ist. Also verständigte man sich darauf, auf den obersten Knopf zu zielen.« Boeselager selbst wurde von Tresckow gefragt, ob er sich zutraue, den tödlichen Schuss auf Hitler abzugeben. Doch der junge Offizier zweifelte, ob er kaltblütig genug sein würde, den Diktator aus nächster Nähe zu erschießen. Schließlich hielten es die Verschwörer für sicherer, nicht nur einen Schützen, sondern mehrere Männer schießen zu lassen. »Mein Bruder (Georg) war ein bekannter Pistolenschütze«, erinnert sich Boeselager. »Er war ganz ruhig und zeigte keine Nerven. Er sollte das Zeichen geben, indem er aufstand, und dann würde geschossen.« Doch als Generalfeldmarschall von Kluge von den Plänen erfuhr, intervenierte er. Er würde beim Mittagessen neben Hitler sitzen. Die Gefahr, dass auch er bei dem Pistolenattentat getroffen werden könnte, erschien ihm zu groß. Im Gespräch mit Tresckow argumentierte er, dass es ohnehin keinen Sinn habe, Hitler zu erschießen, wenn Himmler am Leben bliebe. Der SS-Chef würde sicher einen Bürgerkrieg anzetteln, den die Verschwörer um jeden Preis vermeiden wollten. »Nachdem die Planung für das Pistolenattentat gescheitert war, hat Tresckow sofort umgeschaltet«, erinnert sich Philipp von Boeselager. Der Kopf der militärischen Verschwörung hatte von vornherein ein Bombenattentat ins Auge gefasst und zwei Sprengstoffladungen entsprechend vorbereitet: Die Minen waren mit Leukoplast umwickelt und mit einem Zeitzünder von dreißig Minuten versehen worden. Dann hatten Tresckow und Schlabrendorff die Sprengladungen in braunes Packpapier eingewickelt, sodass sie aussahen wie zwei Flaschen Cointreau. Ihr Plan sah vor, die Bombe unbemerkt in Hitlers Flugzeug zu schmuggeln, wo sie während des Fluges explodieren sollte. Alles sollte wie ein Unfall aussehen; niemand würde das Heer eines Attentats verdächtigen, und so würde es auch nicht zum befürchteten Bürgerkrieg zwischen Himmlers SS und der Wehrmacht kommen.

Oberstleutnant Heinz Brandt, der nicht in die Pläne der Verschwörer eingeweiht war, sollte – ohne es zu wissen – die Bombe mit an Bord des Flugzeugs nehmen. Beim Mittagessen sprach ihn Tresckow an, ob er nicht seinem Freund Oberst Stieff in Berlin ein Geschenk mitnehmen könne. »Tresckow erklärte ihm, er habe eine Wette gegen Stieff verloren und sei ihm zwei Flaschen Cognac schuldig«, berichtet Philipp von Boeselager. Brandt hatte keinen Grund, Tresckows Bitte abzulehnen, er hatte keinerlei Verdacht geschöpft. Auf dem Rollfeld, kurz bevor die »Führer«-Maschine abhob, übergab Schlabrendorff das besagte »Geschenk« an Brandt, der es im Gepäckraum des Flugzeugs deponierte. »Wir warteten nun also auf die Meldung, dass Hitlers Flugzeug explodiert sei, aber es passierte nichts. Das war natürlich eine furchtbare Enttäuschung«, erinnert sich Philipp von Boeselager. Fieberhaft versuchten die Verschwörer, die Spuren des gescheiterten Attentats zu beseitigen: »Tresckow rief sofort Brandt an und erklärte ihm, er habe ihm das falsche Paket mitgegeben«, erzählt Philipp von Boeselager. »Brandt sollte das Paket aufbewahren, Schlabrendorff würde es bei ihm abholen.« Eilends flog Schlabrendorff mit der nächsten Kuriermaschine nach Ostpreußen, um die Bombe wieder an sich zu bringen. Tatsächlich hätte die Sprengladung jederzeit hochgehen können – und die Verschwörung wäre aufgeflogen. »Ein eigentümliches Gefühl empfand ich, als mir Brandt, nicht ahnend, was er in der Hand hatte, lächelnd die Bombe überreichte und dabei das Paket so heftig bewegte, dass man hätte befürchten müssen, die Bombe werde noch nachträglich explodieren, da die Zündung ja in Gang gesetzt war. Mit gespielter Ruhe nahm ich die Bombe an mich«, schrieb Fabian von Schlabrendorff nach dem Krieg in seinen Erinnerungen *Offiziere gegen Hitler*.

Erst im Nachtzug nach Berlin wagte es Schlabrendorff, das Paket vorsichtig zu öffnen. Tatsächlich hatte die Säure den Haltedraht durchfressen, der Schlagbolzen hatte das Zündhütchen getroffen. Doch wegen der großen Kälte im Gepäckraum des Flugzeugs war die Sprengladung nicht explodiert. Was die Verschwörer am meisten befürchtet hatten, war eingetroffen: Hitler lebte, das Attentat war gescheitert.

Doch so schnell ließen sich Tresckow und seine Mitverschwörer nicht entmutigen. Schon eine Woche später bot sich ihnen eine neue Chance: Am 21. März 1943 sollte Hitler im Berliner Zeughaus Unter den Linden eine Ausstellung sowjetischer Beutewaffen eröffnen. Die 1c-Abteilung, in der auch Gersdorff tätig war, organisierte die Schau. Tresckow wollte die Gelegenheit nicht ungenutzt verstreichen lassen. Er sprach mit Gersdorff, der Hitler und seine Paladine Göring, Himmler, Keitel und Dönitz durch die Ausstellung führen sollte. Wie man die NS-Führungsspitze töten könnte, schien zunächst unklar. Da Tresckow die örtlichen Gegebenheiten nicht kannte, musste er die Entscheidung weitgehend Gersdorff überlassen. Im Gespräch zeichnete sich jedoch immer deutlicher ab, dass es nur eine Möglichkeit gab: ein Selbstmordattentat Gersdorffs. Der achtunddreißigjährige Spross einer uralten Familie preußischen Militäradels zögerte nicht lange. Seit 1942 war er Witwer, er hatte eine Tochter. Dennoch war er bereit, sein eigenes Leben zu opfern, um weitere Verbrechen zu verhindern. »Nach kurzer Besinnung erklärte ich mich bereit, ich fragte Tresckow, was kommt danach? Er versicherte mir, dass alle Vorbereitungen für einen Staatsstreich getroffen seien und dass dieser Staatsstreich nach menschlicher Voraussicht erfolgreich sein würde«, schilderte

Gersdorff 1976 lakonisch seine Überlegungen in einem Fernsehinterview. In der Nacht vor dem geplanten Attentat besuchte ihn Schlabrendorff in seinem Hotelzimmer im Berliner Hotel Eden. Er brachte ihm zwei Sprengstoffladungen – es waren dieselben, die im Gepäckraum von Hitlers Flugzeug eine Woche zuvor nicht explodiert waren. »Als um Mitternacht Fabian von Schlabrendorff zu ihm kam und ihm die Haftminen brachte, schreibt er, er hätte kein Auge zugedrückt«, erzählt seine Tochter Lori Reinach. »Das kann ich verstehen. Ich glaube, es war ihm erstmals wirklich klar in der Nacht vom 20. auf den 21. März, dass er sterben würde. Er saß dort in seinem Hotelzimmer wie in einer Todeszelle. Es müssen schlimme Gedanken gewesen sein.« Gersdorff plante, den Sprengstoff in seiner Manteltasche zu verstecken und dort zu zünden, sobald er nahe genug an Hitler herangekommen wäre. Seine eigenen Überlebenschancen sanken damit auf null. Doch es sollte alles ganz anders kommen.

Zunächst begann der 21. März 1943 wie vorgesehen: Dem NS-Ritual des »Heldengedenktages« folgend, war Hitler von der Reichskanzlei zum Zeughaus gefahren, wo er gegen 13 Uhr eintraf. Zunächst durchschritt er ein Spalier von Verwundeten und hielt im Lichthof eine Ansprache, in der er die Rückeroberung von Charkow, der viertgrößten Stadt der Sowjetunion, verkündete. Die Feierlichkeiten zum »Heldengedenktag« waren verschoben worden, damit der Kriegsherr diesen Sieg bekannt geben konnte. Nach der Niederlage von Stalingrad sollte die erfolgreiche Operation die Krise an der Ostfront beenden. Schon während der Rede Hitlers aktivierte Gersdorff, der sich in einer der vorderen Reihen befand, den Zünder in seiner Manteltasche. Überraschend schnell verließ Hitler das Rednerpult und begab sich wie vorgesehen in die Beutewaffenausstellung. Doch zum Entsetzen von Gersdorff zeigte der Diktator keinerlei Interesse an den Beutestücken und drängte bereits nach kürzester Zeit zum Aufbruch. »Hitler ging schnurstracks auf einen Seitenausgang zu, verabschiedete sich von meinem Vater, und das nach zweieinhalb oder drei Minuten«, schildert Lori Reinach. Gersdorff hatte noch sechs Minuten – dann würde die Bombe, die er am Körper trug, detonieren. Eilig suchte er die Waschräume auf, entfernte zitternd den Zünder, spülte ihn in der Toilette hinunter und rettete damit sein Leben in buchstäblich letzter Sekunde. »Vielleicht war er erleichtert«, meint seine Tochter. »Vielleicht aber auch nicht. Er hat sein Leben wiedergefunden, aber das Attentat war schiefgegangen.«

Nach den fehlgeschlagenen Attentatsversuchen reiste Henning von Tresckow im Mai 1943 nach Berlin, um mit seinen Mitverschwörern über neue Ansätze für einen Umsturz nachzudenken. Das Hauptproblem des Putschs war zweifelsohne das Attentat selbst. Nur ein kleiner Personenkreis hatte Zugang zu Hitler und war in der Lage, dem Kriegsherrn nahe genug zu kommen, um ihn zu töten. Bereits im Februar 1943 war es Tresckow gelungen, Oberst i. G. Hellmuth Stieff, Chef der Organisationsabteilung des Generalstabs des Heeres, für die Verschwörung zu gewinnen. Als hoher Militär nahm er gelegentlich an Lagebesprechungen in Hitlers Hauptquartier »Wolfsschanze« oder dem »Berghof« bei Berchtesgaden teil. In einem Brief hatte Stieff erklärt, dass er »sich keiner Verantwortung, die einem das Schicksal abfordert, entziehen« wolle. Nun schien der Zeitpunkt gekommen, dieses Versprechen einzulösen. Tresckow drang in Stieff, doch dieser wich immer wieder aus. Erst im Spätsommer 1943 erklärte er sich bereit, das Attentat auszuüben, jedoch wollte er dabei nicht allein vorgehen. Im September trat er daher an Oberst i. G. Joachim Meichßner heran, der beim Chef des Heeresstabes beim Oberkommando der Wehrmacht (OKW) tätig war und eine Beteiligung am Umsturz nicht rundweg ablehnte. Wie Stieff hatte Meichßner gelegentlich Zugang zu den Lagebesprechungen Hitlers, wenn auch keineswegs regelmäßig. Geplant war, Hitler bei einer Waffenvorführung, die am 1. Oktober 1943 stattfinden sollte, mit einer Bombe zu töten. Stieff sollte dazu den Sprengstoff in einer Aktentasche zur Besprechung schmuggeln. Doch der Plan scheiterte diesmal bereits im Ansatz: Meichßner trat von seinem Vorhaben zurück, weil er die lange Wartezeit »nicht ausgehalten« habe. Und auch Stieff knickte ein. Er hatte nicht einmal den Sprengstoff, den Tresckow nach Berlin gebracht hatte, an sich genommen.

Nachdem Tresckow im Oktober an die Ostfront versetzt worden war, übernahm Stauffenberg die Aufgabe, die Umsturzpläne weiter voranzutreiben und Stieff an sein Versprechen zu erinnern. Ende Oktober fuhr er nach »Mauerwald«, dem Hauptquartier des OKH, händigte Stieff den Sprengstoff aus und drang in ihn, endlich zu handeln. Erneut versicherte Stieff, dass er bereit sei, Hitler zu töten. Auch wenn Stauffenberg seinem Freund Rudolf Fahrner gegenüber verlauten ließ, das Attentat werde »in zehn bis vierzehn Tagen erfolgen«, schien er nicht wirklich von Stieffs Tatkraft überzeugt zu sein. Noch im Oktober sah er sich nach einem zweiten Attentäter um. In dem jungen Hauptmann Axel Freiherr von dem Bussche, der Kontakte zu Mitgliedern des Kreisauer Kreises unterhielt, schien er einen geeigneten Kandidaten gefunden zu haben. Seitdem von dem Bussche im Herbst 1942 in Dubno in der Ukraine Zeuge der Erschießung von etwa dreitausend Juden durch die SS geworden war, hasste er Hitler und sein Regime des Terrors. Wiederholt hatte er Vertrauten gegenüber geäußert, Hitler müsse »weg«. Bei seiner ersten Begegnung mit Stauffenberg zeigte sich der Vierundzwanzigjährige beeindruckt. Nach dem Krieg hielt er seine Erinnerung an dieses Gespräch fest: »Am Schreibtisch (saß mir) ein Mann gegenüber, mit einer dunklen Kappe über dem zerstörten Auge. Er hat noch insgesamt zwei (richtig: drei) Finger. Das Gesicht ist nicht, wie oftmals unter solcher Binde verdunkelt, sondern er trägt von innen einen hellen Glanz der Gelassenheit zur

Schau.« Zunächst nahm das Gespräch jedoch eine andere Wendung als erwartet. Anstatt über das Attentat an sich zu sprechen, begann Stauffenberg eine Debatte über die moralische Dimension des Tyrannenmords. »Natürlich haben wir Katholiken eine andere Einstellung dazu, weil es in der Kirche eine Art stillschweigender Übereinkunft gibt, dass unter gewissen Umständen politischer Mord gerechtfertigt werden kann«, dozierte er. So sehr ihn Stauffenberg auch beeindruckt haben mochte, die schulmeisterliche Art des Offiziers gefiel von dem Bussche nicht. Er widersprach Stauffenberg und meinte, auch die lutherische Religion erlaube letztlich, »verrückte Tyrannen zu erschießen«. Als Stauffenberg den soldatischen Eid ansprach, entgegnete von dem Bussche, dass Hitler diesen längst gebrochen habe und er sich daher nicht mehr daran gebunden fühle. Nun erst weihte Stauffenberg den jungen Hauptmann in die Attentatspläne ein: Man suche einen »jungen Frontoffizier«, der Ende November oder Anfang Dezember »Adolf Hitler bei der Erklärung einer neuen Truppenausrüstung für die Ostfront« töte. Von dem Bussche erklärte sich ohne zu zögern bereit. Angesichts der missglückten Attentate im März 1943 wollte Stauffenberg diesmal den Erfolg des Unternehmens so weit wie möglich sicherstellen. Er traute Stieff nicht und schlug daher ein »Gemeinschaftsattentat« vor. Bei der Uniformvorführung, an der auch Himmler und Göring teilnehmen würden, sollte sich von dem Bussche mit einer Sprengladung um den Bauch in die Luft sprengen. Offenbar plante Stauffenberg, einen weiteren Attentäter »hinzustellen«, »damit es auch losginge«, wenn der eine »in dem Moment versage und nicht abdrücken könne«. Auch Stieff sollte Sprengstoff mit sich führen. Als von dem Bussche fragte, warum Stieff nicht selbst das Attentat ausführe, antwortete Stauffenberg, Stieff sei ein »nervöser Rennreitertyp«, der dafür nicht in Frage käme. Nachdem von dem Bussche zugesagt hatte, reiste er nach »Mauerwald«, um die technischen Details des Bombenanschlags mit Stieff zu besprechen. Stauffenberg hatte ihm einen Umschlag mit Dokumenten für Stieff mitgegeben, darunter auch einen von Rudolf Fahrner überarbeiteten Entwurf des Aufrufs, der nach dem geglückten Attentat ergehen sollte. »Der Führer Adolf Hitler ist tot. Eine verräterische Clique von SS- und Parteiführern hat es unter Ausnützung des Ernstes der Lage unternommen, der schwerringenden Ostfront in den Rücken zu fallen und die Macht zu eigennützigen Zwecken an sich zu reißen«, las von dem Bussche. Der junge Hauptmann war entsetzt, als er sah, dass die Verschwörer planten, die neue Herrschaft mit einer Lüge zu beginnen. Er deutete dies als Schwäche, dennoch hielt er an seinem Entschluss fest, Hitler unter Opferung seines eigenen Lebens zu töten. »Die Angemessenheit, dass der Adolf als oberster Befehlshaber, Staatschef, umgebracht werden musste, war ein echter Akt der Notwehr, und nur ihn umzubringen konnte dieser Maschine auf ein neues Gleis verhelfen«, erklärte von dem Bussche 1975 in einem Fernsehinterview.

Ende November verbrachte der junge Hauptmann einen kurzen Urlaub bei seiner Mutter, um sich von ihr zu verabschieden. Anschließend fuhr er zurück nach »Mauerwald«, um dort auf den Vorführungstermin bei Hitler zu warten. Die Wartezeit für von dem Bussche war nervenaufreibend. Immer wieder ging er im Geiste das Attentat in allen Details durch, um im Ernstfall keinen Fehler zu machen. Dennoch musste der Erfolg des Unternehmens mehr als ungewiss bleiben, da die tatsächliche Zündungszeit der englischen Zünder stark von Lufttemperatur und anderen Bedingungen abhing. Von dem Bussche musste den Zünder aktivieren und dann zwischen vier und fünfzehn Minuten darauf warten, dass der Sprengstoff an seinem Körper detonierte. Niemand konnte wissen, ob er sich zum Zeitpunkt der Explosion nahe genug an Hitler befinden würde, um ihn sicher zu töten. Schließlich entschied sich der junge Hauptmann für einen Handgranatenzünder, der nach viereinhalb Minuten zünden würde. Das Zischen, das dabei entstand, wollte er mit Räuspern überspielen. Doch alle Vorbereitungen sollten umsonst gewesen sein: Anfang Dezember kam aus Berlin die Nachricht, »dass bei den schweren alliierten Luftangriffen in den letzten Novembertagen das Vorführungsmaterial ... vernichtet worden« sei. Stieff, der von dem Bussche darüber in Kenntnis setzte, zeigte sich offensichtlich erleichtert. Später gab er zu, dass er »in seiner ständigen Unsicherheit« die Uniformvorführung hinausgezögert habe, bis sie am 7. Juli 1944 auf Schloß Kleßheim bei Salzburg stattfand. Doch auch dort fand Stieff nicht den Mut, zu handeln. Ein Bewacher des sogenannten ›Führerbegleitkommandos«, Hitlers »Bodyguard« Kurt Larson, der damals an der Vorführung teilnahm, erinnert sich noch genau: »Ich stand mit meinen Kollegen ja damals ganz in der Nähe, als Stieff die neuen Uniformen Hitler erklärte und ganz besonders einen Tornister. Was uns missfiel war, wie er regelrecht dienerte und hofierte und immer wieder sagte: Mein Führer, mein Führer.« Kurt Larson wurde Zeuge des menschlichen Versagens. Im Tornister befand sich nach heutiger Erkenntnis eine Sprengladung, die Stieff nicht zündete. Der entschlossene junge Hauptmann Axel von dem Bussche versicherte Stauffenberg, dass er bereit sei, das Selbstmordattentat bei der nächsten Gelegenheit zu wiederholen, doch dazu sollte es nicht mehr kommen. »Bussche kam zu seinem Regiment zurück, kam noch einmal in den Einsatz und wurde dann zum letzten und schwersten Mal verwundet«, berichtet sein enger Freund Richard von Weizsäcker. »Er verlor ein Bein und schied für alle weiteren Aktionen aus.«

Anfang 1944 gelang es Stauffenberg zwar, weitere junge Offiziere für den Staatsstreich zu gewinnen, doch keiner der Attentäter hatte Erfolg. Entweder verließ sie kurz vor der entscheidenden Tat der Mut, oder die geplante Aktion kam aus irgendeinem Grund nicht zustande. Schließlich musste sich

Stauffenberg eingestehen, dass die Verschwörung auf der Stelle trat. Trotz sorgfältigster Planung war es bisher nicht gelungen, Hitler zu töten. Die Konspiration steckte in einer Krise. Die ständige Suche nach dem geeigneten Attentäter und der passenden Gelegenheit zerrte an den Nerven der Eingeweihten. Die ohnehin nur lose miteinander verbundenen Widerstandsgruppen drohten sich über die Wartezeit hin zu entzweien; die Meinungsverschiedenheiten traten immer deutlicher zutage. Darüber hinaus drohte täglich die Gefahr der Entdeckung. Inzwischen war ein nicht geringer Kreis von Militärs und Zivilpersonen über die Umsturzpläne informiert. Etliche Mitglieder der Verschwörung wurden von der Gestapo überwacht. Im Januar 1944 war Helmuth James Graf von Moltke verhaftet worden. Zwar hatte seine Gefangennahme nicht direkt mit dem Kreisauer Kreis zu tun, doch löste dieser sich de facto auf, nachdem die treibende Kraft fehlte. Stauffenberg hatte schon 1942 erklärt, dass er das Attentat notfalls selbst ausführen wolle. Doch hatte er keinen Zugang zu Hitler, es fehlte ihm daher an den geeigneten Möglichkeiten. Da schien sich Mitte Mai das Blatt für die Verschwörer endlich zu wenden: Stauffenberg sollte zum Oberst i. G. befördert und Chef des Generalstabes beim Befehlshaber des Ersatzheeres werden. In dieser Funktion war er für den Personalersatz des Feldheeres zuständig, für die Auffrischung der kämpfenden Einheiten und die Aufstellung neuer Divisionen. In seiner neuen Dienststellung würde er gelegentlich auch vor Hitler referieren müssen, und Stauffenberg war fest entschlossen, diese Gelegenheit nicht ungenutzt zu lassen.

Ende Mai reisten zwei Mitverschwörer im Kurierzug von Rastenburg nach Berlin, jeder von ihnen führte in seiner Aktentasche eine Sprengladung deutscher Fabrikation mit, die ihnen zuvor Stieff übergeben hatte. In Berlin angekommen, übergaben sie Stauffenberg die Sprengkörper. Auf ihre Frage, was er damit vorhabe, antwortete Stauffenberg in scherzhaf-

165

tem Ton: »Ich habe einen Anschlag auf den Führer und seine nähere Umgebung vor. Dies ist nötig, weil sonst der Krieg verloren geht.« Die Sprengladungen waren jedoch nur für ein Selbstmordattentat geeignet. Hatte Stauffenberg tatsächlich vor, sich selbst zu opfern?

In der Nacht vom 31. Mai auf den 1. Juni 1944 reiste Stauffenberg zu seiner Familie nach Bamberg, um dort einige Tage Urlaub zu machen. Wahrscheinlich hatte er zu diesem Zeitpunkt bereits beschlossen, das Attentat auf Hitler selbst auszuführen, sobald sich ihm die erste Gelegenheit dazu bieten würde. Doch auch dieser kurze Urlaub sollte nicht unbeschwert bleiben. Dreimal erhielt Stauffenberg von Konspiranten Besuch, war jedoch alles andere als darüber erfreut. Zu sehr fürchtete Stauffenberg jetzt die Entdeckung, bevor er die Chance bekam, Hitler gegenüberzustehen. Am 6. Juni stellte schließlich eine Nachricht alles in Frage, was die Verschwörer bisher geplant hatten: Im Morgengrauen hatte die Landung der Alliierten in der Normandie begonnen. War es nun für einen Umsturz zu spät? Welchen Sinn hatte es jetzt noch, Hitler zu töten?

Als Stauffenberg am 7. Juni um zwei Uhr nachts den Zug Richtung Berchtesgaden bestieg, müssen ihn diese Zweifel beschäftigt haben.

Nach der bisherigen Planung der Umstürzler war der Moment gekommen, wo es keinen Sinn mehr hatte, einen Rettungsversuch zu unternehmen. Doch ausgerechnet an diesem Tag sollte er zum ersten Mal vor Hitler stehen. Nach der Invasion war eine Sonderbesprechung auf Hitlers »Berghof« einberufen worden, an der auch Generaloberst Friedrich Fromm und Stauffenberg teilnehmen sollten. Daneben wurden SS-Chef Himmler, Reichsmarschall Göring und Rüstungsminister Speer erwartet. Doch Stauffenberg hatte keine Chance, den Anschlag zu planen. Er betrachtete daher das Zusammentreffen als ideale Gelegenheit, die örtlichen Gegebenheiten auszukundschaften und die nächste Umgebung Hitlers in Augenschein zu nehmen. Nina von Stauffenberg gab später zu Bericht, ihr Mann habe die Atmosphäre als »faul und verrottet« beschrieben. Von Hitler habe er den Eindruck gewonnen, »als ob er hinter einem Schleier stehe«, und bezeichnete ihn und seine Gefolgsleute als »Psychopathen«. Er prüfte an sich, ob er in den häufig beschriebenen »Bann« gezogen wurde, der angeblich von Hitler ausgehen sollte, und stellte fest, dass er völlig frei davon blieb. Schließlich kam er zu dem Schluss, »dass man in unmittelbarer Nähe des Führers recht zwanglose Bewegungsmöglichkeiten habe« und somit ein Attentat durchaus realisierbar sei.

Dennoch hatte er angesichts der erfolgreichen alliierten Landung in der Normandie Zweifel, ob der richtige Zeitpunkt für einen Umsturz nicht bereits überschritten sei. Stand nicht der Ausgang des Krieges endgültig fest? Schließlich erkundigte er sich über einen Mittelsmann nach Tresckows Meinung, für ihn nach wie vor Kopf der militärischen Verschwörung und maßgebliches Vorbild. Die Antwort Tresckows war unmissverständlich: »Das Attentat muss erfolgen, *coute que coute* … Sollte es nicht gelingen, so muss trotzdem der Staatsstreich versucht werden. Denn es kommt nicht mehr auf den praktischen Zweck an, sondern darauf, dass die deutsche Widerstandsbewegung vor der Welt und vor der Geschichte unter Einsatz des Lebens den entscheidenden Wurf gewagt hat. Alles andere ist daneben gleichgültig.«

Mochte Stauffenberg noch Zweifel gehegt haben, waren sie nach diesen Worten Tresckows ausgeräumt. Ihm war klar, dass es nun nicht mehr um Monate oder Wochen ging, sondern das Attentat in wenigen Tagen erfolgen musste. Nur dann konnte die totale Katastrophe noch verhindert werden. Fieberhaft trieb er die Vorbereitungen für den Staatsstreich voran. Dabei wurde ihm immer deutlicher bewusst, dass sich trotz aller Umsicht nicht alles bis ins letzte Detail planen ließ.

Letztlich kam es darauf an, dass die Mitverschwörer im entscheidenden Moment richtig handelten und nicht den Mut verloren. Gerade in Berlin hatten sich an wichtigen Stellen einige personelle Veränderungen ergeben, die für die Konspiration von Nachteil sein konnten: So war der Chef des Stabes des Befehls im Wehrkreis III, Generalmajor Hans-Günther von Rost, am 1. Mai von Generalmajor Otto Herfurth abgelöst worden. Hatte man bei Rost darauf vertrauen können, dass die Machtübernahme in der Reichshauptstadt im Falle eines Putsches gelingen würde, so konnten die Verschwörer bei Herfurth nicht sicher sein, wie er sich im Ernstfall verhalten würde. Auch das Wachbataillon Berlin, das bei Auslösung von »Walküre« zur Machtübernahme im Zentrum der Stadt eine wichtige Rolle spielen sollte, hatte einen neuen Kommandeur erhalten: Major Otto Ernst Remer – ein überzeugter Nationalsozialist.

Während Stauffenberg noch einmal die Aufrufe überarbeitete, die im Falle des Umsturzes ergehen sollten, und darauf wartete, dass sich eine erneute Gelegenheit ergab, Hitler zu töten, setzte in der zweiten Junihälfte eine Offensive der Roten Armee gegen die Heeresgruppe Mitte ein. 28 Divisionen mit 350 000 Mann wurden auf deutscher Seite binnen Tagen vernichtet. Den Verschwörern lief die Zeit davon. Wenn das Attentat nicht bald erfolgte, würde der Zusammenbruch an der Ost- und Westfront nicht mehr zu verhindern sein.

Vom 24. bis 26. Juni hielt sich Stauffenberg noch einmal in Bamberg auf. Es sollte das letzte Mal sein, dass er seine Familie sah. Obwohl Stauffenberg laut Aussage seines Bruders Berthold sich bereits Wochen zuvor dazu entschlossen hatte, das Attentat selbst auszuüben, ließ er seine Frau davon nichts spüren. »Warum ausgerechnet mein Vater, der nach seinen Verwundungen körperlich stark beeinträchtigt war?«, schreibt Tochter Konstanze von Schulthess in ihrem Buch über Nina von Stauffenberg.»Um den komplizierten Mechanismus einer

Bombe scharf zu machen, war er denkbar ungeeignet gewesen.« Trotz schwerer Gedanken genoss Stauffenberg die Stunden mit seinen vier Kindern und Nina, die das fünfte Kind erwartete. Als er um Mitternacht des 26. Juni 1944 den Zug nach Berlin bestieg, ahnte er, dass es eine Reise ohne Wiederkehr sein würde.

Anfang Juli erlitt die Verschwörung einen schweren Schlag: Julius Leber und Adolf Reichwein, wichtige Führer der zivilen Opposition, wurden bei einem Treffen mit Mitgliedern der kommunistischen Partei von der Gestapo verhaftet. Stauffenberg fühlte sich schuldig, schließlich hatte er der Zusammenkunft mit den Kommunisten zugestimmt, obwohl bekannt war, dass die kommunistischen Reihen mit Spitzeln durchsetzt waren. Die Zeit drängte. Mit jeder Stunde wuchs die Gefahr, entdeckt zu werden. Doch Stauffenberg konnte nichts anderes tun, als abzuwarten. Die nervenaufreibende Wartezeit nutzte der Verschwörer, um sich wieder britischen Sprengstoff zu besorgen. Der deutsche, den er durch Stieff erhalten hatte, war ungeeignet, da er nur ein Selbstmordattentat zuließ. Stauffenberg hatte jedoch inzwischen erkannt, dass er dringend in Berlin gebraucht wurde, um den Staatsstreich erfolgreich durchzuführen. Sobald er Hitler in seinem »Führerhauptquartier« getötet hatte, würde er unverzüglich in die Reichshauptstadt zurückkehren müssen. Er ahnte, dass seine Doppelfunktion ein gewisses Risiko darstellte, doch sah er keine Alternative. Hier wie dort fehlte es an Männern, die entschlossen und mutig genug waren, die Sache zu Ende zu bringen, koste es, was es wolle.

In der Tristanstraße 8, der Wohnung, die er sich seit Herbst 1943 mit seinem Bruder Berthold teilte, übte er, den Sprengstoff mit einem Zünder zu versehen und diesen zu aktivieren. Die Handhabung des englischen Materials war eigentlich einfach, doch mit nur einer Hand, an der zwei Finger fehlten, benötigte Stauffenberg mehr Zeit und vor allen Dingen Konzentration, zwei Voraussetzungen, die im Ernstfall unter Stress zum Problem werden konnten. Stauffenberg, der sonst vor Tatkraft nur so strotzte, wirkte in diesen Tagen abgespannt und müde. Bei einem Treffen mit dem berühmten Chirurgen Ferdinand Sauerbruch, Vater seines engen Freundes Peter und Vertrauter, zeigte er deutliche Zeichen der Nervosität und Anspannung. Als er von seinen Umsturzplänen zu sprechen begann, redete ihm Sauerbruch ins Gewissen: Sein körperlicher Zustand sei zu schlecht, seine Nerven durch die schwere Verwundung in Mitleidenschaft gezogen. Er riet Stauffenberg dringend davon ab, das Attentat selbst zu verüben. Die Gefahr, dabei einen fatalen Fehler zu begehen, sei viel zu groß. Sichtlich getroffen und brüskiert verabschiedete sich Stauffenberg von seinem väterlichen Freund. Von seinem Vorhaben wollte er sich jetzt von niemandem mehr abbringen lassen.

Bruder Berthold, zu dem er seit jeher ein enges Verhältnis gehabt hatte, war ihm in dieser Zeit eine besonders große Stütze. Gemeinsam überarbeiteten sie eine Dichtung ihres Bruders Alexander über den Tod Stefan Georges, »Der Tod des Meisters«. Das Wissen um das bevorstehende Attentat und den Putsch ließ bei den Brüdern den Gedanken des »geheimen Deutschlands« wieder aufleben – das »Mysterium des anderen Reiches«, wie es ihr Meister und geistiger Führer Stefan George genannt hatte. Darin verbarg sich die Hoffnung, »dass eine bewegung aus der tiefe, wenn in europa dergleichen noch möglich ist, nur von deutschland ausgehen kann, dem geheimen deutschland, für das jedes unserer worte gesprochen ist, aus dem jeder unserer verse sein leben und seinen rhythmus zieht, dem unablässig zu dienen glück, not und heiligung unseres lebens bedeutet«. Diesem »geheimen Deutschland« hatten sich die Stauffenberg-Brüder einst verschrieben – an dieses Versprechen fühlten sie sich in diesen Tagen mehr denn je erinnert.

Anfang Juli wurde auch der sogenannte »Schwur« niedergeschrieben, der nach Vorgaben von Claus entstanden war. Es sollte ein Bekenntnis sein, die Grundsätze des »Neuen Lebens« für die Zeit nach Hitler: »Wir glauben an die Zukunft der Deutschen«, heißt es in der ersten Zeile. »Wir wissen im Deutschen die Kräfte, die ihn berufen, die Gemeinschaft der abendländischen Völker zu schönerem Leben zu führen. / Wir bekennen uns im Geist und in der Tat zu den grossen Überlieferungen unsers Volkes, das durch die Verschmelzung hellenischer und christlicher Ursprünge in germanischem Wesen das abendländische Menschentum schuf. / Wir wollen eine Neue Ordnung, die alle Deutschen zu Trägern des Staates macht und ihnen Recht und Gerechtigkeit verbürgt, verachten aber die Gleichheitslüge und beugen uns vor den naturgegebenen Rängen. / Wir wollen ein Volk, das in der Erde der Heimat verwurzelt den natürlichen Mächten nahebleibt, das im Wirken in den gegebenen Lebenskreisen sein Glück und sein Genüge findet und in freiem Stolze die niederen Triebe des Neides und der Missgunst überwindet. / Wir wollen Führende, die uns aus allen Schichten des Volkes wachsend, verbunden den göttlichen Mächten, durch grossen Sinn, Zucht und Opfer den anderen vorangehen. / Wir verbinden uns zu einer untrennbaren Gemeinschaft, die durch Haltung und Tun der Neuen Ordnung dient und den künftigen Führern die Kämpfer bildet, derer sie bedürfen. / Wir geloben untadelig zu leben, in Gehorsam zu dienen, unverbrüchlich zu schweigen, und füreinander einzustehen.« Es klingt wie eine Beschwörung, ein Vermächtnis für Deutschland nach dem Terror. Hitler zu beseitigen war nur der erste Schritt zur »Neuen Ordnung«, doch dafür war Claus Schenk Graf von Stauffenberg bereit zu sterben.

Am 6. Juli 1944 wurde Stauffenberg ein weiteres Mal auf Hitlers »Berghof« bestellt. Die Besprechung vom 7. Juni zur Mobilisierung der Truppen sollte fortgesetzt werden, und

Wir glauben an die Zukunft der Deutschen.

Wir wissen im Deutschen die Kräfte, die ihn berufen, die
Gemeinschaft der abendländischen Völker zu schönerem Leben zu führen.

Wir bekennen uns im Geist und in der Tat zu den grossen
Überlieferungen unseres Volkes, das durch die Verschmelzung hellenischer und christlicher Ursprünge in germanischem Wesen das abendländische Menschentum schuf.

Wir wollen eine Neue Ordnung die alle Deutschen zu Trägern
des Staates macht und ihnen Recht und Gerechtigkeit verbürgt, verachten aber die Gleichheitslüge und fordern
die Anerkennung der naturgegebenen Ränge.

Wir wollen ein Volk, das in der Erde der Heimat verwurzelt
den natürlichen Mächten nahebleibt, das im Wirken in den
gegebenen Lebenskreisen sein Glück und sein Genüge findet und in freiem Stolze die niederen Triebe des Neides
und der Missgunst überwindet.

Wir wollen Führende, die aus allen Schichten des Volkes wach
send, verbunden den göttlichen Mächten, durch grossen
Sinnd, Zucht und Opfer den anderen vorangehen.

Wir verbinden uns zu einer untrennbaren Gemeinschaft, die
durch Haltung und Tat der Neuen Ordnung dient und den

-2-

–2–

künftigen Führern die Kämpfer bildet, derer sie bedürfen.

Wir geloben

untadelig zu leben,

im Gehorsam
gewissenhaft zu dienen,

unverbrüchlich zu schweigen,

und füreinander einzustehen.

Die Grundsätze eines »Neuen Lebens« für die Zeit nach Hitler – der »Schwur« nach den Vorgaben von Claus Schenk Graf von Stauffenberg mit seinen handschriftlichen Veränderungen

Stauffenberg gleich zweimal vor Hitler referieren. In zwei Sondersitzungen, um 17 Uhr bis 18 Uhr und schließlich um kurz vor Mitternacht bis ein Uhr nachts, trug der frisch beförderte Oberst i. G. dem Diktator über den offiziellen »Walküre«-Plan vor. Diesmal hatte Stauffenberg den Sprengstoff dabei: »Ich habe das ganze Zeug mit«, bedeutete er Stieff, der ebenfalls an den Besprechungen teilnahm. Doch Stieff reagierte entsetzt: »Lassen Sie die Finger gefälligst davon!«, raunte er Stauffenberg zu. Ob Stauffenberg den Mitverschwörer noch einmal auf die Probe stellen wollte oder tatsächlich die Absicht hatte, das Attentat an diesem Tag auszuüben, ist unklar. Da in Berlin keine »Vorwarnung« einging, ist die erste Annahme wahrscheinlicher. Auf jeden Fall wusste er nun gewiss, dass mit Stieff nicht mehr zu rechnen war. Sollte das Attentat erfolgen, musste er es selbst ausführen.

Schon wenige Tage später sollte sich eine ernsthafte Chance bieten, den Diktator zu töten. Am 10. Juli wurde Stauffenberg darüber informiert, dass er sich für den kommenden Tag erneut auf dem »Berghof« einfinden solle. Der Attentäter gab die Nachricht umgehend an Berlin weiter und ließ Goerdeler durch einen Mittelsmann mitteilen, dass seine Anwesenheit in der Reichshauptstadt am nächsten Tag notwendig sei. Am Morgen des 11. Juli flog Stauffenberg von Freilassing nach Salzburg und fuhr von dort mit dem Wagen zum »Führerhauptquartier« auf dem Obersalzberg. In seiner Aktentasche führte er die Sprengladung mit sich. Doch noch vor der sogenannten »Morgenlage« um 13 Uhr wurde bekannt, dass weder Himmler noch Göring an der Besprechung teilnehmen würden. Damit waren die Bedingungen für ein Attentat nicht mehr erfüllt. »Um ... von vornherein zu verhindern, dass jemand auftreten könnte, der die Macht bei sich konzentrieren würde, hätte mein Bruder das Attentat am liebsten bei einer Lagebesprechung ausgeführt, bei der auch der Reichsführer-SS und der Reichsmarschall zugegen wären«, gab Berthold von

Stauffenberg später zu Protokoll. Dem tatkräftigen Stauffenberg widerstrebte es, die Aktion so kurz vor dem Ziel abzusagen. »Herrgott, soll man nicht doch handeln«, wandte er sich fragend an Stieff. Doch der schien erleichtert darüber zu sein, dass das Attentat – einmal mehr – nicht zustande kam. Erneut beschwor er Stauffenberg, die Bombe nicht zu zünden. Kurz vor der Lagebesprechung telefonierte Stauffenberg mit Olbricht in Berlin, doch es blieb bei der Entscheidung: Das Attentat fand an diesem Tag nicht statt.

Kurz nach seiner Rückkehr vom »Berghof«, traf sich Stauffenberg mit seinem Cousin Caesar von Hofacker in Berlin. Der Offizier der Luftwaffe hatte sich 1943 in den Stab von General Carl-Heinrich von Stülpnagel versetzen lassen und stellte die Verbindung zwischen dem militärischen Widerstand in Paris und Berlin her. Anfang Juli 1944 war es ihm gelungen, die große Militärlegende, Generalfeldmarschall Erwin Rommel, für die Verschwörung zu gewinnen. Doch die Nachrichten aus dem Westen klangen alles andere als zuversichtlich. Laut Rommel war die Front »maximal vierzehn Tage bis drei Wochen« zu halten. Hofacker machte überdies Stauffenbergs Hoffnung zunichte, dass jetzt noch ein »Sieg-Friede« oder ein »Kompromiss-Friede« möglich sei. Die Niederlage sei unausweichlich; Ziel könne nur noch eine rasche Kapitulation sein, um Deutschland vor dem Schlimmsten zu bewahren. Stauffenbergs Zuversicht, den Krieg im Westen zu beenden, den Kampf im Osten jedoch weiterzuführen, stufte er als völlig irreal ein. Doch noch immer glaubte der Attentäter, dass die Westalliierten zu Verhandlungen bereit seien, »sobald dafür die Voraussetzung, ein völliger Wechsel des Regimes«, geschaffen wäre. Diese Ansicht entsprach dabei völlig Stauffenbergs handelndem Charakter: Er wollte zunächst Fakten schaffen, alles Weitere ließe sich erst danach beurteilen. »Es bleibt also nichts übrig, als ihn umzubringen«, lautete Stauffenbergs Schluss.

Am 15. Juli 1944 flog Stauffenberg mit Fromm nach Rastenburg, um im »Führerhauptquartier Wolfsschanze« an der »Lage« teilzunehmen. Hitler war einen Tag zuvor vom »Berghof« nach Ostpreußen umgezogen. Die Verlegung kam für Stauffenberg völlig überraschend. Zuletzt war er im Herbst 1942 in der »Wolfsschanze« gewesen, die Örtlichkeit war ihm längst nicht mehr vertraut. Vor allem die neu gebaute Lagebaracke kannte der Attentäter nicht. Dennoch war Stauffenberg entschlossen, zu handeln. Wie ernst es diesmal war, zeigt sich daran, dass seine Mitverschwörer in Berlin im Moment seines Abfluges den »Walküre«-Befehl an die Heerestruppen in der Nähe von Berlin herausgegeben und Alarmbereitschaft angeordnet hatten.

Alles war vorbereitet. Den Sprengstoff hatte Stauffenberg – wie die Male zuvor – in seiner Aktentasche verstaut. Er konnte sich jedoch nicht sicher sein, ob er damit unbehelligt die sogenannten »Sperrkreise« passieren würde, um bis zum »innersten Kreis«, dem »Führersperrkreis« vorzudringen. Tatsächlich gab es in der »Wolfsschanze« eine Vielzahl von Kontrollen, jedoch fanden weder Leibesvisitationen noch Durchsuchungen von Aktentaschen statt. »Kontrolliert wurde er eigentlich nicht, weil er ein sogenannter ›Ein- und Ausgeher‹ war«, erklärt Kurt Larson, damals im »Führerbegleitkommando«. »Es gab viele, die den einzelnen Kommandos, dem Wachpersonal, persönlich bekannt waren, und Stauffenberg gehörte dazu.« Um kurz vor 13 Uhr begab sich der Attentäter mit Fromm und anderen Militärs zu Fuß vom Bunker Keitels zum »Führersperrkreis«. Kurz vor der Lagebaracke blieb die Gruppe stehen. Hitler kam mit seinem Marineadjutanten und einem Sicherheitsbeamten heran. Stauffenberg nahm Haltung an, da geschah das Unglaubliche: Der Diktator schüttelte seinem Attentäter die Hand! Heinrich Hoffmann, Hitlers »Leibfotograf«, hat den historischen Augenblick mit seiner Kamera festgehalten. Stauffenberg steht in Hab-Acht-Stellung neben

Den Sprengstoff für das Attentat in der Aktentasche dabei – Stauffenberg (ganz links) am 15. Juli 1944 im »Führerhauptquartier Wolfsschanze« bei Rastenburg in Ostpreußen – Hitler begrüßt General Karl-Heinrich Bodenschatz, dahinter Generaloberst Friedrich Fromm, rechts Generalfeldmarschall Wilhelm Keitel

Hitler, während dieser General Karl-Heinrich Bodenschatz begrüßt. Der Attentäter blickt starr geradeaus – welche Gedanken mochten ihm in diesem Moment durch den Kopf gehen?

Kurz nach seiner Ankunft im Hauptquartier hatte er mit Stieff und einem weiteren Verschwörer telefoniert. Diese rieten ihm dringend davon ab, das Attentat auszuüben, da Himmler nicht an der Lage teilnähme. Doch Stauffenberg wusste, dass in Berlin bereits die Maßnahmen zum Umsturz in die Wege geleitet worden waren. Als die »Lage« um 13 Uhr 10 begann, war sich Stauffenberg unsicher, was er tun sollte. Er verließ die Besprechung kurz, um mit seinen Komplizen in Berlin zu telefonieren und sich ihres Rückhalts zu versichern. Doch das Telefonat offenbarte die ganze Schwäche der Konspiration. Die Meinungen gingen völlig auseinander, endlose Diskussionen ließen kostbare Zeit verstreichen. Schließlich sprach sich die Mehrheit der Versammelten gegen das Attentat aus. Nur Albrecht Ritter Mertz von Quirnheim, Stauffenbergs Nachfolger als Chef des Stabes im Allgemeinen Heeresamt, antwortete Stauffenberg: »Tu's!« Als der Attentäter die Lagebaracke wenig später wieder betrat, war die Sitzung vorzeitig abgebrochen worden. In einer von Hitler einberufenen Sonderbesprechung musste Stauffenberg selbst referieren und war deshalb nicht in der Lage, die Bombe zu zünden. Die Chance war vertan. »Es ist heute wieder nichts geworden«, sagte er einem Mitverschwörer nach seiner Rückkehr von der »Wolfsschanze« lakonisch. Doch Stauffenbergs Enttäuschung muss grenzenlos gewesen sein. Niemals zuvor hatte er eine bessere Gelegenheit bekommen, Hitler zu töten. Niemals zuvor war er entschlossener gewesen.

In Berlin war man gezwungen, die Alarmbereitschaft als »Übung« zu deklarieren. Dennoch hegten einige Kommandeure den Verdacht, dass es dabei nicht ganz mit rechten Dingen zugegangen war. Schließlich war der »Walküre«-Befehl von Olbricht ausgelöst worden und nicht von dem eigentlich zuständigen Befehlshaber des Ersatzheeres General Friedrich Fromm. Die meisten der Verschwörer wirkten geradezu erleichtert, dass das Attentat erneut gescheitert und sie noch einmal davongekommen waren. Für Stauffenberg jedoch gab es jetzt kein Zurück mehr. Wie immer sonntags, am 16. Juli 1944, telefonierte er mit seiner Frau Nina, die sich mit den Kindern in Bamberg aufhielt. Er bat sie, ihre geplante Reise nach Lautlingen, dem Familiensitz auf der Schwäbischen Alb, abzusagen, nannte ihr jedoch keine Gründe. Zwar war seine Frau in die Attentatspläne eingeweiht, doch hatte Stauffenberg sie zu ihrer eigenen Sicherheit weder über Einzelheiten noch gar über den Zeitpunkt informiert. Falls das Attentat scheiterte, sollte Nina in den Verhören der Gestapo die Naive spielen. Mit keinem Wort erwähnte er in diesem Telefongespräch, dass der Ernstfall unmittelbar bevorstehen könnte. »Tut mir leid«, antwortete Nina. »Mein Gepäck ist schon unterwegs, und die Fahrkarten sind auch schon gekauft.« Es war Sommer, die Kinder freuten sich auf die Ferien, Nina sah keinen Grund, die Reise abzublasen. Daran gewöhnt, für sich und die Kinder Entscheidungen selbst zu treffen, kam sie der Bitte ihres Mannes in diesem Fall nicht nach. Als sie sich an diesem Abend voneinander verabschiedeten, ahnte Nina nicht, dass sie die Stimme ihres Mannes zum letzten Mal hörte.

Am 17. Juli traf die Nachricht ein, dass Generalfeldmarschall Rommel bei einem alliierten Fliegerangriff auf seinen Wagen schwer verletzt worden war und somit für den Staatsstreich ausfiel. Stauffenberg nahm diese Hiobsbotschaft jedoch nur beiläufig zur Kenntnis. In Gedanken war er bereits wieder mit dem Attentat beschäftigt, denn der Oberst i. G. sollte am 20. Juli erneut in der »Wolfsschanze« vor Hitler referieren.

Am Abend des 19. Juli versuchte er noch einmal seine Frau

Nina zu sprechen. Sie befand sich inzwischen in Lautlingen, doch weil in der Nähe Bomben gefallen waren, blieben die Telefonleitungen gesperrt. Schließlich meldete er sich bei seiner Schwiegermutter in Bamberg, um sich zu erkundigen, ob bei der Abreise seiner Frau alles gut gegangen sei. Er teilte ihr außerdem mit, dass der Schwager einer Cousine gefallen sei. Es sollte das letzte Lebenszeichen sein, das seine Familie von ihm erhielt.

Auf der Heimfahrt in die Tristanstraße 8 wies Stauffenberg seinen Fahrer an, den Wagen an einer Kirche im Berliner Stadtteil Steglitz anzuhalten. Die Abendandacht begann soeben, und Stauffenberg war es ein Bedürfnis, sich zu einem stillen Gebet niederzuknien. Am nächsten Tag wollte er das scheinbar Unmögliche wagen: Die Rettung Deutschlands vor dem totalen Untergang, die Beendigung des mörderischen Krieges, des Sterbens an den Fronten und in den Konzentrationslagern. Diesmal musste der Diktator sterben – sonst wäre alles umsonst gewesen.

9 DAS ATTENTAT

Der 20. Juli 1944 versprach ein heißer Tag zu werden. Um sechs Uhr morgens stoppte Stauffenbergs Fahrer Karl Schweizer seinen Wagen vor der Tristanstraße 8 in Wannsee. Wenige Minuten später traten beide Brüder Stauffenberg, Berthold und Claus, aus dem Haus. Claus trug die Aktentasche mit dem Sprengstoff bei sich.

Der Fahrer brachte sie zum südlich von Berlin gelegenen Flugplatz Rangsdorf, wo sie von zwei Mitverschwörern erwartet wurden: Stauffenbergs Adjutant, Oberleutnant Werner von Haeften und Generalmajor Hellmuth Stieff, der tags zuvor in Zossen an einer Geburtstagsfeier teilgenommen hatte. Berthold verabschiedete sich von Claus, die Brüder sollten sich am Nachmittag schon wiedersehen.

Wegen Frühnebels konnte die Kuriermaschine erst gegen acht Uhr abheben, eine Stunde später als geplant. 585 Kilometer Flugstrecke lagen vor Stauffenberg, Stieff und von Haeften. Die Flugzeit zum »Führerhauptquartier« bei Rastenburg in Ostpreußen betrug rund zwei Stunden. Die Nerven der Männer an Bord waren auf das Höchste angespannt. Die Zeit drängte. Die Lagebesprechung, bei der beide Bomben explodieren sollten, war für 13 Uhr angesetzt.

Nach der Landung in Rastenburg blieben den Verschwörern somit nur knapp drei Stunden, um den Sprengstoff vorzubereiten und die Zünder scharf zu machen. Selbst für einen unversehrten Mann war dies ein schwieriges Unternehmen,

181

umgeben von Wachkommandos und dem persönlichen SS-Begleitschutz Hitlers. »Aus meiner Sicht heraus war es völlig idiotisch, dass ein einarmiger Mann das Attentat machen sollte, der auch noch selber die Aktentasche öffnen, zwei Zünder scharf machen sollte, und das innerhalb kürzester Zeit. Das war für meine Begriffe eine Fehlentscheidung«, meint Albrecht von Hagen, Sohn des gleichnamigen Verschwörers, der den Sprengstoff für das Attentat besorgt hatte. »Aber letztlich musste sie getroffen werden, weil niemand anderer da war.« Tatsächlich hatte bis zum Juni 1944 wohl keiner der Verschwörer daran gedacht, dass Stauffenberg selbst Hitler töten könnte. Das Einsetzen und Scharfmachen der Zünder setzte einiges Geschick voraus, der Kriegsversehrte schied somit scheinbar aus. Überdies besaß Stauffenberg zu diesem Zeitpunkt keinen Zugang zu Hitler und wurde dringend in Berlin gebraucht. Nach dem Attentat auf Hitler sollte »Walküre« ausgelöst werden, jener Plan zur Niederwerfung innerer Unruhen, den die Verschwörer so geschickt umgearbeitet hatten, dass die Gegner des Putsches im Sinne der Verschwörer handeln würden. Stauffenberg sollte den Staatsstreich in Berlin leiten, seine Tatkraft und Entschlossenheit machten ihn für den Putsch unentbehrlich. Er habe die Fähigkeit besessen, kühl zu kalkulieren und trotzdem eine enorme innere Bereitschaft besessen, schildern damalige Mitverschwörer Stauffenbergs dessen Charaktereigenschaften. Er sei im besten Sinne ein großer Patriot gewesen, der sein eigenes Leben gering einschätzte gegen die Möglichkeit, sein Vaterland zu retten.

Alle Versuche, Hitler zu töten, waren bis dahin gescheitert. Unruhe und Zweifel hatten viele der Verschwörer erfasst. Je länger sich das Attentat verzögerte, desto mehr wuchs die Furcht vor einer Aufdeckung der Verschwörung. Etliche Mitglieder des militärischen Widerstands wurden seit Langem von der Gestapo überwacht, aus den zivilen Widerstandskreisen waren in den letzten Monaten einige Mitglieder verhaftet worden. Als mit der Landung der Alliierten in der Normandie am 6. Juni 1944 das Ende des Krieges absehbar erschien, musste schließlich der Sinn eines Umsturzes infrage gestellt werden, auch wenn die treibenden Kräfte der Verschwörung den Einsatz zur »Rettung von Hunderttausenden von Menschenleben und zur inneren Reinigung und Rettung der Ehre« forderten. Es schien, als sei die Verschwörung in eine Sackgasse geraten. Mitte Juni deutete sich jedoch eine Lösung der Probleme an: Stauffenberg wurde zum Chef des Stabes des Ersatzheeres ernannt, damit erhielt er Zugang zu Hitler. Anfang Juli schrieb Werner von Haeften, der Adjutant Stauffenbergs, an einen Freund: »Claus denkt daran, die Sache selbst zu machen.«

Gegen 10 Uhr 15 landete die Maschine auf dem Flugplatz Rastenburg. Wie am 15. Juli wurde Stauffenberg von einem Wagen der Kommandantur abgeholt und in die rund sechs Kilometer entfernte »Wolfsschanze« gebracht. Stieff ließ sich zum OKH-Hauptquartier nach »Mauerwald« fahren, Haeften begleitete ihn, mitsamt der Aktentasche, in der zwei Plastiksprengstoffladungen mit einem Gesamtgewicht von etwa vier Pfund steckten. Er sollte seinen Chef erst wieder gegen zwölf Uhr in der »Wolfsschanze« treffen. Diese Schaltzentrale deutscher Kriegsführung erstreckte sich über ein Gebiet von etlichen Quadratkilometern. Eine Hauptstraße durchquerte die Anlage von West nach Ost, parallel dazu verlief eine Eisenbahnstrecke. Eingeteilt war die »Wolfsschanze« in mehrere Sicherheitszonen, sogenannte Sperrkreise. Im Sperrkreis 2 waren die Unterkünfte der Wehrmacht und der Nachrichtendienste platziert, ein Kasino für die Mannschaften, ein Krankenrevier und eine Sauna. Im Sperrkreis 1 befanden sich unter anderem der Wehrmachtsführungsstab, die Adjutantur der Wehrmacht, der Nachrichten- und der Führerbunker. Dort hatten auch Göring, Himmler, Bormann, Keitel und Speer ihre Quartiere.

Ein kleiner, besonders gesicherter Bezirk, der Sperrkreis 1a, umfasste den Gästebunker und eine einfache Holzbaracke, in der seit einiger Zeit die täglichen Lagebesprechungen stattfanden. Hitler hatte Mitte Juli sein Hauptquartier vom Obersalzberg in die »Wolfsschanze« verlegt. Die Umbauarbeiten vor allem am Nachrichten- und Führerbunker waren zu diesem Zeitpunkt noch nicht beendet. Hitler wohnte deshalb zeitweise im Gästebunker.

Auch am 20. Juli 1944 sollte die »große Morgenlage« in der Baracke im Sperrkreis 1a stattfinden. Doch Stauffenberg ließ sich zunächst in das Kasino im Sperrkreis 2 bringen, das im »Kurhaus Görlitz« untergebracht war. Vor dem Gebäude war an diesem heißen Julimorgen unter einer Eiche ein Tisch gedeckt worden, an dem auch Stauffenberg Platz nahm. Gemeinsam mit Offizieren des Stabes des Kommandanten, darunter dessen Adjutant Rittmeister Leonhard von Möllendorf, nahm er ein Frühstück ein, trank Kaffee und führte Telefongespräche. Mit Möllendorf ging er plaudernd auf und ab. Keiner der Anwesenden gab später zu Protokoll, dass Stauffenberg besonders nervös gewesen sei.

Gegen elf Uhr ließ sich Stauffenberg in den Sperrkreis 1 zur Baracke des Wehrmachtsführungsstabes fahren, wo bei General Buhle, dem Chef des Heeresstabes beim OKW, eine Besprechung stattfand. Der Wachtposten vor dem Sperrkreis machte eine reine Personenkontrolle. Der Inhalt der Aktentaschen wurde nicht kontrolliert. In der Besprechung ging es um die Aufstellung sogenannter »Sperrdivisionen«, die Ostpreußen vor dem Ansturm der Roten Armee abriegeln sollten. Exakt darüber sollte Stauffenberg in der Lagebesprechung vor Hitler referieren. Gegen 11 Uhr 30 ging Stauffenberg mit Buhle und anderen Offizieren aus dem Wehrmachtsführungsstab zur Amtsbaracke des Feldmarschalls Keitel, Chef des OKW, um noch einmal Hitlers mögliche Fragen in der bevorstehenden Lagebesprechung durchzugehen. Inzwischen war auch Haeften wieder zu seinem Chef gestoßen. An den Besprechungen nahm er nicht teil, fiel jedoch durch unruhiges Verhalten auf. Zwar trug Haeften die bewusste Aktentasche bei sich, aber offenkundig hatte er den Sprengstoff zeitweise separat deponiert. Denn ein seltsames, mit Tarnzeltplane umwickeltes Päckchen auf dem Fußboden des Flurs erregte plötzlich die Aufmerksamkeit des Oberfeldwebels Werner Vogel aus Keitels Stab. Als er Haeften fragte, ob das Päckchen ihm gehöre, erwiderte dieser, Oberst Graf Stauffenberg brauche es für seinen Vortrag beim »Führer«. Kurz vor zwölf Uhr konnte Vogel das Päckchen nicht mehr sehen.

Gegen zwölf Uhr rief Hitlers Diener, SS-Hauptsturmführer Heinz Linge, Keitel an, um daran zu erinnern, dass die Lagebesprechung von 13 Uhr auf 12 Uhr 30 vorverlegt worden war, weil um 14 Uhr 30 Hitlers alter Bundesgenosse Mussolini in der »Wolfsschanze« erwartet wurde. Als um 12 Uhr 25 schließlich die Ankunft Generalleutnant Heusingers gemeldet wurde, der den krankgeschriebenen Generalstabschef Zeitzler vertrat, drängte Keitel zum Aufbruch. Somit blieben Stauffenberg nur wenige Minuten, um die Bomben scharf zu machen. Beim Hinausgehen fragte er Keitels Adjutanten Ernst John von Freyend, wo er sich vor der Lagebesprechung frisch machen und sein Hemd wechseln könne. Mit Haeften zog er sich in einen schmalen Aufenthaltsraum nahe dem Barackeneingang zurück. Dort begannen die beiden – wie Oberfeldwebel Vogel im Vorübergehen beobachtete – mit einem »Gegenstand« zu hantieren.

Der »Gegenstand« bestand aus zwei Paketen Plastiksprengstoff deutscher Herstellung von je 975 Gramm Gewicht mit je zwei britischen Übertragungsladungen. Diese hatten ebenfalls britische Zünder für etwa 30 Minuten Zündverzögerung. Stauffenbergs Bomben waren also deutsch-britische Gemeinschaftsproduktionen. Das Zusammensetzen dieser Bomben war ein äußerst komplizierter Vorgang. Zunächst musste die Sprengladung mit einem Zünder versehen werden. Dann folgte der heikelste Schritt, das Aktivieren des Zünders. Mit einer Flachzange, die speziell für diesen Zweck so gebogen worden war, dass Stauffenberg sie mit drei Fingern bedienen konnte, musste er die Kupferhülse des Zünders zusammenpressen. Dadurch wurden die Säureampullen, die in der Hülse steckten, zerbrochen, die Säure trat aus und zerfraß die Spanndrähte, die den Schlagbolzen hielten. Bei alldem musste der Attentäter enorme Vorsicht walten lassen. Hätte er beim Hantieren die Spanndrähte geknickt, wäre der Zündmechanismus defekt gewesen. Durch ein kleines Loch prüfte Stauffenberg anschließend, ob die Feder mit dem Zündbolzen noch gespannt war. Sodann entfernte er einen Sicherungsstift und setzte den Zünder in die Übertragungsladung ein. Die Bombe war scharf.

Die Zündverzögerung war auf maximal dreißig Minuten berechnet, doch nach Auskunft der Fachleute konnte die Bombe bei warmem Wetter schon nach fünfzehn bis zwanzig Minuten explodieren. Freilich hatte derselbe Zündertyp im März 1943 schon einmal versagt. Um die Zündsicherheit zu erhöhen, musste Stauffenberg also nicht nur einen, sondern auch noch einen zweiten und wenn möglich einen dritten Zünder aktivieren.

Doch bevor es den unter enormer Anspannung stehenden Verschwörern gelang, die zweite Bombe scharf zu machen, wurde die Tür zum Aufenthaltsraum aufgestoßen. Mitverschwörer Erich Fellgiebel, General der Nachrichtentruppe, hatte bei Keitel angerufen und darum gebeten, Stauffenberg zu sprechen. Es sei dringend. Es war Oberstleutnant John von Freyend, der das Gespräch annahm und Oberfeldwebel Vogel losschickte, um Stauffenberg zu holen und zur Eile anzumahnen.

Als Vogel die Tür zum Aufenthaltsraum öffnete, stieß er gegen Stauffenbergs Rücken, erblickte viele Papiere, die verstreut herumlagen und sah, wie Stauffenberg und Haeften in großer Hast mit einem Gegenstand hantierten. Der irritierte Vogel meldete: »Telefon für Oberst Stauffenberg!« Der erwiderte erregt: »Ich komme gleich!« Zur selben Zeit rief John vom Ausgang: »Stauffenberg, so kommen Sie doch!« Noch einige Sekunden lang blieb Vogel an der Tür stehen. Stauffenberg ließ rasch die scharf gemachte Sprengladung in seine Aktentasche gleiten.

Die zweite, nicht aktivierte Bombe nahm Haeften überstürzt an sich. Es war dies der fatale Fehler, der das Attentat auf Hitler schließlich scheitern ließ. Denn bei der Explosion der ersten Sprengladung wäre auch die zweite Ladung hochgegangen – trotz des fehlenden aktiven Zünders. Beide Sprengladungen zusammen aber hätten Fachleuten zufolge ausgereicht, um alle Teilnehmer der Lagebesprechung zu töten.

Der Anruf Fellgiebels war, was den Zeitpunkt angeht, ausgesprochen unglücklich. Und doch war er offenbar verabredet gewesen. Denn Stauffenberg brauchte wenig später in der Lagebaracke einen Vorwand, um die Besprechung zu verlassen. Der Anruf Fellgiebels, der um raschen Rückruf gebeten hatte, bot ihm einen solchen.

Warum Stauffenberg es unterlassen hatte, die zweite Bombe ebenfalls in seine Aktentasche zu stecken, ist nach wie vor eine offene Frage. Am plausibelsten ist wohl der Hinweis auf die enorme Erregung, unter der er in diesem Augenblick stand. Er war im Bannkreis des Diktators, immer in Gefahr, entdeckt zu werden. Er stand kurz davor, den Tyrannen zu töten, der sein Volk in einen Krieg ungeheuren Ausmaßes geführt hatte. Hitlers Tod sollte das millionenfache Morden beenden, Deutschland vor dem Untergang bewahren, Millionen Menschenleben retten. So viele Attentate waren bisher gescheitert. Jetzt hing alles von ihm, Stauffenberg, ab. Und ausgerechnet jetzt wurde er, der Kriegsversehrte, beim Scharfmachen der Bombe gestört. Dass die zweite Bombe nicht in seiner Aktentasche steckte, sondern in der Haeftens, war gleichwohl die erste Fehlleistung in einer ganzen Kette tragischer Versäumnisse, die den Ablauf der Geschichte dieses Tages überschatten sollten.

Während Stauffenberg versuchte, Keitel und seine Begleiter, die bereits vorausgegangen waren, einzuholen, eilte Haeften davon, um einen Wagen zu besorgen, der beide Verschwörer später zum Flugplatz bringen sollte. Auf dem Weg zur Lagebaracke bot Keitels Adjutant dem kriegsversehrten Oberst an, die schwere Aktentasche zu tragen – er hatte schon die Hand an deren Griff. Stauffenberg riss die Tasche jedoch förmlich an sich und lehnte Johns Angebot barsch ab.

Kurz nach 12 Uhr 30 erreichte die Gruppe den Sperrkreis 1a. An diesem Tag versah der Wachtposten Kurt Salterberg dort seinen Dienst: »Meine Aufgabe war es, jeden zu kontrollieren, der den Sperrkreis 1a betrat oder ihn wieder verließ. Es gab nur einige Ausnahmen. Die Personen, die mit Keitel kamen, brauchten wir nicht zu kontrollieren. Stauffenberg habe ich am 20. Juli zum ersten Mal gesehen. Er fiel mir wegen seiner Augenbinde auf. Die Aktentasche hatte er unter seinen Arm geklemmt. Ich musste ihn nicht kontrollieren, denn er ging mit Keitel in den Sperrkreis.« Und Salterberg fügt hinzu: »Wir hatten wirklich Anweisung, nur Personenkontrollen vorzunehmen, keine Gepäckkontrollen, keine Kontrollen von Aktentaschen, auch nicht auf Waffen. Da hätte jemand ein Maschinengewehr auf dem Rücken tragen können, ich hätte ihn trotzdem durchgelassen.«

Kurz bevor die Gruppe die Lagebaracke betrat, überreichte Stauffenberg dem überraschten John nun doch seine Aktentasche mit den Worten: »Können Sie mich bitte möglichst nah beim Führer platzieren, damit ich für meinen Vortrag nachher alles mitbekomme?«

Im Vorraum des Konferenzzimmers legte Stauffenberg Dienstmütze und Koppel ab. Dann betrat er den Raum. Die Lagebesprechung hatte bereits begonnen. Hitler und General

Warlimont, stellvertretender Chef des Wehrmachtsführungsstabes, drehten sich um. Jahre später erinnerte sich Warlimont an diesen Augenblick: »Das klassische Bild des Kriegers durch alle geschichtlichen Zeiten. Ich kannte ihn kaum, aber wie er dort stand, das eine Auge durch eine schwarze Binde verdeckt, einen verstümmelten Arm in einem leeren Uniformärmel, hoch aufgerichtet, den Blick geradeaus auf Hitler gerichtet, der sich nun auch umgedreht hatte, bot er, wie gesagt, ein stolzes Bild, wie man es von dem Generalstabsoffizier, dem deutschen Generalstabsoffizier jener Zeit, gewöhnt war.«

Keitel meldete Hitler, dass Oberst Schenk Graf von Stauffenberg über die Neuaufstellungen der Sperrdivisionen berichten werde. Hitler gab Stauffenberg »mit dem üblichen prüfenden Blick wortlos« die Hand. Keitels Adjutant John bat den neben Heusinger stehenden General der Flieger, Günther Korten, Stauffenberg seinen Platz am Kartentisch zu überlassen und stellte die bewusste Aktentasche vor ihn hin. Stauffenberg schob sie so weit wie möglich in die Nähe Hitlers, unter den massiven rechteckigen Holztisch, der auf zwei schweren eichenen Holzsockeln ruhte und auf dessen Tischplatte die Lagekarten der Ostfront ausgebreitet waren. Dann murmelte er etwas von einem dringenden Telefongespräch und verließ mit John den Raum.

Die Aktentasche ragte unter dem Tisch hervor. Es war wohl Oberst Brandt, Heusingers Stellvertreter, der sie mit dem Fuß so weit unter den Tisch schob, dass sie auf der anderen Seite des massiven Tischsockels liegen blieb. Diese Handlung kostete Brandt das Leben – und rettete das Leben Hitlers.

Draußen bat Stauffenberg John um eine Telefonverbindung mit General Fellgiebel. John gab dem Telefonisten den Auftrag, Stauffenberg nahm den Hörer, John ging zurück ins Lagezimmer. Stauffenberg legte den Hörer zur Seite – das Telefonat war ja nur ein Vorwand – und verließ das Gebäude.

Wachtposten Salterberg sah Stauffenberg die Baracke verlassen.«Er kam ganz ruhigen Schrittes aus der Baracke heraus, nicht schnell, sondern ganz normal. Aber er war ohne Koppel und Mütze. Ich hatte den Eindruck, dass er vielleicht etwas vergessen hatte ... Ich dachte, der geht nur und muss noch irgendwelche Unterlagen holen ...«

Stauffenberg ging zum Gebäude der Adjutantur, wo er Haeften mit dem Wagen zu finden hoffte. Dort traf er nicht nur auf Haeften, sondern auch auf Fellgiebel. Der Wagen war noch nicht da. Haeften forderte in höchster Erregung die sofortige Beschaffung. Und während sie zusammen die Adjutantur verließen, fragte Hitler im Lageraum bereits nach Stauffenberg. General Buhle, Chef des Heeresstabes beim OKW, machte sich leicht ungehalten auf die Suche. Es war gegen 12 Uhr 42. Im Lageraum schilderte Generalleutnant Heusinger gerade die Situation bei der Heeresgruppe Nord:»Der Russe dreht mit starken Kräften westlich der Düna nach Norden ein. Seine Spitzen stehen bereits südwestlich Dünaburg. Wenn jetzt nicht endlich die Heeresgruppe vom Peipussee zurückgenommen wird, dann werden wir eine Katastrophe ...« In diesem Augenblick detonierte die Bombe. Eine gelbe und blaue Stichflamme schoss auf, Trümmer wirbelten durch die Luft. Wachtposten Kurt Salterberg war Augenzeuge:»Die Fenster der Lagebaracke hatten wegen der Hitze offen gestanden, und durch die Explosion wurden Trümmer und Papiere durch die Fenster geschleudert, auch Leute flogen raus oder sprangen. Es gab eine gewaltige Staubwolke, im ersten Moment konnte man gar nicht viel erkennen, aber man hörte lautes Schreien und Stöhnen ...«

Stauffenberg, der mit Haeften, Fellgiebel und dem Nachrichtenoffizier Oberstleutnant Sander vor die Adjutantur getreten war, zuckte heftig zusammen, als die ohrenbetäubende Detonation zu hören war. Der zum Schein bestürzte Fellgiebel fragte mit gespielter Ahnungslosigkeit, was denn da los sei. Sander erwiderte, es komme häufig vor, dass Tiere auf den

Minengürtel treten. Inzwischen kam der Wagen. Der Fahrer, Leutnant Kretz, machte Stauffenberg noch darauf aufmerksam, dass er Mütze und Koppel vergessen habe. Doch der Attentäter bedeutete ihm unwillig, loszufahren. Zwischen Explosion und Abfahrt waren gerade mal dreißig Sekunden vergangen.

Der Wagen fuhr sogleich in Richtung Torwache des Sperrkreises 1. An der Lagebaracke wies Stauffenberg den Fahrer an, langsamer zu fahren. »Nach dem Attentat, die Explosion war eben erfolgt, da habe ich Stauffenberg noch einmal gesehen«, erinnert sich Wachtposten Salterberg, »er fuhr in einem PKW vorbei, dabei stand er aufrecht im Wagen und blickte in Richtung Lagebaracke.«

Was sah Stauffenberg in diesem Augenblick? Fellgiebel erklärte später, er und Stauffenberg hätten gesehen, wie ein »unter dem Umhang des Führers liegender Verletzter herausgetragen wurde«, woraus Stauffenberg geschlossen habe, dass Hitler tot sei. Augenzeuge Salterberg bezweifelt diese Darstellung: »Es war ja noch so viel Staub in der Luft, die Staubwolke hatte sich ja noch gar nicht richtig verzogen. Er hat vielleicht die Verwundeten auf dem Rasen gesehen und ihr Schreien gehört. Aber ein endgültiges Bild, was passiert war, konnte er sich in diesem Augenblick nicht verschaffen. Er konnte auch nicht feststellen, ob der Führer tot war oder nicht.«

War es bloßes Wunschdenken? Jedenfalls sagte Stauffenberg noch fünfeinhalb Stunden später, als er sein Zimmer in der Bendlerstraße betrat, Hitler sei tot, er habe gesehen, wie man ihn herausgetragen habe.

Doch der Tyrann hatte überlebt. Er war nur leicht verletzt, hatte ein paar Schrammen abbekommen, etliche Prellungen erlitten, einige Haare versengt, die Hose zerrissen. Zum Zeitpunkt der Explosion hatten sich vierundzwanzig Männer im Lageraum aufgehalten. Alle waren zu Boden geschleudert worden, fast allen hatte es das Trommelfell zerrissen, etlichen standen die Haare in Flammen, während Glassplitter und Holzteile durch die Luft wirbelten. Der große Eichentisch war zusammengebrochen, die Platte zur Hälfte in einzelne Stücke zertrümmert. Jene sieben Männer, die rechts von dem Holzsockel standen – Oberst Heinz Brandt, General Günther Korten, General Karl-Heinrich Bodenschatz, Generalleutnant Rudolf Schmundt, Oberst Heinrich Borgmann, Vizeadmiral Karl-Jesco von Puttkamer und der Stenograf Dr. Heinrich Berger –, lagen tot oder schwer verletzt am Boden. Die anderen siebzehn Männer, die sich links vor dem Holzsockel aufhielten, waren unversehrt oder nur leicht verletzt – so auch Hitler. Als die Detonation verklungen war, hörte man, in all dem Chaos aus Feuer und Rauch, die Stimme Keitels: »Wo ist der Führer?« Und als Hitler sich erhob, stürzte er auf ihn zu, umarmte ihn und rief: »Mein Führer, Sie leben, Sie leben!«

Gestützt von seinem persönlichen Adjutanten Julius Schaub und seinem Diener Heinz Linge verließ der Diktator die Lagebaracke. »Er war blutig an den Händen und im Gesicht, seine Hose war bis über die Oberschenkel zerfetzt«, schildert Augenzeuge Salterberg den Anblick: »Hitler ging ganz nach vorne geneigt und ließ sich stützen. Nach einigen Metern blieb er plötzlich stehen, drehte sich um und blickte ganz eingehend auf die Baracke.« Dass die Lagebesprechung in einer Baracke stattgefunden hatte und nicht wie in früheren Jahren in dem massiven Bunkerbau, rettete Hitler das Leben – und kostete noch Millionen Menschen das ihre. In der Baracke hatte der Explosionsdruck durch die Holzwände und die geöffneten Fenster entweichen können. Im betonierten Bunker wäre das nicht möglich gewesen. Dort hätte die Explosion den Anwesenden die Lungen zerrissen.

Zu diesem Zeitpunkt hatten Stauffenberg und Haeften bereits den ersten von zwei bewachten Durchlässen passiert. Der wachhabende Leutnant hatte zwar die Explosion gehört und die Folgen zum Teil auch gesehen. Doch da er Stauffenberg vom Aussehen kannte und dieser zudem einen gültigen Ausweis besaß, durfte der Attentäter mit Haeften passieren. Erst anderthalb Minuten später wurde in der »Wolfsschanze« Alarm ausgelöst.

An der Außenwache Süd war die Lage kritischer. Inzwischen war Alarm gegeben und eine allgemeine Sperre angeordnet worden. Feldwebel Kolbe vom »Führerbegleitbataillon« ließ sich von Stauffenbergs bewusst herrischem Auftreten nicht beeindrucken und verweigerte ihm die Durchfahrt. Auf einmal schien die gesamte Aktion infrage gestellt. Und erneut bewies der Attentäter enorme Kaltblütigkeit. Obwohl Stauffenberg mit dem Kommandanten des »Führerhauptquartiers«, Oberstleutnant Gustav Streve, zum Mittagessen verabredet war, befahl er Kolbe, unverzüglich eine Telefonverbindung zu Streve herzustellen. Wäre Streve, der als äußerst strenger Kommandant galt, am Apparat gewesen – er hätte Stauffenberg wohl kaum passieren lassen. Doch Streve war bereits auf dem Weg zum Tatort Lagebaracke. An seiner Stelle meldete sich Rittmeister Möllendorf, mit dem Stauffenberg gefrühstückt hatte. Der schätzte Stauffenberg sehr und kannte zudem den Grund für den ausgelösten Alarm noch nicht. Stauffenberg erklärte Möllendorf, dass er vom Kommandanten die Erlaubnis zum Verlassen des Sicherheitsbereiches habe und unbedingt um 13 Uhr 15 fliegen müsse. Es war pures Vabanquespiel. Doch es glückte. Möllendorf befahl dem wachhabenden Feldwebel, Stauffenberg passieren zu lassen. »Schlagbaum öffnen«, wies Kolbe den Posten an.

Die gut sechs Kilometer lange Strecke zum Rastenburger Flugfeld war schmal und kurvenreich. Stauffenberg trieb den Fahrer zur Eile an. Der beobachtete im Rückspiegel, wie Haeften ein Päckchen aus dem offenen Wagen warf. Später wurde am Rande der Straße tatsächlich das zweite Sprengstoffpaket gefunden, das Stauffenberg nicht mehr hatte scharf machen können.

Wohl kurz nach 13 Uhr erreichte der Wagen den Flugplatz. Stauffenberg und Haeften stiegen an der letzten Sperre aus und eilten die letzten hundert Meter zum Flugzeug – einer Heinkel 111, die Generalquartiermeister Eduard Wagner, ein Mitverschwörer, für Stauffenberg geordert hatte. Gegen 13 Uhr 15 hob die Maschine ab – Richtung Berlin.

Inzwischen war im »Führerhauptquartier« die Suche nach dem »Täter« angelaufen. Zunächst wurden ausländische Zwangsarbeiter verdächtigt, die an den Umbauten der Bunker und Baracken arbeiteten. Ein weiterer Verdacht fiel auf den Oberwachtmeister Schneider aus der Telefonzentrale, der am Morgen des 20. Juli die Telefongeräte in der Lagebaracke kontrolliert hatte. Die Explosion war, Augenzeugenberichten zufolge, offenkundig in dem Augenblick erfolgt, in dem ein Teilnehmer der Lagebesprechung den Hörer abgenommen hatte, um ein Gespräch zu führen. Der Verdacht kam auf, dass dort eine Zündung eingebaut worden sei. Doch recht bald wurde Schneider von Hitlers Diener Linge entlastet. Dann aber meldete der Wachtmeister Arthur Adam an Martin Bormann, dass Oberst Graf Stauffenberg kurz vor der Explosion ohne Mütze und Koppel die Lagebaracke verlassen habe. Bormann brachte Adam zu Hitler, rasch fügte sich Indiz an Indiz, und bald war offenkundig, wer das Attentat verübt hatte. Noch aber war in Rastenburg nicht klar, dass es sich nicht nur um einen Einzeltäter handelte, sondern dass eine ganze Verschwörung dahinterstand. Als bekannt wurde, dass Stauffenberg schon in der Luft war, erging ein Befehl des »Führerhauptquartiers« nach Berlin, eine aus Ostpreußen kommende He 111 mit angegebener Nummer abzuschießen. Bormann vermutete wohl, dass Stauffenberg nach seinem Anschlag ins Ausland zu fliehen versuchte. Die russische Front war nur noch wenige hundert Kilometer von der »Wolfsschanze« entfernt. Dieser Befehl geriet auf den Schreibtisch des Luftwaffen-Majors Friedrich Georgi, General Olbrichts Schwiegersohn, der ihn in dem Gefühl, er müsse etwas mit der Verschwörung, in die er eingeweiht war, zu tun haben, nicht weitergab.

Kurz nachdem die Nachricht von einem Anschlag ihn erreicht hatte, beorderte SS-Chef Himmler den Chef des Reichssicherheitshauptamts, Ernst Kaltenbrunner sowie den Kriminalrat Bernd Wehner von Berlin nach Rastenburg und gab den Auftrag, das Attentat logistisch, technisch und politisch aufzuklären. Als Wehner zum Flughafen Tempelhof kam, wartete Kaltenbrunner bereits auf ihn. Offenbar war er noch nicht über den aktuellen Stand der Dinge unterrichtet. Denn der SS-Mann begrüßte den überraschten Kriminalexperten mit den Worten:»Der Führer ist tot.« Und seelenruhig schloss er daran den Vorschlag an, dass man sich doch auf dem Flug nach Ostpreußen die Zeit mit einer Runde Skat vertreiben könne.

Auf der Strecke zwischen Rastenburg und Berlin mögen sich beide Maschinen begegnet sein. Was Stauffenberg in den zweieinhalb Stunden Flugzeit durch den Kopf ging, können wir nur erahnen. Er war isoliert vom Geschehen, zur Untätigkeit verdammt, und vor allem gepeinigt von der Frage, was die Mitverschwörer, wie vereinbart, in der Zwischenzeit wohl alles eingeleitet haben mochten. Denn er wusste: Er, der Attentäter, hatte eine Doppelrolle. Er musste nach vollbrachter Tat auch noch den Staatsstreich leiten.

Der aber konnte nur gelingen, wenn die Zeit bis zu seiner Ankunft in Berlin genutzt wurde. Alles kam nun darauf an, ob und wie die Nachrichtenverbindungen funktionierten – oder eben nicht.

10 DER STAATSSTREICH

Nach den Plänen der Verschwörer sollte General Erich Fellgiebel dafür sorgen, dass nach dem Attentat keine Meldungen aus der »Wolfsschanze« nach draußen drangen. Zum anderen hatte er die Aufgabe, sofort nach der erfolgten Detonation der Bombe die Verschwörer zu informieren. Schon vor der Explosion waren alle Maßnahmen getroffen worden, um eine Nachrichtensperre zu verhängen.

Es war Hitlers Luftwaffen-Adjutant Nicolaus von Below, der das Attentat im Lagezimmer miterlebt hatte und unmittelbar danach, trotz seiner Verletzung, sofort zum Vermittlungsbunker eilte, um die Nachrichtenwege zu kontrollieren. Below befahl nicht nur, den sofortigen Alarm auszulösen, sondern ordnete überdies auch selber eine generelle Nachrichtensperre an.

Dies kam Fellgiebels Auftrag entgegen. Denn nun brauchte er nur noch die ohnedies schon vorbereitete Nachrichtensperre zu bestätigen. Die Sperre dauerte dann tatsächlich rund zwei Stunden, doch sie war nicht lückenlos. Fellgiebel, Wagner, Keitel, Himmler und andere »hohe Tiere« konnten weiterhin telefonieren. Weniger erfreulich für den Nachrichtengeneral war der Anblick, der sich ihm wenig später bot: Im »Führersperrkreis« sah er Hitler innerhalb der Umzäunung auf und ab gehen. Der Diktator hatte überlebt.

Der konsternierte Fellgiebel rief seinen Stabschef im OKH-Hauptquartier »Mauerwald«, Oberst Kurt Hahn, an:

»Es ist etwas Furchtbares geschehen. Der Führer lebt!« Sodann nahm er mit der Zentrale der Verschwörer in Berlin Kontakt auf, um sie zu informieren, dass die Bombe explodiert sei, Hitler aber überlebt habe. Dennoch drängte Fellgiebel darauf, dass der geplante Staatsstreich durchzuführen sei. Doch General Fritz Thiele, der das Gespräch im Bendlerblock entgegennahm, reagierte wie unter Schock. Er tat erst einmal gar nichts – ja, er brach kurzerhand, und offenkundig auch, ohne Olbricht zu informieren, zu einem »Spaziergang« auf. Für nahezu zwei Stunden war er unauffindbar. Er war der Erste der Verschwörer, der angesichts des gescheiterten Anschlags die Nerven verlor.

Noch am Abend dieses Tages sollte Thiele seine Beteiligung an der Verschwörung so geschickt vertuschen, dass er für eine Gnadenfrist von ein paar Tagen gar zum Nachfolger Fellgiebels ernannt wurde und die Geschehnisse im Bendlerblock mit »aufklären« half.

Die Konspiration hatte ihren Plan »Walküre« auf Hitlers Tod aufgebaut – nun, da er überlebt zu haben schien, war die Verwirrung groß. Für den Fall eines vollzogenen, aber misslungenen Attentats war nichts vereinbart worden. Und sowohl bei Thiele wie bei Fellgiebel zeigte sich bereits eine Tendenz, die an diesem Tag noch weiter um sich greifen sollte: Stauffenbergs Mitverschwörer dachten zunehmend daran, sich selbst zu retten.

Auch General Olbricht war unschlüssig, wie er sich verhalten sollte. Er hatte die Nachricht von Hitlers Überleben vom Generalquartiermeister Wagner in Zossen erhalten und mit diesem beschlossen, das Beste sei nun, so zu tun, als wisse man von nichts. Die Herren begaben sich zum Mittagessen und kehrten erst gegen 15 Uhr wieder zurück. Auch dies geschah, um für den Fall des Falles den Anschein von Mitwisserschaft zu vermeiden. Doch wertvolle Zeit ging verloren.

Um ein gerechtes Urteil zu fällen, muss freilich festgehal-

Arbeitszimmer im Bendlerblock – gemeinsam mit General Friedrich Olbricht, Oberst Albrecht Ritter Mertz von Quirnheim und Henning von Tresckow arbeitete Claus Schenk Graf von Stauffenberg den Operationsplan »Walküre« aus

ten werden, dass Olbricht zu diesem Zeitpunkt gar nicht wissen konnte, ob der Attentäter Stauffenberg nach dem missglückten Anschlag etwa verhaftet oder gar erschossen worden war. Ohne ihn »Walküre« auszulösen aber war für Olbricht vorerst undenkbar.

Hinzu kam, dass Olbricht die fünf Tage zuvor missglückte Aktion noch allzu gegenwärtig war. An diesem 15. Juli hatten die Verschwörer in Berlin schon einmal verfrüht »Walküre« ausgelöst. Doch die Bombe war an diesem Tag bekanntlich nicht gezündet worden. Nur mit einiger Mühe konnte die Aktion im Nachhinein als »Übung« deklariert werden.

Der einzige Verschwörer in Berlin, der sofort und mutig handelte, war Olbrichts Stabschef Oberst Mertz von Quirnheim. Er hatte die Nachricht vom Anschlag auf Hitler zur gleichen Zeit wie Olbricht erhalten. Sofort bemühte er sich, die für »Walküre« vorgesehenen Truppen von der Panzerschule Krampnitz nach Berlin zu bringen und erteilte gegen 14 Uhr auch der Infanterieschule Döberitz den Einsatzbefehl. Fatalerweise aber war der in den Umsturz eingeweihte Oberst

Müller an diesem Tag auf Dienstreise, sodass das dortige Lehrbataillon seinen Auftrag, unter anderem die Sender Nauen und Tegel zu besetzen, nicht erfüllte. Zudem befahl Mertz »seinem« Sachbearbeiter für Alarmvorbereitungen in den Wehrkreiskommandos, Major Fritz Harnack, sofort telefonisch und durch Fernschreiben die »Walküre«-Maßnahmen in allen Wehrkreisen auszulösen. Doch Harnack zögerte noch. Wie war die Rückbestätigung?

Zwischen 15 und 15 Uhr 15 kehrten Olbricht und Thiele endlich von ihren Mahlzeiten zurück. Noch immer war kein Schwung in die Aktion gekommen. Thiele führte ein zweites Gespräch mit Rastenburg und teilte als Ergebnis mit, es habe eine »Explosion in dem Besprechungssaal« des »Führerhauptquartiers« gegeben, »wobei eine größere Anzahl von Offizieren schwer verwundet« worden sei. Überdies meine er zwischen den Worten auch herausgehört zu haben, »dass der Führer schwer verwundet oder sogar tot« sei. Doch nach an »Sicherheit grenzende Wahrscheinlichkeit« klang das noch nicht.

Erst ein Anruf vom Flugfeld Mangsdorf brachte die Dinge in Bewegung. Gegen 15 Uhr 45 waren Stauffenberg und Haeften dort gelandet. Noch vom dortigen Kommandogebäude aus rief Haeften in der Bendlerstraße an und erklärte, dass Hitler tot sei. Zum ersten Mal hörten die Verschwörer eine Nachricht, die ihnen Sicherheit zu geben schien.

Jetzt ließ Mertz von Quirnheim die Generalstabsoffiziere des Allgemeinen Heeresamtes zu sich kommen und teilte ihnen mit, dass Hitler einem Attentat zum Opfer gefallen sei. Um Ruhe und Ordnung zu gewährleisten, habe die Wehrmacht die vollziehende Gewalt übernommen. An den Fronten werde selbstverständlich weitergekämpft. Über eine Eingliederung der Waffen-SS in das Heer werde verhandelt. Generalfeldmarschall von Witzleben habe den Oberbefehl über die Wehrmacht übernommen, Generaloberst Beck die Führung des Reiches.

Jetzt holte Olbricht endlich die Einsatzbefehle für »Walküre« aus dem Panzerschrank. Die Verbände des Ersatzheeres waren zu mobilisieren, die Schlüsselstellungen des Reiches zu besetzen. Ein Teil der Panzertruppenschule sollte den Schutz des Bendlerblocks übernehmen, das Wachbataillon »Großdeutschland« die Besetzung der Regierungsgebäude in Berlin. Doch im Gegensatz zum 15. Juli war an diesem Tag Generaloberst Friedrich Fromm, Befehlshaber des Ersatzheeres, anwesend. Jetzt kam alles auf ihn an. Die »Walküre«-Befehle mussten ihm zur Unterschrift vorgelegt werden. Zwar war Fromm von dem Komplott intern schon informiert worden. Er hatte es jedoch bis dahin stets vermieden, offen Stellung beziehen zu müssen. Nun aber musste er Farbe bekennen. Olbricht berichtete seinem Vorgesetzten von dem Attentat. Doch als das Stichwort »Walküre« fiel, wurde Fromm stutzig. Wegen des Alarmbefehls vom 15. Juli hatte er sich gerade eine dienstliche Zurechtweisung von Keitel eingehandelt. Um die Sachlage zu klären, ließ sich Fromm mit der »Wolfsschanze« verbinden und verlangte, Generalfeldmarschall Keitel zu sprechen. Die Nachrichtensperre war inzwischen wieder aufgehoben worden. Keitel war sofort am Apparat. Fromm fragte, was es denn mit den in Berlin umlaufenden Gerüchten vom Tod des Führers auf sich habe. Der OKW-Chef erwiderte: »Es hat zwar ein Attentat stattgefunden, es ist aber zum Glück fehlgeschlagen. Der Führer lebt und ist nur unwesentlich verletzt. Wo ist übrigens Ihr Chef des Stabes, der Oberst Graf Stauffenberg?« Wahrheitsgemäß erklärte Fromm: »Stauffenberg ist noch nicht bei mir eingetroffen.« Kaum war das Gespräch beendet, entschied Fromm, die »Walküre«-Befehle nicht zu unterzeichnen. Für ihn war die Entscheidung gefallen.

Als der resignierte Olbricht mit den Worten »Der Fromm will nicht unterschreiben« in sein Zimmer zurückkehrte, hatte der fieberhaft handelnde Mertz von Quirnheim die Dinge inzwischen vorangetrieben und eigenmächtig weitere Befehle

200

ausgegeben. Der zaudernde Olbricht fühlte sich regelrecht überfahren. »Der Mertz hat mich überspielt«, beschwerte er sich später bei dem Mitverschwörer Hans Gisevius. Der bezeugte überdies, dass Olbricht dazu neigte, die Erhebung ganz abzublasen und sich totzustellen, wie er es nannte. Doch dafür war es jetzt zu spät.

Mertz war nun ganz in seinem Element. Um kurz vor 16 Uhr wurde endlich das Stichwort »Walküre« an alle Wehrkreise, Lehr- und Ersatztruppen ausgegeben. Hauptmann Friedrich Karl Klausing erhielt den Auftrag, die Sicherung des Bendlerblocks zu übernehmen; aus dem Hotel »Esplanade« wurden die jungen Offiziere Georg von Oppen, Ewald von Kleist und Hans Fritzsche telefonisch herbeizitiert. Sie sollten eine Art stille Reserve für unvorhergesehene Notfälle bilden. Olbricht seinerseits rief nun doch auch den in die Verschwörung eingeweihten Berliner Stadtkommandanten General Paul von Hase an, der seinerseits wiederum die Berliner Schulen und Einheiten verständigte. Um 16 Uhr 10 erhielt das Berliner Wachbataillon »Großdeutschland« unter Major Otto Ernst Remer den Alarmbefehl.

Gegen 16 Uhr 30 erhielt Hauptmann Klausing von Mertz den Auftrag, den ersten, längst vorbereiteten Staatsstreichbefehl absetzen zu lassen: »Der Führer Adolf Hitler ist tot! Eine gewissenlose Clique …« Unterzeichnet war das Schreiben mit dem Namen des Generalfeldmarschalls Erwin von Witzleben.

Als Klausing dem Leiter des Nachrichtenbetriebs im Bendlerblock, Leutnant Hans Röhrig, den Aufruf mit den Worten: »Sofort absetzen!« übergab, stellte dieser fest, dass auf den Unterlagen die üblichen Angaben über Geheimhaltungsgrad und Dringlichkeitsstufe fehlten. Er rannte Klausing, der bereits im Flur war, hinterher und fragte, ob denn der brisante Text nicht die höchste Dringlichkeits- und Geheimhaltungsstufe erfordere. Ohne lange darüber nachzudenken, erwiderte Klausing »Ja, ja« – eine Aussage, die fatale Folgen hatte. Denn

Texte mit höchster Geheimhaltungsstufe mussten von sogenannten »Geheimschreibern« verschlüsselt durchgegeben werden. Dafür standen in der Bendlerstraße gerade vier Schreibkräfte zur Verfügung. Zum Absetzen des vollständigen Funkspruchs – einer langwierigen Prozedur, bei der jede Seite einzeln abgesetzt werden musste – benötigten sie annähernd drei Stunden. Wäre auf die Geheimhaltung verzichtet worden, hätte das Fernschreiben mittels einer Konferenzschaltung an zwanzig Empfänger gleichzeitig durchgegeben werden können. Dies hätte den Vorgang erheblich beschleunigt. So aber ging die Meldung an einigen Stellen erst weit nach Dienstschluss ein und war dann schon durch anderslautende Rundfunkmeldungen und Gegenbefehle aus der »Wolfsschanze« entkräftet worden.

Kaum hatten die Fernschreiber begonnen, den ersten Text durchzugeben, kam Klausing erneut und brachte einen zweiten Text mit Ausführungsbestimmungen, die das eigentliche Ziel der »Walküre«-Befehle entlarvten: nicht nur die militärische Sicherung aller wichtigen Gebäude und Anlagen, sondern auch die Verhaftung aller Gauleiter, Minister, Polizeipräsidenten, höheren SS- und Polizeiführer sowie die Leiter der Propagandaämter und vor allem die beschleunigte Besetzung der Konzentrationslager. Alle Willkür- und Racheakte aber sollten unterbleiben. Und dann der entscheidende Satz: »Die Bevölkerung muss sich des Abstandes zu den willkürlichen Methoden der bisherigen Machthaber bewusst werden.«

Gegen 16 Uhr 30 traf Stauffenberg mit Haeften endlich in der Bendlerstraße ein. In seinem Zimmer warteten bereits Bruder Berthold in seiner Marineuniform, Fritz-Dietlof Graf von der Schulenburg, Oberleutnant Ewald von Kleist und zwei weitere Mitstreiter auf ihn. »Er ist tot«, sagte Stauffenberg beim Eintreten sofort und: »Ich habe alles das von außen gesehen. Da ist eine Explosion in der Baracke erfolgt, und da habe ich nur noch gesehen, wie eine große Anzahl Sanitäter herübergelaufen ist, Wagen hingebracht worden sind. Diese Detonation war so, als ob eine Fünfzehn-Zentimeter-Granate hineingeschlagen hätte: Da kann kaum noch jemand am Leben sein.« Seinem Bruder Berthold erklärte er, ja, er habe die Zünder betätigt, die Aktentasche mit dem Sprengstoff liegen lassen und sich daraufhin entfernt. Dann ging er mit Haeften zu Olbricht und wiederholte das Gesagte.

Olbricht, der zwischenzeitlich noch einmal mit Fromm gesprochen hatte, ging nun mit Stauffenberg erneut zum Befehlshaber des Ersatzheeres. Hitler sei tot, erklärte Stauffenberg. Fromm fragte:»Waren Sie dabei?« Stauffenberg erwiderte, er habe die Explosion gehört, die Rufe nach einem Arzt und habe selbst gesehen, wie Hitler weggetragen worden sei. Als Fromm daraufhin meinte, dass»irgendjemand aus der Umgebung des Führers dabei beteiligt« gewesen sein müsse, erklärte Stauffenberg ruhig:»Ich habe es getan.« Und erneut erklärte er, dass es eine Explosion gegeben habe, als ob eine Fünfzehn-Zentimeter-Granate eingeschlagen habe.»Niemand in diesem Raum kann mehr leben.« Irritiert entgegnete Fromm, Keitel habe ihm gerade noch versichert, dass Hitler lebe. Stauffenberg antwortete barsch:»Der Feldmarschall Keitel lügt wie immer.«

Ob Stauffenberg zu diesem Zeitpunkt noch immer subjektiv der Meinung war, Hitler sei tatsächlich tot, oder ob er in der Zwischenzeit schon Zweifel hegte – er hatte keine andere Wahl als daran zu glauben, dass das Attentat gelungen sein musste, oder wenn es schon nicht gelungen war, so doch wenigstens den Eindruck zu erwecken, dass es gelungen sein musste. Denn das Gelingen des Staatsstreichs hing entscheidend davon ab, dass dieser Eindruck zumindest für einige Stunden aufrechterhalten blieb. Einige der anderen Verschwörer hatten immer noch die Wahl, so zu tun, als hätten sie mit alldem nichts zu tun. Stauffenberg aber hatte den Rubikon längst überschritten. Als Olbricht erklärte, dass man inzwi-

203

schen »Walküre« ausgelöst habe, verlor Fromm die Beherrschung. Er schlug mit der Faust auf den Tisch und schrie, das
sei Hochverrat, darauf stehe die Todesstrafe. Wer habe den
Befehl dazu gegeben? Olbricht erwiderte: »Mein Chef des Stabes, Oberst Mertz von Quirnheim.« Dieser wurde sofort her-
beigeholt, Haeften und von Kleist begleiteten ihn. Als die Offiziere das Zimmer betraten, entspann sich ein bühnenreifes
Szenario. Mertz bestätigte, dass er ohne Fromms Einwilligung
die »Walküre«-Befehle ausgegeben habe. Fromm erklärte alle
für verhaftet, doch Stauffenberg erwiderte ruhig: »Sie verken-
nen die Situation, Herr Generaloberst. Sie sind verhaftet!«

Fromm sei ein Opportunist gewesen, meinten später einige der überlebenden Mitverschwörer, obwohl er doch gewusst habe, dass die Lage an den Fronten aussichtslos war.
Richtig eingeweiht gewesen sei er allerdings nie. Die Verschwörer hätten Fromm allenfalls »Witterung« gegeben, dass
etwas geschehen werde. Stillschweigend habe Fromm zu verstehen gegeben, wenn alles nach Plan liefe, werde er der Sache
nicht im Wege stehen. Am 20. Juli, nach dem Telefonat mit
Keitel, sei er jedoch umgekippt.

Fromm sagte zu Stauffenberg: »Das Attentat ist fehlgeschlagen. Sie müssen sich erschießen.« Der sagte kühl: »Das
werde ich nicht tun.« Daraufhin ging Fromm mit erhobenen
Fäusten auf den Attentäter los. Nur mit vorgehaltener Pistole
gelang es Kleist und Haeften, den aufgebrachten Generaloberst zur Räson zu bringen. »Unter diesen Umständen be-
trachte ich mich außer Kurs gesetzt«, erklärte der Befehlshaber des Heimatheeres schroff. Von seinen Untergebenen so
behandelt zu werden, empfand der Generaloberst als Demüti-
gung. Mitsamt seinem Adjutanten wurde Fromm in ein Ne-
benzimmer gebracht und dort unter Arrest gestellt.

Auf dem Weg dorthin begegnete er auf dem Gang dem Generaloberst Erich Hoepner, der nach der Winterkrise
1941/1942 von Hitler entlassen und nun von den Verschwö-

rern anstelle von Fromm zum »Oberbefehlshaber im Heimatkriegsgebiet« ernannt worden war. Hoepner hatte – ein absurder Akt angesichts eines Staatsstreichs – auf einer schriftlich verfassten Ernennung, ja einer Urkunde, bestanden. Sie wurde ihm in all dem Trubel ordnungsgemäß übergeben. Jetzt wollte er dem »Vorgänger« offiziell sein Bedauern über den Coup aussprechen: »Ich muss jetzt Ihre Amtsräume beziehen«, verkündete er mit einer leichten Verneigung. Fromm erwiderte kühl: »Ja, Hoepner, tut mir leid, aber ich kann nicht mittun. Meiner Ansicht nach ist der Führer nicht tot, und Sie irren.«

Während der geschasste Fromm in seinem Arrest dem Cognak zusprach, traf Generaloberst Ludwig Beck kurz nach 17 Uhr in der Bendlerstraße ein. Er war tatsächlich die Symbolfigur des deutschen Widerstands gegen Hitler. Schon im Jahre 1938 hatte er mit anderen versucht, den drohenden Krieg durch einen Umsturzplan zu verhindern. Im letzten Augenblick hatten die Verschwörer damals einen Rückzieher gemacht, weil sich die Westmächte auf Hitlers Münchener Konferenz eingelassen hatten. Jetzt sollte Beck nach einem gelungenen Putsch als Staatsoberhaupt fungieren. Als er über den bisherigen Ablauf des Anschlags unterrichtet wurde, gab sich der alte General ganz unerschrocken: »Für mich ist dieser Mann tot«, meinte er zu Olbricht. »Davon lasse ich mein weiteres Handeln bestimmen.« Und er appellierte an seine Mitverschwörer: »Von dieser Linie dürfen wir nicht abweichen, sonst bringen wir unsere eigenen Reihen in Verwirrung.«

Enorme Verwirrung herrschte freilich bei den Berliner Adressaten von »Walküre«. Wenngleich mit einiger Verzögerung, so trafen die Befehle doch allmählich bei diversen Dienststellen der Wehrmacht ein. Da und dort erregte die Nachricht, Hitler sei nicht mehr am Leben, sogar offenes Entzücken: »Ordonnanz, eine Flasche Schampus, das Schwein ist tot«, rief, Ohrenzeugen zufolge, der Standortälteste der Panzertruppenschule in Krampnitz, Harald Momm. Und so rollten plangemäß bald schwere Kettenfahrzeuge durch den Berliner Tiergarten und bezogen an der Siegessäule Position – in Reichweite des Regierungsviertels.

Inzwischen war jedoch auch in der »Wolfsschanze« längst bekannt, dass das Attentat nur Auftakt eines größeren Umsturzplanes gewesen war. Denn leichtsinnigerweise stand auch das »Führerhauptquartier« auf dem Verteilerplan der Fernschreiben aus dem Bendlerblock. Keitel erteilte den Wehrkreisen sofort die Weisung, die Befehle der Verschwörer zu ignorieren und ließ die Nachricht durchgeben: »Der Führer lebt! Völlig gesund!« Die Verzögerungen der Befehlsdurchgabe in der Bendlerstraße hatten nun zur Folge, dass in etlichen Wehrkreisen die Funksprüche aus der »Wolfsschanze« vor den Befehlen der Verschwörer eintrafen, was für weitere Verwirrung sorgte.

Inzwischen war SS-Chef Himmler von Hitler zum Befehlshaber des Ersatzheeres ernannt worden. Er befahl sofort, Stauffenberg zu verhaften. Gegen 17 Uhr 15 erschien in der Bendlerstraße der SS-Oberführer Humbert Achamer-Pifrader mit der Order, Stauffenberg möge sich zu einer »Besprechung« in das Reichssicherheitshauptamt begeben. Ohne große Umstände wurde er verhaftet.

Um das Chaos der Befehle einigermaßen zu bändigen, diktierte Beck in der Bendlerstraße eine Erklärung, die über den Rundfunk verbreitet werden sollte:»Es ist höchst gleichgültig, ob Hitler tot ist oder lebt. Ein Führer, in dessen engster Umgebung solche Gegensätze aufklaffen, dass gegen ihn ein Bombenattentat unternommen wird, ist moralisch tot.« Die Erklärung wurde nie gesendet. Die Verschwörer hatten vorgesehen, sich der Radiosender zu bemächtigen, um in den Stunden der Entscheidung das Nachrichtenmonopol zu gewinnen. In der Infanterieschule in Döberitz erhielt Major Friedrich Jakob, Ritterkreuzträger und Taktiklehrer, den Auftrag, das Funkhaus in der Berliner Masurenallee zu besetzen, den Sendebetrieb einzustellen und Verbindung mit einem dorthin entsandten Nachrichtenoffizier aufzunehmen. Die Besetzung selbst verlief ohne Widerstand: Der Intendant des Funkhauses versicherte sofort, alle Sendungen würden eingestellt. Jakob wurde in den »Hauptschaltraum« geführt, wo man dem arglosen Offizier erklärte, alles sei tatsächlich abgeschaltet. Doch der Major wurde getäuscht. Der zentrale Schaltraum war seit Beginn der Bombenangriffe auf Berlin längst in einen benachbarten Bunker verlegt worden. Dort lief der Sendebetrieb ungestört weiter. Ein Nachrichtenoffizier, der die Täuschung sofort bemerkt hätte, war erst gar nicht im Funkhaus erschienen. General Thiele, der mit diesem Teil der Organisation beauftragt war, hatte keinen entsandt. Im Gegenteil: Er hatte sich inzwischen von der Verschwörung abgesetzt und gehörte zum wachsenden Kreis derer, die sich nun bemühten, Distanz zu gewinnen und ihr Leben zu retten. Und einige machten sich schon daran, Verrat zu üben, allen voran die Generäle Stieff und Wagner, die nun dafür sorgten, dass OKW-Chef Keitel über alle Schritte der Erhebung informiert wurde.

Noch aber schien der Ablauf des Staatsstreichs zu funktionieren. Und alles lief bei Stauffenberg zusammen. Der Attentäter selbst war es, der nun auch die Führung des Putsches übernommen hatte. Es war wohl gegen 18 Uhr, als er mit einem Ausspruch kundtat, dass für ihn trotz alledem der Aufstand längst noch nicht verloren war: »Der Kerl ist ja nicht tot, aber der Laden läuft ja, man kann noch nichts sagen.« Seit 18 Uhr telefonierte er mit den Kommandostellen des Ersatzheeres im ganzen Reich und den besetzten Ländern. Augenzeugen berichten, wie er mitunter in zwei Hörer gleichzeitig sprach, um die Zögernden zu ermutigen.

Ewald von Kleist, einer jener jungen Offiziere, die an diesem Tag der Verschwörung zuarbeiteten, erinnert sich, wie faszinierend es gewesen sei zu sehen, wie alle stets auf Stauffenberg zukamen und fragten, was zu tun sei; wie dieser sich in einer unerhörten Erregung befunden habe, aber äußerlich völlig ruhig, beherrscht und von größter Höflichkeit geblieben sei. Trotz des ungeheuren Drucks, der auf ihm lastete, habe er die notwendigen Gespräche geführt.

Einer, der dabei war, überliefert ein solches Gespräch: »Hier Stauffenberg! Jawohl, ja, alle Befehle des B. d. E (Befehlshaber des Ersatzheeres), jawohl, es bleibt dabei, alle Befehle sofort ausführen! Sie müssen sofort alle Rundfunk- und Nachrichtenstellen besetzen! Jeder Widerstand wird gebrochen! Wahrscheinlich bekommen Sie Gegenbefehle aus dem Führerhauptquartier! Die sind nicht autorisiert! Nein, die Wehrmacht hat die vollziehende Gewalt übernommen. Niemand außer dem B. d. E. ist autorisiert, Befehle zu erteilen. Haben Sie verstanden? Jawohl, das Reich ist in Gefahr. Wie immer in Stunden der höchsten Not hat jetzt der Soldat die vollziehende Gewalt! Ja, Witzleben ist zum Oberbefehlshaber ernannt. Es ist nur eine formelle Ernennung. Besetzen Sie alle Nachrichtenstellen, klar? Heil!«

Doch um 18 Uhr 28 wurde Stauffenbergs Überzeugungsarbeit jäh gestört. Über alle deutschen Sender wurde eine Sondermeldung aus dem »Führerhauptquartier« verbreitet: »Auf den Führer wurde ein Sprengstoffanschlag verübt ... Der Führer selbst hat außer leichten Verbrennungen und Prellungen keine Verletzungen erlitten. Er hat unverzüglich darauf seine Arbeit aufgenommen und, wie vorgesehen, den Duce zu einer längeren Aussprache empfangen.« Die Meldung wurde um 18 Uhr 38 und noch etliche Male wiederholt.

Nun machte sich Unsicherheit breit. In einigen Wehrkreisen waren die Befehle aus der Bendlerstraße noch gar nicht vollständig eingetroffen, wohl aber die Gegenbefehle Keitels. Und nun die Meldung vom Überleben des Kriegsherrn!

Überdies war der anstelle Fromms von den Verschwörern eingesetzte Hoepner alles andere als hilfreich für Stauffenberg.

Durch die Rundfunkmeldung aus der »Wolfsschanze« stark verunsichert, meinte Hoepner im Gespräch mit Beck: »Wenn aber der Führer selbst über das Radio sprechen sollte, dann ist doch der Beweis erbracht, dass die ganze Sache hier, die ganze Geschichte Unsinn ist. Damit entfällt jeglicher weiterer Sinn für die Arbeit hier.«

War es Naivität? War es Vorsicht? Oder war es wachsende Feigheit? Jedenfalls richtete Hoepner in Telefongesprächen mit den Wehrkreisen enormen Schaden an. Während in dreizehn Wehrkreisen überhaupt keine ernsthafte Reaktion auf die Befehle aus der Bendlerstraße zustande kam, verspielte der Generaloberst Chancen auch dort, wo es sie gegeben hätte. Einem General im Wehrkreis II (Stettin), der von Keitel schon die Sachlage erklärt bekommen hatte, erteilte er den Befehl, Keitels Weisungen weiter zu befolgen. Mit dem Befehlshaber im Wehrkreis V (Stuttgart) führte er ein völlig belangloses Gespräch, ohne ihm konkrete Weisungen zu geben. Dem stellvertretenden Kommandierenden General im Wehrkreis XII (Wiesbaden) ließ er ausrichten, er wolle ihn nicht in Konflikte bringen, deshalb solle dieser selbst entscheiden.

Einzig Stauffenberg behielt in der wachsenden Verwirrung die Nerven. Einem zögernden Offizier rief er zu: »Es ist die Stunde, da der Offizier und der Offizier allein sich durchsetzen muss. Es ist die Stunde der Offiziere!«

Es war vor allem auch die Stunde Stauffenbergs. Von den Wehrkreisen wurde Aufklärung über die Lage verlangt. Stauffenberg eilte von einem Telefon zum anderen und beschwor seine Gesprächspartner, ja bei der Stange zu bleiben: »Keitel lügt! Glauben Sie doch nicht Keitel! Hitler ist tot! Jawohl, er ist bestimmt tot … Jawohl, hier läuft die Aktion in vollem Umfange …« Und mitunter sprach er den Kameraden persönlich an: »Nicht wahr, ich kann mich doch auf Sie verlassen … Sie müssen durchhalten … Sorgen Sie dafür, daß Ihr Chef stark bleibt … Hayessen, ich verlasse mich auf Sie. Stieff ist

ausgebrochen. Bitte enttäuschen Sie mich nicht auch noch …
Wir müssen durchhalten! … Wir müssen durchhalten!«

Im Gegensatz zu Hoepner hatte Stauffenberg keine Bedenken, weitere Menschen »in die Sache hineinzuziehen«. Er wusste, dass es bei dem Coup nun darauf ankam, so rasch wie möglich Fakten zu schaffen. Bis weit in den Abend hinein glaubte er noch immer an den Erfolg des Staatsstreichs. Er hatte auch keine andere Wahl.

Und tatsächlich: Während in den meisten deutschen Wehrkreisen wenig geschah, klangen die Meldungen aus Wien, Prag und Paris zunächst recht vielversprechend. Als die Fernschreiben aus der Bendlerstraße im Wiener Wehrkreiskommando eingingen, herrschte dort längst Dienstschluss. Nur Oberst Heinrich Kodré und Hauptmann Karl Szokoll, die sich noch im Haus aufhielten, lasen den Funkspruch und setzten ihn sofort um. Dem »Wachbataillon Groß-Wien« wurde befohlen, das Wehrkreiskommando zu sichern.

Kodré erstellte eine Liste der zu verhaftenden SS-Offiziere und Parteiführer. Die Herren wurden für 20 Uhr in das Wehrkreiskommando bestellt, und die meisten fanden sich tatsächlich, ohne Verdacht zu schöpfen, ein. Dort erklärte ihnen der Oberst, er habe den Befehl erhalten, sie zu verhaften und präsentierte, gleichsam als Beweis, die Fernschreiben aus der Verschwörerzentrale. Die Regimegrößen fügten sich in ihr Schicksal. Bei Cognac und Zigarren ließen sie sich in eigens vorbereiteten Räumen »festhalten«.

Allerdings machten die Rundfunkmeldungen aus der »Wolfsschanze« und die Gegenbefehle Keitels im Laufe des Abends auch die Wiener Offiziere stutzig. Als sie sich mit der Bendlerstraße verbinden ließen und zu guter Letzt den unglückseligen Hoepner an den Apparat bekamen, erklärte dieser allen Ernstes, wenn sie sich schon nicht entscheiden könnten, sollten sie eben die eintreffenden Befehle Keitels befolgen. Da halfen auch die nahezu flehenden Appelle Stauffenbergs nicht mehr: »Ihr werdet doch nicht auch schlappmachen wollen?«

In Prag, der Hauptstadt des damaligen »Reichsprotektorats Böhmen und Mähren«, nahm dessen Führer Hans Frank gerade an der Eröffnungsfeier einer SS-Junkerschule teil, als der erste Funkspruch aus der Bendlerstraße (»Der Führer Adolf Hitler ist tot.«) im Wehrkreiskommando eintraf. Dessen Befehlshaber General Schaal löste sofort »Odin« aus – das böhmische Pendant zu »Walküre«. Als der Rundfunk meldete, dass Hitler das Attentat überlebt habe, ließ er sich mit der Bendlerstraße in Berlin verbinden und verlangte nach Fromm. Stattdessen war Stauffenberg am Apparat: »Der Führer ist tot. Ich bin selbst dabei gewesen«, erklärte der Attentäter. »Bisheriges und wohl noch weitere Kommuniqués des Rundfunks sind falsch. Eine neue Regierung ist in der Bildung. Befohlene Maßnahmen gegen den SD sind beschleunigt durchzuführen.« General Schaal tat wie befohlen, hatte aber Skrupel, Hitlers Statthalter Hans Frank zu verhaften. Stattdessen schloss er eine Art von »Stillhalteabkommen« mit den NS-Gewaltigen vor Ort. Später aber wurde er bei zwei weiteren Telefonaten in der Bendlerstraße mit Hoepner verbunden, der sich mit seinem laschen Vorgehen einverstanden erklärte und auf die eindringliche Frage Schaals nach der bestehenden Lage vage von »wenig Neuem« sprach. Schaal wurde misstrauisch und annullierte nach einem Telefonat mit der »Wolfsschanze« sofort die anfangs gegebenen Befehle. Dennoch waren seine Maßnahmen so weitgehend, dass er dafür bis zum Kriegsende in Haft kam.

Den größten Erfolg hatten die Verschwörer im noch besetzten Paris. Dort war Caesar von Hofacker, ein Vetter Stauffenbergs, rechte Hand des Militärbefehlshabers in Frankreich, der eigentliche Kopf des Widerstandes. Sein Chef, General Carl-Heinrich von Stülpnagel, hatte den Umsturzplänen der Verschwörer zunächst skeptisch gegenübergestanden. Doch Hofacker hatte ihn schließlich davon überzeugen können, dass es, um das Reich halbwegs zu retten, notwendig sei, Hitler zu töten. Hofacker diente als Verbindungsmann zwischen der Verschwörerzentrale in Berlin und der militärischen Opposition in Paris. Im Umsturzplan hatte Paris entscheidende Bedeutung. Denn die Militärführung im Westen hatte die Macht, das »Tor zum Reich« zu öffnen und somit das Ende des Regimes herbeizuführen. Nach wie vor hingen die Verschwörer der Idee an, einen separaten Waffenstillstand mit dem Westen abschließen zu können. Zwar waren Unterhändler wie Adam von Trott zu Solz, die als »Friedensfühler« ins westliche Ausland geschickt wurden, immer wieder abgewiesen worden. »Unconditional surrender«, die Forderung nach bedingungsloser Kapitulation an allen Fronten, beherrschte die Politik der Alliierten. Doch wer konnte vorhersagen, was nach einem Attentat auf den Diktator und nach einem gelungenen Putsch wirklich geschehen würde? Die Hoffnung der Verschwörer hing an einem seidenen Faden. Doch es blieb Hoffnung.

Feldmarschall Rommel, der inzwischen für die Militäropposition gewonnen worden war, war drei Tage vor dem 20. Juli durch einen britischen Tieffliegerangriff schwer verletzt worden. Zwar hatte er ein Attentat auf Hitler abgelehnt, war aber bereit gewesen, mit den Alliierten in Verhandlungen zu treten, um einen separaten Waffenstillstand zu erreichen. Diese Möglichkeit entfiel nun. Nun hing das Gelingen des Umsturzes im Westen von Rommels Nachfolger ab. Der hatte der Verschwörung zwar seine Unterstützung zugesagt, galt aber in der Wehrmacht als »glimmender Docht«, stets schwankend in seinen Entscheidungen: Feldmarschall Günther von Kluge.

Schon am Vormittag des 20. Juli war bei den Verschwörern in Paris das Stichwort »Übung« eingegangen – Signal für den Beginn des Staatsstreichs. Um 14 Uhr meldete die Bendlerstraße: »Übung abgelaufen.« Den Verschwörern in Paris war nun klar, dass Stauffenberg die Bombe gezündet hatte. Oberquartiermeister Oberst Finckh öffnete seinen Panzerschrank und entnahm Befehle, die ähnlich wie »Walküre« innere Alarmbereitschaft auslösen sollten. Dann meldete er dem Chef des Stabes im Oberkommando West, dass in Berlin ein Putsch der Gestapo stattgefunden habe, Hitler bei einem Attentat getötet und eine neue Regierung mit Generaloberst Beck an der Spitze gebildet worden sei. General Blumentritt schien keinen Augenblick am Wahrheitsgehalt der Meldung zu zweifeln: »Es ist begrüßenswert, dass die genannten Männer das Steuer ergriffen haben. Sie werden bestimmt wegen eines Friedens Fühlung aufnehmen.«

Inzwischen hatte Stülpnagel schon den Befehl erteilt, alle Mitglieder der SS in Paris festzunehmen und bei Widerstand niederzuschießen. Karl Wand, damals Oberleutnant, erinnert sich an den Ablauf der Ereignisse: »Gegen 20 Uhr verlas unser Hauptmann einen Befehl: In der Heimat sind Unruhen ausgebrochen, der SD hat einen Putsch gemacht. Hitler ist tot. Wir haben Befehl, sofort in Paris Gestapo, SS zu verhaften.« Und er schildert, wie es auf den Boulevards der französischen Hauptstadt zu einer für die Pariser mehr als überraschenden Szenerie kam: »Es war eine totale Konfrontation zwischen Wehrmacht und SS. Wir hatten jetzt einen Stoßtrupp und stürmten los auf das Hauptquartier. Dort standen nur zwei Posten, die haben sofort alles fallen lassen, und wir stürmten rein und sagten: Hände hoch, Putsch, alles wird verhaftet.«

Ohne sich zu wehren, ließen sich die SS-Männer festnehmen und abführen – inklusive SS-Gruppenführer Carl Oberg und SS-Standartenführer Dr. Helmut Knochen. Somit war Paris der einzige Ort, an dem der Umsturzplan der Opposition erfolgreich ablief: »Bis Mitternacht war Paris in unserer Hand. 1200 SD-Stabsleute waren verhaftet. Das war für uns ein klares Hochgefühl«, erinnert sich Karl Wand: »Man war überlegen und sah plötzlich diese hohen SS-Leute waffenlos.«

213

Doch der weitere Verlauf des Umsturzes im Westen hing von Günther von Kluge ab. Sofort nach Weitergabe der Befehle an die Wehrmacht in Paris machten sich Stülpnagel und Hofacker auf den Weg nach La Roche-Guyon ins Hauptquartier des Feldmarschalls, um ihn für den Umsturz zu gewinnen. Hofacker schilderte in einem leidenschaftlichen Vortrag die moralische Notwendigkeit des Attentats und appellierte eindringlich an Kluge, sich von Hitler loszusagen. Nicht was in Berlin geschehe, sei entscheidend, sondern welche Entschlüsse in Frankreich getroffen würden. Kluge müsse die Führung der Befreiungsaktion im Westen übernehmen:»In Berlin ist die Staatsgewalt auf Generaloberst Beck übergegangen. Schaffen Sie an der Westfront gleichfalls vollendete Tatsachen! Machen Sie Schluss mit dem blutigen Morden, damit das Ende nicht noch fürchterlicher wird, und verhindern Sie die schrecklichste Katastrophe der deutschen Geschichte!«

Doch Kluge hatte schon zuvor die Nachricht aus der »Wolfsschanze« erhalten, in der Keitel die Behauptung, Hitler sei tot, bestritt. Schließlich hatte Kluge Generalmajor Stieff im»Führerhauptquartier« erreicht und gehört, dass das Attentat tatsächlich fehlgeschlagen sei und Hitler lebe. Seine Reaktion auf Hofackers Plädoyer war dementsprechend:»Ja, meine Herren, eben ein missglücktes Attentat!« Solange sein Kriegsherr noch lebte, war der Feldmarschall nicht bereit, einen Putsch zu unterstützen, der nach seiner Ansicht keine Aussicht auf Erfolg hatte. Kluge verweigerte sich und bekam obendrein einen Wutausbruch, als Stülpnagel ihm gestand, dass die Aktion in Paris längst angelaufen sei. Der Feldmarschall verlangte, alles sofort abzubrechen und die Verhafteten freizulassen. Stülpnagel und Hofacker appellierten an Kluge, die Opposition in der Stunde der Entscheidung nicht im Stich zu lassen. Wenn er mit von der Partie sei, könne sich im Westen alles noch zum Guten wenden. Doch Kluge blieb bei seinem Nein.»Ja, wenn das Schwein tot wäre!«, entfuhr es ihm noch. Dann enthob er Stülpnagel seines Amtes und empfahl ihm unterzutauchen:»Verschwinden Sie in Zivil irgendwohin!« Kluge wollte seine Haut retten – und verriet damit den Widerstand. Es sollte ihm nichts nützen. Nachdem seine Mitwisserschaft an der Umsturzbewegung bekannt geworden war, beging er im August 1944 Selbstmord. Zuvor hatte er noch in einem Akt unwürdiger Selbstunterwerfung Hitler in einem Abschiedsbrief seine blinde Ergebenheit versichert.

Kluges Verhalten war typisch für Hitlers Feldmarschälle. Obwohl ihnen der verbrecherische Charakter des Regimes und vor allem des Vernichtungskriegs im Osten klar war, obwohl sie Hitlers dilettantische Eingriffe in die Kriegsführung, die Hunderttausenden den Tod brachten, scharf verurteilten, brachten sie nicht den Mut auf, sich in der Stunde der Entscheidung offen gegen den Diktator zu stellen. Die Geschichte des deutschen Widerstandes ist auch die Geschichte des jämmerlichen Versagens deutscher Feldmarschälle.

Während die Pariser Aktion erfolgreich ablief, brach der Umsturz in Berlin zusammen. Die Nachricht, Hitler habe überlebt, hatte fatale Folgen. Da war zum einen die aus heutiger Sicht obskur erscheinende Verpflichtung, die zahlreiche Offiziere ob ihres Eides empfanden, den sie auf ihren obersten Kriegsherrn geleistet hatten:»Ich schwöre bei Gott diesen heiligen Eid, dass ich dem Führer des Deutschen Reiches und Volkes, Adolf Hitler, dem Oberbefehlshaber der Wehrmacht, unbedingten Gehorsam leisten und als tapferer Soldat bereit sein will, jederzeit für diesen Eid mein Leben einzusetzen.« Wer also gegen den Tyrannen putschte, brach mit der strengen Tradition des Treueids. Ein Mann wie Ulrich de Maizière, der damals selbst als Offizier im Generalstab diente, beschreibt den inneren Konflikt auf seine Weise:»Wir standen zwischen dem überlieferten, anerzogenen Bewusstsein der Pflichterfüllung nicht nur gegenüber dem jeweiligen Staatsoberhaupt, sondern auch gegenüber dem Volk, gegenüber dem Reich und der wachsenden Erkenntnis der moralischen Fragwürdigkeit der Spitzenpersönlichkeiten, insbesondere Hitlers, sodass man als Soldat zwar seine Pflicht tat, aber oft mit bedrängtem Gewissen.«

Hätten viele jener Offiziere, die wussten oder ahnten, dass ein Putsch stattfinden würde, sich auf die Seite der Verschwörer geschlagen, wenn das Attentat auf Hitler geglückt wäre? Vermutlich schon. Hitlers Tod bildete die Grundvoraussetzung für den ganzen Putsch, und wäre der Anschlag erfolgreich verlaufen, dann hätte er gelingen können. So aber zeigte sich am Nachmittag und Abend des 20. Juli, dass Dutzende von involvierten Offizieren nach der Nachricht von Hitlers Überleben zunehmend auf Distanz gingen, Halbherziges unternahmen oder sich zum Teil schon gegen ihre Kameraden stellten – in der Hoffnung, ihre Haut zu retten. Den meisten sollte dies misslingen.

Den endgültigen Todesstoß erhielt die Verschwörung im Herzen Berlins. Schon gegen 16 Uhr hatte Olbricht den eingeweihten Stadtkommandanten von Berlin, Generalleutnant Paul von Hase, angerufen und darüber informiert, dass »Walküre« angelaufen sei. Im Putschplan der Verschwörer war von Hase dazu ausersehen, das Regierungsviertel abzuriegeln und den Staatsapparat des Regimes gleichsam lahmzulegen. Zu diesem Zweck stand das Wachbataillon »Großdeutschland« zur Verfügung. Dessen Kommandeur Major Otto Ernst Remer war ein fanatischer Nationalsozialist. Doch von Hase war überzeugt, dass Remer Befehle ausführen würde »wie jeder andere Major«. Und so befahl Generalleutnant von Hase am späten Nachmittag des 20. Juli neben etlichen anderen Offizieren auch Remer zu sich und wies ihn an, das Regierungsviertel mit drei Kompanien zu besetzen. Insbesondere sollte der Komplex nördlich der Anhalter Straße gesichert werden, wo das Reichssicherheitshauptamt der SS angesiedelt war. »Jawohl, Herr Generalleutnant«, erwiderte der zackige Remer und ließ seine Offiziere diverse Sperrgebiete bilden. Gegen 18 Uhr 30 war das Regierungsviertel abgeriegelt. Auch Goebbels' Propagandaministerium war umstellt, vor dem Haus des Ministers ein Doppelposten aufgezogen. Nach einem Blick auf die Straße war Goebbels in einem der hinteren Räume verschwunden, um sich zwei Zyankalikapseln zu holen.

Doch inzwischen war die Rundfunkmeldung aus der »Wolfsschanze« auch in das Regierungsviertel durchgesickert. Der NS-Führungsoffizier des Wachbataillons, Leutnant Hans Wilhelm Hagen, zweifelte zunehmend an der Rechtmäßigkeit der Vorgänge und bedrängte Remer, mit ihm zusammen Goebbels aufzusuchen. Gegen den ausdrücklichen Befehl seines Vorgesetzten von Hase fand sich der Kommandeur des Wachbataillons gegen 19 Uhr tatsächlich in der Dienstwohnung des Propagandaministers ein. Remer meldete Goebbels, dass er den Befehl habe, das Regierungsviertel abzuriegeln, weil ein Putsch gegen Hitler im Gange sei und dieser schon den Tod gefunden habe. Goebbels erwiderte, dass er soeben noch am Telefon mit dem »Führer« gesprochen habe und stellte für den immer noch leicht zweifelnden Remer eine Verbindung mit der »Wolfsschanze« her.

Alfons Schulz, damals Telefonist im »Führerhauptquartier«, hat die Verbindung hergestellt: »Wir bekamen plötzlich einen Anruf aus dem Propagandaministerium. Goebbels verlangte eine Verbindung mit Hitler. Daraufhin haben wir den Führerbunker angerufen: Mein Führer, der Reichsminister Dr. Goebbels wünscht Sie zu sprechen. Darf ich verbinden? – Verbinden Sie. Da obsiegte bei uns natürlich die Neugier und wir hörten, wie Goebbels kurz die Vorgänge schilderte und dann sagte: Ich habe hier Major Remer, er hat den Befehl, mich gefangenzunehmen. Ich habe ihn davon überzeugt, dass Sie leben. Darf ich Major Remer an den Apparat holen? – Hitler stimmte zu und fragte: Remer, erkennen Sie meine Stimme? – Jawohl, mein Führer! – Ich gebe Ihnen hiermit den Befehl, das ganze Regierungsviertel abzusperren und jeden Widerstand mit Waffengewalt zu brechen. Jeder, der nicht für mich ist, ist sofort zu liquidieren. Haben Sie mich verstanden? – Jawohl, mein Führer!«

Und so geschah es. Remer, überwältigt von der Größe seiner Aufgabe, hob sofort die Sperrung des Regierungsviertels auf und unterstellte sich nach und nach auch alle anderen Wehrmachtseinheiten, die dort schon standen oder noch eintrafen. Nun war der Staatsstreich umgeschlagen. Remer ließ die Stadtkommandantur besetzen und befahl seinen Soldaten, den Bendlerblock abzuriegeln. Die Verschwörer saßen in der Falle.

Gegen 19 Uhr 30 war dort jener Mann in vollem Ornat eingetroffen, der von den Verschwörern als neuer Oberbefehlshaber der Wehrmacht auserkoren war: Generalfeldmarschall Erwin von Witzleben. Als Stauffenberg ihm Meldung erstattete, erwiderte Witzleben, kurz und zornig: »Schöne Schweinerei, das!«, und zog eine schonungslose Bilanz: Hitler war am Leben, der Rundfunk sendete weiter im Sinne des Regimes, das Regierungsviertel war nicht in der Gewalt der Bendlerstraße, einsatzfähige Verbände standen den Verschwörern nicht zur Verfügung. Nach einer Dreiviertelstunde verließ Witzleben mit hochrotem Kopf die Bendlerstraße, fuhr nach Zossen und sagte zu General Wagner: »Wir fahren nach Hause.«

Witzleben und Wagner – zwei Verschwörer, die sich gegen Hitler stellen wollten, aber nur im Falle seines Todes. Zwei Verschwörer, die im Gegensatz zu Stauffenberg auch im Falle eines überlebenden Diktators nicht bereit waren, das Unmögliche zu wagen. Zwei Verschwörer, die nun wie viele andere Involvierte der naiven Hoffnung anhingen, eine Distanzierung könne noch ihr Überleben sichern. Zwei Verschwörer, denen diese Illusion alsbald genommen wurde.

Nun stand Stauffenberg nur noch eine kleine Gruppe loyaler Offiziere zur Seite: Mertz von Quirnheim, Peter Graf Yorck von Wartenburg, Werner von Haeften, Fritz-Dietlof Graf von der Schulenburg, Ulrich Wilhelm Graf Schwerin von Schwanenfeld, Friedrich Olbricht, Ludwig Beck und der inzwischen eingetroffene Theologe Eugen Gerstenmaier. Freilich hatten sich auch unter ihnen schon Zweifel breitgemacht. Es war gegen 20 Uhr, als Olbricht einen Mitstreiter fragte, ob er denn glaube, dass man noch zurück könne? Nur eine Übung, so als wäre nichts gewesen? Dafür war es längst zu spät.

Allerdings ging Olbricht, im Gegensatz zu anderen, nicht von der Stange. Eine weitere Aussage von ihm an diesem Abend belegt seine edle Gesinnung: »Wir werden uns hier vielleicht noch einige Zeit halten, werden uns hier verteidigen. Vielleicht noch eine Nacht, vielleicht noch zwei, vielleicht sind wir aber auch schon in einer Stunde umstellt. Ich werde dann hier als Soldat zu sterben wissen. Ich sterbe dann für eine gute Sache, davon bin ich felsenfest überzeugt. Ich tue nicht mehr, als unendlich viele Offiziere und Generäle in diesem Krieg schon getan haben. Ich sterbe für Deutschland. Ich werde nicht allein sterben, wir sind hier zahlreich. Aber es gibt keine andere Möglichkeit. Stauffenberg war der Têten-Reiter, den kann man jetzt nicht im Stich lassen. Es wäre auch sinnlos, das Ende ist so und so das gleiche. Sollen wir jetzt bekennen, dass wir gesündigt haben? Nein, wir haben das Letzte gewagt für Deutschland.«

Trotz alledem war Stauffenberg noch nicht bereit zu kapitulieren. Er eilte weiterhin von Telefon zu Telefon, beschwor, informierte, bat, befahl. Kurz vor 20 Uhr erreichte er den Stabschef der Heeresgruppe Nord, die an der Ostfront in enormer Bedrängnis war. Und noch in dieser Stunde war er bestrebt, die sich anbahnende Katastrophe an der Ostfront zu vermeiden. »Nach Ansicht der neuen Führung kommt es für die Heeresgruppe Nord darauf an, in dem schon im OKH besprochenen Sinne zu verfahren, d. h. die Heeresgruppe unverzüglich zurückzuführen, um die Ostprovinz des Reiches zu retten. Generaloberst Beck wird dazu noch sprechen.« Tatsächlich befahl Beck der Heeresgruppe den Rückzug. Doch die Aktennotiz, die er von dem Befehl anfertigen ließ, war die einzige Konsequenz dieses Befehls. Weisungen aus der Bendlerstraße wurden nicht mehr befolgt.

Nun zog sich der Ring um die verbliebenen Verschwörer zu. Der Rundfunk hatte inzwischen für die Nacht eine Rundfunkansprache Hitlers angekündigt. Olbricht resignierte vollends. Gegen 22 Uhr 40 sagte er in seinem Zimmer: »Der Führer lebt und hat Gegenmaßnahmen ergriffen. Mit mir und meinem Vorhaben ist es aus. Stauffenberg, das Spitzenpferd, und ich werden nun zur Verantwortung gezogen. Und ich kann mich ihr nicht entziehen.«

Dem »inhaftierten« Fromm war es inzwischen gelungen, mit den Amtschefs des Ersatzheeres Verbindung aufzunehmen und Unterstützung anzufordern. Mehrere Einheiten umstellten den Bendlerblock, vor den Eingängen nahmen Maschinengewehrposten Aufstellung. Überdies waren in den Stäben Fromms und Olbrichts die nicht eingeweihten Offiziere, die noch am Nachmittag die ihnen erteilten Befehle widerspruchslos befolgt hatten, misstrauisch geworden. Inzwischen war längst klar, dass hier ein Putsch im Gange war. Und nun mussten sie etwas unternehmen, um sich nicht dem Verdacht auszusetzen, sie hätten vom Umsturzplan gewusst, ihn geduldet, vielleicht gebilligt oder womöglich unterstützt. Gegen 23 Uhr bewaffneten sich die Offiziere mit Pistolen, Maschinenpistolen und Granaten und drängten in das Zimmer von General Olbricht. Einer von ihnen, Hauptmann Adolf Bernt, schreibt später in einem Augenzeugenbericht: »General Olbricht saß hinter seinem Schreibtisch, sah auf und trat in die Mitte des Raums. Der Offizier stellte sich ihm entgegen: ›Herr General, sind Sie für oder gegen den Führer?‹ In diesem

Augenblick wurde die Tür aufgerissen und Stauffenberg erschien im Zimmer. Die Offiziersgruppe versuchte ihn festzuhalten, doch nach einer Schrecksekunde konnte Stauffenberg sich losreißen. Er warf die Tür hinter sich zu, rannte durch das Vorzimmer ins Zimmer von Mertz. Als er von dort aus versuchte, über den Gang hinweg sein Arbeitszimmer zu erreichen, fielen Schüsse. Wer zuerst auf wen gefeuert hat, ist bis heute nicht geklärt. Stauffenberg selbst hatte mit seinem rechten Armstummel seine belgische Armeepistole an die Hüfte gepresst, durchgeladen und mit den drei Fingern der linken Hand auf einen der Offiziere gefeuert. Er selbst wurde durch einen Schuss am linken Oberarm verwundet. Doch er schaffte es noch, eine Blutspur hinterlassend, sich in sein Zimmer zu retten.«

Nun gab es nur noch eine letzte winzige Hoffnung: Paris. Hatte der Umsturz dort nicht Erfolg gehabt? Hatten Stülpnagel und Hofacker Kluge vielleicht doch überzeugen können, den großen Schlag zu führen und alles von Westen her aufzurollen? Daran klammerte sich Stauffenberg jetzt. Doch die Leitung nach Paris kam nicht zustande. Und nun zeigte der Attentäter zum ersten Mal an diesem Tag ein Zeichen der Erschöpfung: Er legte seine schwarze Augenklappe ab. Es war, als ob er seine Niederlage eingestehen wollte:»Sie haben mich alle im Stich gelassen«, sagte er müde zu Fromms Sekretärin.

Nun wurden die Verschwörer im ganzen Gebäude überwältigt, und der bewaffneten Offiziersgruppe, die da offensichtlich auf der Siegerstraße war, schlossen sich jetzt auch jene Mitarbeiter an, die zuvor in ihren Amtsstuben passiv abgewartet hatten und jetzt unbedingt auf der Gewinnerseite stehen wollten.

Mittlerweile war auch Fromm»befreit« worden. Der hochgewachsene Mann, vom Genuss des Cognacs, dem er reichlich zugesprochen hatte, offenbar beflügelt, erschien wie ein rächender Wotan mit bewaffnetem Gefolge in seinem Amtszimmer, wo seine Widersacher versammelt waren. Adolf Bernt, der Augenzeuge jener Nacht, beschreibt die Szenerie: »Vorn links ein kleiner Tisch, unter dem mit gelber Flamme einige Papiere brannten. Rechts daneben stand Stauffenberg, die Höhle seines herausgeschossenen Auges durch keine Kappe mehr verdeckt, den einzigen Arm mit den zwei Fingern leicht gebeugt. Wütend und drohend sah er auf Fromm. Rechts vor Stauffenberg stand Mertz von Quirnheim, schweigend und abweisend zu Boden sehend. Rechts an der Wand, etwas weiter hinten, lehnte sich Oberleutnant von Haeften, aufrecht stehend, mit den Händen auf dem Rücken leicht gegen die Wand geneigt. Er sah aus fast geschlossenen Lidern vor sich nieder … Ganz vorne links, hinter dem Tisch, saß ein älterer Herr in Zivil. Nach längerer Betrachtung entsann ich mich, einmal Bilder von ihm in den Zeitungen gesehen zu haben. Es musste Generaloberst Beck sein. Auch er sah vor sich hin, ohne sich zu rühren. Hinter Stauffenberg stand ein großer Tisch inmitten des Zimmers. Hinter diesem saß General Olbricht … Ganz im Hintergrund, neben Fromms Schreibtisch am Fenster, ragte die große Gestalt des Generalobersten Hoepner auf, von einer Stehlampe von unten hell beschienen. Fromm genoss den Anblick, und nach ein paar Augenblicken sagte er: So, meine Herren, jetzt mache ich es mit Ihnen so, wie Sie es heute Mittag mit mir gemacht haben.«

Das tat er aber nicht – im Gegenteil: Er drängte zur Eile. Mit vorgehaltener Pistole erklärte er die sechs Hauptverschwörer für verhaftet und des Hochverrats überführt. Er hieß sie, ihre Waffen abzugeben und auf ein von ihm einberufenes Standgericht zu warten. Eine Weile blieb es still, dann griff der in Zivil erschienene Beck dem mutmaßlichen »Urteil« voraus und sagte:»Mein lieber Fromm, Ihr Urteil mag gerecht und mag auch notwendig sein, aber erschossen werden möchte ich nicht. Denken Sie an die Jahrzehnte unserer gemeinsamen Soldatenzeit, unsere lange Kameradschaft. Ich bitte Sie, mir zu gestatten, dass ich dieses Ihr Urteil selbst an mir vollziehe.«

Fromm reichte Beck seine eigene Pistole mit den Worten: »Bitte sehr, tun Sie das, aber dann sofort!« Hauptmann Bernt beschreibt, was dann geschah: »Beck stand aufrecht und betrachtete die Pistole in seiner Hand. Nach einer ganzen Weile entsicherte er sie mit Bedacht. Allmählich hob sich sein Arm so weit, bis die Mündung der Waffe nahe seiner Schläfe stand. Der Arm zitterte. Dann senkte er ihn wieder und sagte leise: ›Ich denke in diesem Augenblick an die Zeit von früher.‹ Fromm verlor die Geduld: ›Die wollen wir nicht erörtern. Ich bitte zu handeln.‹ Traurig antwortete Beck: ›Das ist nicht so einfach, mein lieber Fromm.‹« Erneut setzte der alte General die Pistole an die Schläfe, schloss die Augen und drückte ab. Doch er brachte sich nur einen Streifschuss an der Schläfe bei. Fromm befahl zwei Generalstabsoffizieren, ihm die Waffe wegzunehmen. Beck, gestützt von Stauffenberg, widersetzte sich verwirrt, schoss noch einmal und brach zusammen. Doch er war noch nicht tot. Bernt erinnert sich: »Etwas Blut rann aus der linken Stirnseite übers Gesicht … Öfter sagte er fantasierend einiges, was man nicht verstehen konnte. Nur einmal habe ich etwas von ›Kameradschaft‹ vernommen.« Erst später sollte ein Feldwebel Beck den Gnadenschuss geben.

Fromm wandte sich nun den übrigen Verschwörern zu: »Wenn Sie irgendetwas zu sagen oder aufzuschreiben haben, steht Ihnen unterdessen noch ein Augenblick zur Verfügung.« Stauffenberg, Mertz und Haeften schwiegen. Hoepner beeilte sich zu versichern, dass er mit der ganzen Angelegenheit nichts zu schaffen habe und sich rechtfertigen wolle. Fromm nahm das ungerührt zur Kenntnis. Hoepner und Olbricht baten um ein Stück Papier und verfassten hastige Schreiben.

Mittlerweile war es fast schon Mitternacht geworden, und die Zeit drängte. Fromm, der das Zimmer eine halbe Stunde

lang verlassen hatte, kam zurück und erklärte: »Im Namen des
Führers hat ein von mir bestelltes Standgericht das Urteil gesprochen. Es werden der Oberst im Generalstab von Mertz,
General Olbricht, der Oberst, den ich mit Namen nicht nen-
nen will, und der Oberleutnant von Haeften zum Tode verurteilt.«

Ob es ein solches Standgericht tatsächlich gab, muss bezweifelt werden. Nach dem Krieg konnte kein Offizier ausfin-
dig gemacht werden, der daran teilgenommen hatte. Wir dürfen davon ausgehen, dass Fromm ein solches Todesurteil in
eigenem Ermessen aussprach. Und er hatte es eilig.

Inzwischen war eine Kampfgruppe des Wachbataillons
»Großdeutschland« im Hof des Bendlerblocks eingetroffen.
Fromm wusste überdies, dass SS-Chef Himmler auf dem Weg
war. Nun kam es für ihn vor allem darauf an, mögliche Belas-
tungszeugen rechtzeitig auszuschalten. Schließlich hatte er genau gewusst, dass ein Putsch stattfinden würde – und sich
nicht energisch dagegen gewehrt. Fromm war klar: Es ging
um seinen Kopf.

Stauffenberg hatte bislang geschwiegen. Nun ergriff er das
Wort: »Alles, was heute geschehen ist, wurde durch meine Befehle veranlasst. Nur das, was ich sagte, wurde getan. Alle haben als Soldaten, als meine Untergebenen nur auf mich gehört, so wie sie es mussten. Sie trifft überhaupt keine Schuld.
Ich bin es allein, der alles zu verantworten hat. Ich allein bin
daher schuldig.«

Fromm gab keine Antwort, doch zu dem neben ihm stehenden Leutnant des Wachbataillons sagte er: »Sie nehmen
ein paar Leute und werden sofort unten im Hof dieses Urteil
vollstrecken. Ich zeige Ihnen noch einmal die Herren, damit
ich genau weiß, dass Sie sie richtig erkennen.« Und er deutete
auf Olbricht, Haeften, Mertz und Stauffenberg. Die vier wurden an ihm vorbei auf den Gang geführt.

Im Hof des Bendlerblocks zerschnitt das grelle Licht der

aufgefahrenen Militärfahrzeuge die Dunkelheit. Es war um kurz nach Mitternacht. Die Verurteilten wurden auf den Hof geführt. Hinter den Fenstern zum Geviert des Hofes und in den Toreinfahrten hatten sich Bedienstete der Heeresverwaltung eingefunden, um das Geschehen zu beobachten. Einige von ihnen hatten in den Amtsstuben die Volksempfänger eingeschaltet. Aus ihnen drang um kurz nach 0 Uhr die Stimme Hitlers, dessen Rede über den Sender Königsberg verbreitet wurde:»Eine ganz kleine Clique ehrgeiziger, gewissenloser und zugleich verbrecherischer dummer Offiziere hat ein Komplott geschmiedet, um mich zu beseitigen … Mit ihnen wird jetzt so abgerechnet, wie wir das als Nationalsozialisten gewohnt sind …«

Inzwischen stand ein Erschießungskommando von zehn Mann bereit, kommandiert von Leutnant Werner Schady. Wegen Bauarbeiten war im Hof ein Sandhaufen aufgeschüttet worden, einzeln wurden die Verschwörer davor aufgestellt.

Um 0 Uhr 15 krachte die erste Salve des Erschießungskommandos. Sie traf Friedrich Olbricht. Dann war Stauffenberg an der Reihe. Doch als das Kommando kam, warf sich von Haeften in einer verzweifelten Geste in die Salve. Das Peloton legte erneut an. Leutnant Schady kommandierte:»Zur Salve – legt an! Gebt – Feuer!«

Noch in das Kommando hinein rief Stauffenberg laut:»Es lebe das geheime Deutschland.« Noch in den Ruf hinein fielen die Schüsse. Mit der letzten Salve starb Mertz von Quirnheim.

Die sechs Jahrzehnte während Kontroverse um Stauffenbergs letzte Worte orientierte sich an Ohrenzeugen, die entweder »Es lebe das heilige (bzw. das »geheiligte«) Deutschland« oder »Es lebe das geheime Deutschland« gehört haben wollen. Doch als »heilig« oder gar »geheiligt« hat Stauffenberg sein Vaterland nie empfunden. Das geheime Deutschland aber war für Stauffenberg eine Vision im Sinne Stefan

Georges: Ein Deutschland, von dem man träumen konnte, das in Zukunft irgendwann einmal möglich sein würde. Ein Deutschland, das nicht von den Nazis regiert wurde. In diesem Sinne hat er Anfang Juli 1944 seinen Schwur formuliert. »Es lebe das geheime Deutschland.« Wenn dies seine letzten Worte waren, dann waren sie auch Stauffenbergs Vermächtnis an sein Volk. Auch wenn der Tyrann den Anschlag überlebt hat; auch wenn Deutschland nun seine dunkelsten Stunden erlebte, so war es doch nicht verloren. Denn es hatte ja einige wenige Gerechte gegeben, die es retten wollten. Und er war einer von ihnen gewesen – der Kopf, das Herz und die Hand.

Nach der Erschießung trat Fromm auf den Hof hinaus und ging achtlos an den Leichnamen vorbei. Er bestieg ein offenes Militärfahrzeug und brachte ein dreifaches Heil auf jenen Mann aus, der am Vortag eigentlich hätte sterben sollen: Ein Tyrannenmord, um Millionen weitere Tote zu vermeiden. Dann fuhr der Generaloberst zu Goebbels, der ihn festsetzte. All die Mühe in der Nacht war vergebens gewesen. Im März 1945 wurde Fromm im Zuchthaus Brandenburg erschossen.

Noch in der Nacht wurde der Leichnam Becks zusammen mit den vier Erschossenen auf einen Lastwagen geladen. Die fünf Toten wurden durch die Nacht zum Friedhof der Matthäi-Kirche in Tiergarten gebracht und dort vor Morgengrauen verscharrt. Doch die schwarzen Häscher der SS gruben sie bereits am Tage wieder aus. Am Halse Stauffenbergs fanden sie das erste Geschenk seiner Frau Nina – ein Kreuz. Auf Befehl Himmlers wurden die Leichen verbrannt, die Asche in den Rieselfeldern östlich von Berlin verstreut. Nichts sollte mehr an die Verschwörer, nichts an Stauffenberg erinnern. Das zumindest ist misslungen.

11 EPILOG

Die Rache des Regimes traf in den nächsten Tagen nicht nur die Männer des 20. Juli, die verhaftet, gefoltert und ermordet wurden. Sie traf auch ihre Frauen und Familien: »Sippenhaft« war der unselige Begriff der Stunde. SS-Chef Himmler erläuterte am 3. August 1944 vor den NS-Gauleitern in Posen, was er in Sachen Stauffenberg darunter verstand: »Dieser Mann hat Verrat geübt, das Blut ist schlecht, da ist Verräterblut drin, das wird ausgerottet ... Die Familie Graf Stauffenberg wird ausgelöscht werden bis ins letzte Glied.«

Zu diesem Zeitpunkt war Nina von Stauffenberg längst inhaftiert: im berüchtigten Gefängnis am Berliner Alexanderplatz.

Nina von Stauffenberg, mit Familie zu Besuch bei ihrer Schwiegermutter Caroline auf Schloss Lautlingen, hatte schon am Nachmittag des 20. Juli von einem Mädchen aus dem Dorf gehört, dass »ein Attentat auf den Führer« verübt worden sei. Und »Hitler hat das Attentat überlebt!«

Von diesem Zeitpunkt an war Nina außer sich vor Sorge. Sie war in die Anschlagspläne eingeweiht gewesen, doch Details oder gar den Zeitpunkt kannte sie nicht. War ihr Mann in das Attentat verwickelt? Ihr blieb vorerst nichts übrig, als zu warten. Den Abend und die Nacht verbrachte sie in quälender Ungewissheit. Als ihr Mann nach Mitternacht erschossen wurde, lag Nina noch wach und bangte um ihn. Auf Schloss Lautlingen gab es keine Volksempfänger. Früh am nächsten Morgen ging der Bruder ihrer Schwiegermutter, Graf Nikolaus von Üxküll-Gyllenband, ins Dorf, um die neuesten Nachrichten zu hören. Die schlimmsten Befürchtungen wurden bestätigt. Der Reichsrundfunk hatte in der Nacht den Tod der Verschwörer bestätigt. Unaufhörlich wurden sie inzwischen als »feige, ehrlose Verräter« geschmäht. Nina von Stauffenberg lag noch im Bett, als ihre Schwiegermutter am Morgen des 21. Juli ihr Zimmer betrat. Caroline hatte ihren Sohn verloren – und nun musste sie ihrer Schwiegertochter diese schlimme Nachricht überbringen: Ninas Mann, der Attentäter Stauffenberg, war tot.

Am Mittag des 21. Juli rief die Frau des Attentäters ihre größeren Kinder, den zehnjährigen Berthold und den achtjährigen Heimeran zu sich und teilte ihnen mit, dass ihr Vater in der Nacht erschossen worden war. Im Reichsrundfunk war der Name Stauffenberg zum Inbegriff des Hochverrats erklärt worden. Für die beiden Buben war die Nachricht ein traumatisches Erlebnis, ein Schock. Es klang so unwahrscheinlich, was ihre Mutter da erzählte: »Der Papi hat sich geirrt, deshalb hat man ihn erschossen.«

Es war die erste Schutzbehauptung einer Frau, die in den nächsten fürchterlichen Monaten bis zum Ende des Krieges alles daransetzte, um ihre Familie zu retten. Sie rechnete damit, dass ihre Kinder verhört werden würden. Und als Kinder eines »Verräters« würde das NS-Regime sie brandmarken, das ahnte Nina von Stauffenberg. So war es besser, sie erzählten nach, was ihre Mutter ihnen immer wieder vorsagte: »Der Papi hat sich geirrt.« Und noch einen Satz prägte sie den Kindern ein: »Die Vorsehung schützte unseren geliebten Führer.« Es war der Satz, der seit den Morgenstunden des 21. Juli immer wieder über das Radio verbreitet wurde.

Wenn der 20. Juli die »Stunde der Offiziere« gewesen war, die Deutschland retten wollten, dann schlug seit dem 21. Juli die Stunde ihrer Frauen, die um das Überleben ihrer Kinder kämpften. Ihr Mut und ihre Kraft waren nicht minder groß wie die ihrer Männer.

Nina von Stauffenberg wusste zu diesem Zeitpunkt noch nicht, was ihr bevorstand. Doch sie brachte alle Unerschrockenheit, Geistesgegenwart und auch Vorstellung auf, zu der sie fähig war – im Sinne ihres Mannes: Sie stellte sich »als dumme, kleine Hausfrau mit Kindern, Windeln und schmutziger Wäsche« dar.

Ihr blieb nur eine Gnadenfrist von zwei Tagen. »Ein Geschenk des Himmels« nannte sie sie später. Die Gestapo fahndete zunächst in Bamberg nach ihr. Als Nina dort nicht aufzufinden war, lag es nahe, auf Schloss Lautlingen nach der Familie Stauffenberg zu suchen.

In der Nacht zum 23. Juli verhaftete die Gestapo Nina von Stauffenberg. Noch blieben ihre vier Kinder Berthold, Heimeran, Franz Ludwig und Valerie in der Obhut ihrer Schwiegermutter.

Nina wurde zunächst in das Gefängnis Rottweil gebracht. Am schlimmsten war die Ungewissheit. Würde man sie selbst auch hinrichten? Was würde dann mit ihren Kindern geschehen?

Acht Tage hielt man sie in Rottweil fest, dann wurde sie per Bahn nach Berlin gebracht – zunächst in das berüchtigte Gestapo-Hauptquartier in der Prinz-Albrecht-Straße, dann in das Gefängnis am Alexanderplatz. »Unbeschreiblich« seien die Haftbedingungen gewesen, erinnerte sich Nina nach dem Krieg. In den Gefängniswochen wusste sie nicht, dass ihr Schwager Berthold von Hitlers Blutrichter Freisler zum Tode verurteilt und am 10. August in der Strafanstalt Plötzensee auf grausige Art erhängt worden war. Dass Dutzenden von Mitverschwörern ein ähnliches Schicksal beschieden war. Und immer wieder die Vernehmungen durch die Gestapo, stundenlang. Die Beamten drohten: Man habe ihre Kinder, ihre Mutter in der Gewalt. Wenn sie nicht kooperiere, seien sie in Gefahr.

Der Druck, der auf Nina von Stauffenberg lastete, war enorm. Sie wusste nicht, wo ihre Kinder, ihre Mutter waren. Wie viel konnte, wie viel durfte sie preisgeben, um das Leben ihrer Lieben nicht zu gefährden?

Sie versuchte, so unbedarft, so schlicht wie möglich zu wirken, und jegliche Kenntnis von der Verschwörung zu leugnen. Und sie verleugnete bewusst ihren eigenen Mann. Denn:»Er gab mir den Befehl, nicht zu ihm zu stehen, sondern alles zu tun, um mich den Kindern zu erhalten.« Das bewahrte Nina vor der Hinrichtung. Wenn sie Namen nannte, dann nur solche, die die Gestapo ohnedies kennen musste – Namen von Verwandten und einiger befreundeter Familien. Was sie nicht nannte, waren Namen wie Julius Leber, von dem ihr Mann begeistert erzählt hatte. Namen wie Helmuth James Graf Moltke, Friedrich Olbricht oder Ludwig Beck. Sie hätte einiges berichten können. Doch sie tat es nicht.

Drei Wochen wurde Nina von Stauffenberg verhört; dann brachte man sie ins Konzentrationslager Ravensbrück – ein KZ nur für Frauen. Dort waren die Haftbedingungen erbärmlich, das Leid der Menschen unvorstellbar. Seit August 1942 nahmen SS-Ärzte in Ravensbrück grausame medizinische Experimente an gesunden Frauen vor. Viele Häftlinge starben an Hunger und Krankheiten, wurden zu Tode gepeinigt, erschossen – und manche lebendig begraben. Im letzten Kriegsjahr starben in den Gaskammern und auf dem Richtplatz Zehntausende. Ravensbrück war ein Schauplatz der sadistischen Gewalt des Nazi-Regimes.

Nina von Stauffenberg kam als politische Gefangene in Einzelhaft. Wegen ihrer Schwangerschaft erhielt sie etwas bessere Verpflegung. Ihre Zelle lag gegenüber der Lagerkommandantur. Wenn sie sich auf einen Stuhl stellte und aus dem Fenster blickte, sah sie grauenhafte Szenen der Misshandlung anderer weiblicher Gefangener.

»Am Zaun vor meinem Fenster mussten Frauen Strafe stehen«, erinnerte sich Nina nach dem Krieg: »Zum Teil heulten sie erbärmlich, und gelegentlich kamen SS-Frauen aus der Baracke und schlugen sie mit Ledergürteln. Ich sah, im kalten Winter, erbärmliche Kolonnen, barfuß, in dünnen Häftlingskleidern ...«

Eines Tages erfuhr Nina, dass ihre Mutter Anna von Lerchenfeld als »Sippenhäftling« ebenfalls nach Ravensbrück gebracht worden war. Doch als Einzelhäftling hatte sie keine Chance, die Mutter zu treffen.

Später berichteten Mithäftlinge, dass Anna von Lerchenfeld ihre Tochter mitunter durch einen Spalt in der Tür erblicken konnte, wenn sie vorbeigeführt wurde. Doch es war nicht möglich, miteinander in Kontakt zu treten.

Alle Angehörigen der Familie Stauffenberg waren inzwischen in Sippenhaft genommen worden. Alle wurden in verschiedene Konzentrationslager gebracht, jeglicher Kontakt wurde unterbunden. Die Kinder von Claus und Nina waren im August 1944 von Lautlingen in ein Kinderheim nach Bad Sachsa gebracht worden, wo sie – wie die Kinder anderer Verschwörer – unter falschem Namen aufgenommen wurden.

Nina von Stauffenberg erfuhr davon lange nichts, bis ihre Schwägerin Melitta als »fliegende Botin« Nachrichten von draußen überbrachte.

Melitta war die Frau Alexander von Stauffenbergs, des Bruders von Claus, der ebenfalls – wie sie – verhaftet worden war. Doch im Gegensatz zu ihrem Mann kam Melitta schon im September 1944 wieder frei. Sie war Testpilotin, und für die Luftwaffe unentbehrlich. Stationiert in Berlin-Gatow, nutzte Melitta ihre Freiheit in der Luft, um den inhaftierten Stauffenbergs ihr Dasein zu erleichtern. Sie organisierte Obst, Karotten und Lebertran für die hochschwangere Nina, beschaffte Winterkleidung, besorgte Lebenszeichen – unter anderem von Ninas Mutter, die bald in ein anderes KZ verlegt wurde.

Kurz vor der Verschleppung durch die Gestapo nach Bad Sachsa –
das letzte Foto der Stauffenberg-Kinder 1944 mit Cousinen und Cousins
sowie der Kinderschwester Ester Graf, Ea genannt

Ihren Vater hat sie nie kennengelernt – Konstanze von Stauffenberg etwa im Alter von zwei Jahren

Erlösung für Nina bedeutete es zu erfahren, dass ihre Kinder lebten und zusammen waren. Anfang Januar 1945 wurde Nina in ein NS-Entbindungsheim bei Frankfurt an der Oder gebracht, unter dem Namen Nina Schank. Am 23. Januar 1945 schließlich wurde sie von SS-Leuten in eine Klinik gebracht, wo am 27. Januar ihr Töchterchen Konstanze das Licht der Welt erblickte.

Wegen der mangelnden Hygiene am Ende des Krieges – es gab nicht genügend Desinfektionsmittel, Medikamente, saubere Wäsche – infizierte sich Nina von Stauffenberg wenige Tage nach der Entbindung und erlitt eine schmerzhafte Gebärmutterentzündung. Dennoch musste sie nach einer Woche die Klinik verlassen. An der Oder hatten die ersten Evakuierungen der Zivilbevölkerung begonnen. Die fiebernde Mutter wickelte ihr Baby in Decken und wurde in ein Potsdamer Krankenhaus gebracht. Auch dort war Melitta die gute Fee, die Nina mit Nachrichten von ihrer Familie versorgte. Niederschmetternd war die Nachricht vom Tod ihrer Mutter, die, geschwächt und an Typhus erkrankt, am 6. Februar 1945 in einem Außenlager des KZ Stutthof gestorben war. Die Nachricht von Melittas Tod nach einem Abschuss ihres Flugzeugs durch einen amerikanischen Jäger erreichte Nina erst im Sommer 1945.

Am 12. April 1945 wurde Nina von einem Feldgendarm im Auftrag der Gestapo abgeholt und mit dem Zug über Dresden, Aussig, Komotau und Eger nach Hof transportiert. Laut Marschbefehl des Feldgendarmen sollte sie in das Konzentrationslager Schönberg im Bayerischen Wald gebracht werden. Im Chaos der letzten Kriegstage landete die Gefangene mit Baby und Bewacher aber schließlich im oberfränkischen Trogen, wo sich der Feldgendarm angesichts des nahen Endes in die Büsche schlug. Anfang Mai marschierten die Amerikaner ein. Nina war gerettet.

Es sollte aber noch etliche Wochen dauern, bis sie alle ihre Kinder wieder in die Arme schließen konnte. Berthold, Heimeran, Franz Ludwig und Valerie waren mit den Kindern anderer Widerstandskämpfer in einem Heim in Bad Sachsa interniert gewesen, wo das NS-Regime ihnen neue Identitäten verordnet hatte. Über das Schicksal ihrer Eltern waren sie all die Monate hindurch im Unklaren gelassen worden. Diese hätten »etwas Schreckliches« getan – das war alles, was den Kindern eingeimpft worden war.

Auch das Leben der Kinder war am Ende des Krieges noch einmal bedroht gewesen. Sie befanden sich schon auf dem Weg in das KZ Buchenwald. Was ihnen dort möglicherweise widerfahren wäre, kann man nur erahnen. Doch der Bahnhof von Nordhausen, wo der Zug in das KZ abgehen sollte, wurde just in der Nacht der Abfahrt durch einen Bombenangriff völlig zerstört. So wurden die Kinder notgedrungen zurück ins Heim gebracht, wo sie unversehrt das Kriegsende erlebten. Im Juni 1945 fand sich die Familie Claus von Stauffenbergs wieder zusammen – alle, bis auf den Vater. Was Claus für Nina bedeutet hatte, dafür gibt es kein besseres Zeugnis als ein Gedicht, das sie in einer der schwersten Stunden ihres Lebens, im KZ Ravensbrück, geschrieben hatte:

Du bist bei mir
wenn auch Dein Leib verging
Und immer ist's, als ob
Dein Arm mich noch umfing.

Dein Auge strahlt mir zu
im Wachen und im Traum
Dein Mund neigt sich zu mir,
Dein Flüstern schwingt im Raum:

»Geliebtes Kind! Sei stark,
Sei Erbe mir!
Wo Du auch immer bist,
ich bin bei Dir!«

ZEITTAFEL

ZEIT ORT UND GESCHEHEN

15. November 1907	Geburt von Claus Schenk Graf von Stauffenberg in Jettingen
Herbst 1916	Eintritt ins Eberhard-Ludwigs-Gymnasium Stuttgart
Mai 1923	Bekanntschaft mit Stefan George
5. März 1926	Reifeprüfung
1. April 1926	Eintritt ins 17. Bayerische Reiter-Regiment in Bamberg
1927/1928	Besuch der Infanterieschule Dresden
1. Januar 1928	Beförderung zum Fähnrich
1928/1929	Besuch der Kavallerieschule Hannover
August 1929	Offiziersprüfung als Jahrgangsbester der Kavallerie
1. Januar 1930	Beförderung zum Leutnant
15. November 1930	Verlobung mit Nina Freiin von Lerchenfeld
November 1930 bis Februar 1931	Minenwerferlehrgang in Döberitz
ab März 1931	Kommandeur des Minenwerferzugs der 1. Eskadron des 17. Reiter-Regiments
30. oder 31. Januar 1933	Teilnahme an einem Fackelzug der NSDAP in Bamberg
1. Mai 1933	Beförderung zum Oberleutnant
26. September 1933	Heirat mit Nina Freiin von Lerchenfeld in Bamberg
4. Dezember 1933	Tod Stefan Georges in Minusio/Schweiz, Stauffenberg organisiert die Totenwache
3. Juli 1934	Geburt des Sohnes Berthold
1. Oktober 1934	Bereiteroffizier an der Kavallerieschule Hannover
1935	Sieger seines Lehrgangs im obligatorischen Vielseitigkeitsreiten (Military)
Juni 1936	Wehrkreisprüfung
9. Juli 1936	Geburt des Sohnes Heimeran
August 1936	Erste Englandreise
September 1936	Zweite Englandreise
6. Oktober 1936	Beginn des Studiums an der Kriegsakademie in Berlin
1. Januar 1937	Beförderung zum Rittmeister
4. Mai 1938	Geburt des Sohnes Franz Ludwig
1. August 1938	Abkommandierung als Zweiter Generalstabsoffizier (Ib) zur 1. Leichten Division in Wuppertal
4. September 1938	Einmarsch der 1. Leichten Division im Sudentenland
1. September 1939	Einsatz der Division im Feldzug gegen Polen
Mitte Oktober 1939	Rückkehr nach Wuppertal
Oktober 1939	1. Leichte Division wird zur 6. Panzerdivision umgegliedert

236

Januar 1940	Beförderung zum Hauptmann i. G.
10. Mai 1940	Einsatz der 6. Panzerdivision beim Angriff gegen Frankreich
26. Mai 1940	Versetzung in die Organisationsabteilung im Generalstab des Heeres
15. November 1940	Geburt der Tochter Valerie
1. Januar 1941	Beförderung zum Major i. G.
Mitte Juli 1941	Frontbesuch Stauffenbergs und erstes Zusammentreffen mit Tresckow und Schlabrendorff
Juli – Oktober 1942	Aufenthalt im Hauptquartier des Generalstabs bei Winniza/Ukraine
1. Januar 1943	Beförderung zum Oberstleutnant i. G.
26. Januar 1943	Besuch bei Generalfeldmarschall Erich von Manstein
Februar 1943	Versetzung als Erster Generalstabsoffizier (Ia) zur 10. Panzerdivision nach Tunesien
6. April 1943	Stauffenberg wird bei einem Fliegerangriff schwer verwundet
10. August 1943	Treffen mit Olbricht und Tresckow in Berlin
1. Oktober 1943	Dienstantritt als Chef des Stabes im Allgemeinen Heeresamt
Juni 1944	Beförderung zum Oberst i. G., Dienstantritt als Chef des Stabes beim Befehlshaber des Ersatzheeres
7. Juni 1944	Erster Vortrag vor Hitler in Berchtesgaden
6. Juli 1944	Stauffenberg nimmt an einer Sonderbesprechung am Berghof teil. Bei dieser Gelegenheit trägt er Hitler den »Walküre-Plan« vor.
11. Juli 1944	Sonderbesprechung am Berghof. Das geplante Attentat auf Hitler wird nicht ausgeführt, da Himmler und Göring nicht anwesend sind.
15. Juli 1944	Das Attentat auf Hitler durch Stauffenberg in der »Wolfsschanze« wird auf Anraten Fellgiebels und Stieffs abgeblasen, da Himmler nicht anwesend ist.
16. Juli 1944	Letztes Telefongespräch mit seiner Frau
17. Juli 1944	Stauffenberg erfährt, dass er am 20. Juli erneut zu einer Besprechung in die »Wolfsschanze« kommen soll.
20. Juli 1944	
6.00 Uhr	Stauffenberg wird von seinem Fahrer Schweizer von seiner Wohnung in der Tristanstraße 8 in Nikolassee zum Flughafen Rangsdorf gebracht.
8.00 Uhr	Stauffenberg fliegt gemeinsam mit seinem Adjutanten Oberstleutnant Werner von Haeften und Generalmajor Stieff von Berlin zum Führerhauptquartier »Wolfsschanze«.
10.15 Uhr	Landung in Rastenburg. Stauffenberg, Stieff und Haeften werden zum »Führerhauptquartier«, Sperrkreis II, Casino des Kommandanten gebracht, wo sie frühstücken.
11 – 12 Uhr	Vorbesprechungen

ca. 12.25 Uhr	Unter dem Vorwand, sein Hemd wechseln zu wollen, beginnt Stauffenberg damit, die Bomben scharf zu machen.
ca. 12.35 Uhr	Beginn der Lagebesprechung, Stauffenberg platziert die Bombe unter dem Tisch.
ca. 12.40 Uhr	Stauffenberg verlässt unter einem Vorwand die Besprechung.
12.42 Uhr	Explosion der Bombe
13.15 Uhr	Rückflug Stauffenbergs
ca. 15.45 Uhr	Landung in Rangsdorf
ca. 16.30 Uhr	Auslösung von »Walküre«
ca. 16.30 Uhr	Stauffenberg kommt in der Bendlerstraße an.
ca. 17.00 Uhr	Festnahme von Fromm durch die Verschwörer
18 – 22 Uhr	Stauffenberg telefoniert mit den verschiedenen Wehrkreisen.
18.28 Uhr	Der Reichsrundfunk meldet das Attentat und verkündet Hitlers Überleben.
19.00 Uhr	Major Remer meldet sich bei Goebbels und wird von diesem telefonisch mit Hitler verbunden.
ca. 21.00 Uhr	Der Bendlerblock wird von Teilen des Wachbataillons besetzt.
22.30 – 22.45 Uhr	Befreiung von Fromm, Verhaftung Stauffenbergs
21. Juli 1944 0.15 – 0.30 Uhr	Exekution von General Olbricht, Oberstleutnant von Haeften, Oberst Mertz von Quirnheim und Oberst Schenk Graf von Stauffenberg
21. Juli 1944 kurz nach 0.00 Uhr	Rundfunkansprache Hitlers
21. Juli 1944	Die Leichen der Erschossenen werden auf einem Friedhof mit ihren Uniformen und Ehrenzeichen bestattet. Himmler lässt sie wieder ausgraben und ordnet deren Verbrennung an. Ihre Asche wird über die Felder verstreut.
27. Januar 1945	Geburt der Tochter Konstanze

QUELLEN UND LITERATUR

MÜNDLICHE AUSKÜNFTE

Philipp Freiherr von Boeselager, Mitverschwörer
Klaus Burk, Ordonnanzoffizier Stauffenbergs in Afrika
Albrecht von Hagen, Sohn eines Mitverschwörers
Thomas Karlauf, Biograf von Stefan George
Ewald von Kleist, Mitverschwörer
Antonia von der Lancken, Tochter von Olbrichts Adjutant
Kurt Larson, damals im sogenannten »Führerbegleitkommando«
Ulrich de Maizière, Offizier im Generalstab und Freund Stauffenbergs
Lori Reinach, Tochter Rudolf-Christoff Freiherr von Gersdorffs
Oda Freifrau von Rodde, Tochter des Berliner Polizeipräsidenten
    Wolf-Heinrich Graf von Helldorf
Kurt Salterberg, Wachtposten in der Wolfsschanze
Alfons Schulz, Telefonist in der Wolfsschanze
Karl Wand, Oberleutnant in Paris
Richard Freiherr von Weizsäcker, Freund der Widerständler und Offizier
    im OKH

LITERATUR

Fest, Joachim: Staatsstreich. Der lange Weg zum 20. Juli. Berlin 2004
Finker, Kurt: Stauffenberg und der 20. Juli 1944. Ost-Berlin 1989
Foertsch, Hermann: Schuld und Verhängnis. Die Fritsch-Krise im Frühjahr
    1938 als Wendepunkt in der Geschichte der nationalsozialistischen Zeit.
    Stuttgart 1951
Hoffmann, Peter: Claus Schenk Graf von Stauffenberg. Die Biografie.
    München 2007
Hoffmann, Peter: Stauffenberg und der 20. Juli 1944. München 1998
Hoffmann, Peter: Claus Schenk Graf von Stauffenberg und seine Brüder.
    Stuttgart 2004
Hoffmann, Peter: Stauffenbergs Freund. Die tragische Geschichte des
    Widerstandskämpfers Joachim Kuhn. München 2007
Jacobsen, Hans-Adolf (Hrsg.): Spiegelbild einer Verschwörung.
    Die Opposition gegen Hitler und der Staatsstreich vom 20. Juli 1944
    in der SD-Berichterstattung. Geheime Dokumente aus dem ehemaligen
    Reichssicherheitshauptamt; 2 Bände. Stuttgart 1984
Karlauf, Thomas: Stefan George. Die Entdeckung des Charismas.
    München 2007
Kramarz, Joachim: Claus Graf Stauffenberg. Der Mann des Widerstandes
    gegen Hitler. München 1994

Krockow, Christian Graf von: Eine Frage der Ehre: Stauffenberg und das Hitler-Attentat vom 20. Juli 1944. Reinbek 2004

Kroener, Bernhard R.: »Der starke Mann im Heimatkriegsgebiet«. Generaloberst Friedrich Fromm. Eine Biografie. Paderborn u. a. 2005

Meding, Dorothee von: Mit dem Mut des Herzens. Die Frauen des 20. Juli. Berlin 1992

Müller, Christian: Stauffenberg. Eine Biografie. Düsseldorf 2003

Neitzel, Sönke: Abgehört. Deutsche Generäle in britischer Kriegsgefangenschaft 1942–1945. Berlin 2007

Scheurig, Bodo: Henning von Tresckow: Ein Preuße gegen Hitler. Berlin 2004

Schulthess, Konstanze von: Nina Schenk Gräfin von Stauffenberg. Ein Porträt. München 2008

Steinbach, Peter: Der 20. Juli 1944. Die Gesichter des Widerstands. München 2004

Ueberschär, Gerd R.: Stauffenberg und das Attentat des 20. Juli 1944. Darstellung, Biografien, Dokumente. Frankfurt am Main 2006

Venohr, Wolfgang: Stauffenberg. Symbol der deutschen Einheit. Eine politische Biografie. Frankfurt am Main/Berlin 1990

Zeller, Eberhard: Oberst Claus Graf Stauffenberg. Ein Lebensbild. Paderborn u. a. 1994

ABBILDUNGEN

© Archiv H. P. Melle, Albstadt Lautlingen: S. 12

© Gedenkstätte Deutscher Widerstand/Markus Bühler-Rasom: S. 13

© Gedenkstätte Deutscher Widerstand: S. 15, 18, 19, 21, 22, 29, 30, 39 (o. und u.), 43, 46, 47, 57, 69 (l. und r.), 70/71, 77, 78 (l. und r.), 79, 81, 86, 92, 95, 101, 105, 108, 113, 116, 120, 126, 130/131, 198

© privat S. 16, 17, 23, 67, 137, 232, 233

© Stefan-George-Archiv S. 172/173

© Ullstein Bild/Stiftung 20. Juli 1944: S. 75, 76

© ullstein bild: S. 177